埃及：文明的回响

EGYPT: THE ECHO OF CIVILIZATION

黄培昭　著

人民日报出版社

北京

图书在版编目（CIP）数据

埃及：文明的回响 / 黄培昭著 . —北京：人民日报
出版社，2021.12
　ISBN 978-7-5115-7158-8

　Ⅰ.①埃… Ⅱ.①黄… Ⅲ.①埃及—概况 Ⅳ.
①K941.1

　中国版本图书馆 CIP 数据核字（2021）第 219985 号

书　　　名：埃及：文明的回响
　　　　　　AIJI：WENMING DE HUIXIANG
作　　　者：黄培昭

出 版 人：刘华新
责任编辑：林　薇　王奕帆
封面设计：中联华文

出版发行：人民日报出版社
社　　　址：北京金台西路 2 号
邮政编码：100733
发行热线：（010）65369509　65369512　65363531　65363528
邮购热线：（010）65369530　65363527
编辑热线：（010）65369526
网　　　址：www. peopledailypress. com
经　　　销：新华书店
印　　　刷：三河市华东印刷有限公司
法律顾问：北京科宇律师事务所　010-83622312

开　　　本：710mm×1000mm　1/16
字　　　数：386 千字
印　　　张：21.5
版次印次：2022 年 1 月第 1 版　　2022 年 1 月第 1 次印刷

书　　　号：ISBN 978-7-5115-7158-8
定　　　价：89.00 元

序　言

喝不尽的尼罗水，写不完的大埃及
——《埃及：文明的回响》感言

（一）埃及是世界之母

尼罗河全长 6600 多公里，其中四分之一灌溉、滋润、养育着非洲东北角的埃及。埃及面积只有区区百万平方公里，却占据世界历史文明版图和近现代国际政治的超重分量。真是不可思议。

"世界历史之父"、公元前 5 世纪曾游历过环地中海地区的古希腊历史学家希罗多德有言："没有任何一个国家有这样多的令人惊异的事物，没有任何一个国家有这样多的非笔墨所能形容的巨大业绩。"他还留下一句几乎无人不晓的精妙评语："埃及是尼罗河的馈赠。"

1904 年，法国著名作家朱丽叶·亚当撰文写道："埃及这块土地，蕴含了世界上所有的文明。它的天空最早触摸到创世神。世界上没有哪个国家像埃及这样取得如此辉煌的成就。它在保留自己的同时又染上了其他元素，自始至终仍旧保留着自己的固有色彩。外国人统治过埃及，但埃及人总会摆脱外国人的统治……埃及，任何人都可以判断，将永远是埃及。"

16 世纪的英国文豪莎士比亚一生足不出英伦，但是他的诸多传世名作都与埃及这片古老的土地结下不解之缘。文学爱好者耳熟能详的名篇佳作如《安东尼和克利奥帕特拉》，直接用戏剧方式翻版了 1600 年前的罗马帝国与埃及历史恩怨。《哈姆雷特》可以从古埃及神话和宗教俄赛里斯、荷鲁斯和赛特的权争传说中找到最早"版权"。《罗密欧与朱丽叶》所演绎的经典"仇敌恋"，同样可以在古埃及征服埃塞俄比亚的历史故事中发现源头。

《罗密欧与朱丽叶》的故事并未止于莎翁的剧作。随着法国皇帝拿破仑征服埃及而意外导致埃及学发轫、埃及考古大热欧洲以及苏伊士运河开凿，又催生出另一部文学作品：法国古埃及考古学家方思华·马里耶特根据一处男女主人相拥而死的墓穴出土遗骨，创作了名为《阿依达》的古代埃及"仇敌恋"爱情悲剧。

1880 年，已名声大噪的意大利作曲家朱塞佩·威尔第应邀为法英埃三国开通苏伊士运河庆祝典礼，谱写了 4 幕 7 景歌剧《阿依达》，并于 1871 年 12 月 24 日在开罗的总督歌剧院盛大演出。《阿依达》不仅奠定了威尔第西方"歌剧之王"的崇高地位，也让埃及享誉西方，名扬世界。

（二）喝过尼罗水，总有再归时

洋洋洒洒开篇铺陈这么多，尝试总结西方人如何崇拜、恭维和赞美伟大的埃及文明，而埃及人其实只有两句话，足以让外人所有溢美之词失色。第一句：埃及是世界之母；第二句：喝过尼罗水，总有再归时。

从西方文明考察的角度看，埃及人赞美祖国的第一句话没有太多硬伤。对我等与埃及有深厚渊源的人而言，第二句简直就是咒语。的确，我和作者黄培昭都是喝过尼罗河水的人，所以，一辈子就无法摆脱尼罗河的召唤和对金字塔的向往。无论培昭出版这部最新作品，还是我欣然接受邀请为他撰写这篇推荐序，莫不如此。

我和培昭及夫人苏丽雅堪称多年好朋友、好战友、好文友。培昭小我两岁，我们分别毕业于北京外国语大学和上海外国语大学，都是阿拉伯语专业。赶巧的是，大学期间，我们都有喝尼罗河水的经历，所不同的是，培昭在开罗大学留学，而我在开罗当体育教练组的实习翻译。但凡喝过尼罗河水的人，说起阿拉伯语都难免埃及腔，这是我们俩的共同之处。巧的是，我刚到开罗不久，恰逢埃及组织世界三大男高音帕瓦罗蒂、多明戈和卡雷拉斯在金字塔广场联袂推出大型情景歌剧《阿依达》，也让我这个当时的西洋乐盲从此难忘。

我认识培昭及夫人最早始于拜读他们的中东纪实和散文作品，尤其是多篇巴勒斯坦和以色列游记和读史思考，让我觉得耳目一新，同时也增长了很多硬新闻中见不到的软知识。20 世纪 90 年代，中国有关中东问题的译作、著述相当有限，能到中东旅游并且将行踪见诸文字的人更是凤毛麟角。可以说，已先行一步的培昭和丽雅替我早早打开了巴勒斯坦神秘热土的一扇窗户。

1999 年春天，我受新华社委派前往加沙地带开辟巴勒斯坦分社，一年后，培昭和丽雅到中国驻巴勒斯坦办事处工作。我们一见如故，而且每天有一次共进午餐、讨论时局的机会。加沙相处近两年，我对培昭有了更深的了解，包括他的个人性情、志趣和职业发展，也逐步知道培昭是天生的笔杆子，做记者的好材料。彼此交心渐多，谈到各自职业发展，我建议培昭不必一辈子做外交官，可考虑转型进入传媒行业，这样可以将外语优势和写作爱好结合起来，将志趣与事业发展结合起来，将个人所长与单位所需结合起来。不仅如此，我还强烈建议他去人民日报社发展，一辈子吃中东饭，一辈子盘桓他热爱的这片热土，一辈子写他喜欢的文字。

果不其然，先于我离开巴勒斯坦的培昭，不久后从外交部调到人民日报社，很快再次外派中东出任驻埃及首席记者，并一口气干了4年。其后，培昭又两次常驻埃及任人民日报中东中心分社（埃及）首席记者。一别近20年，而我们几乎再无缘面叙，老友变成了网友、圈友，也重新变回了文友。

我第一次喝尼罗河的水，是1986年至1987年，第二次是1994年，第三次是2000年，而后，一别就是15年。从2015年起，几乎每两年就去一次埃及。第一次是大四，在埃及生活过13个月，但是，基本局限在开罗，且由于经济条件所限，自己又缺乏阅历，对埃及认识既不全面也偏于感性。其他几次埃及行都是短平快，依然不足以弥补过去"盲人摸象"的缺憾，只是一路下来，感觉埃及发展停滞，开罗"城"老珠黄，埃及人民越来越不开心。

相比之下，培昭不仅在埃及工作的时间足够长，跨度足够大，认识也足够全面，观察也更为连贯、系统和深入。因此，他笔下的埃及，不仅有很多我们的共同认知，更有很多不同但也是我所羡慕的细节埃及、生活埃及。我们共同的部分，恰恰是大家相对熟悉的硬壳埃及、新闻化埃及、政治化埃及、脸谱化埃及。但是，正传里的埃及，我们也不得不略加概况，否则，也体现不出这本大作出版的价值。

（三）金字塔般沉重的埃及

埃及地处亚非欧三大洲交汇处，是阿拉伯世界、伊斯兰世界、非洲联盟、中东地区和不结盟运动等地缘政治5个同心圆的圆心，也是一幅历史与现实最完整的沉积岩剖面图。

首先，埃及是阿拉伯世界和伊斯兰世界公认的领头羊，在非洲和中东事务中，都有举足轻重的地位和影响力。没有埃及的参与，非洲和中东事务缺乏压舱石和发动机，也很难真正发挥预期作用。

埃及具有7000年历史悠久的灿烂文明，位于世界文明的金字塔尖。埃及文明不仅体现在它漫长的古埃及文明、科普特文明和希腊罗马文明传承，而且体现在它对阿拉伯和伊斯兰文明的历史贡献上。公元640年，阿拉伯军队由大将阿穆尔率领从阿拉伯半岛西征进入北非，也将阿拉伯人的语言、宗教和文化带入包括埃及在内的北非，埃及成为哈里发统治下的一个行省。经过近3个世纪变迁，大致于9世纪中期实现了埃及的阿拉伯化。

此后，阿拉伯帝国法蒂玛王朝从突尼斯兴起，公元969年占领埃及并于3年后定都首都开罗，埃及跃升为当时最为辉煌的阿拉伯文明的三大中心之一，此后的阿尤布王朝更加强盛，萨拉丁领导的穆斯林军队打败东侵的欧洲基督教十字军并收复耶路撒冷，成为阿拉伯历史上最辉煌的战绩。马穆鲁克王朝之后，奥斯曼土耳其人成为新的掌权者，但是，埃及作为阿拉伯世界的核心位置并没有被动摇过。到了近现代，埃及又成为阿拉伯新文化与新思想的摇篮，埃及的文化产品覆盖整个阿拉伯世界。阿拉伯国家流行一句话："埃及人写书，黎巴嫩人印书，伊拉克人读书。"足见埃及对阿拉伯知识与文化的创造性贡献。半个多世纪以来，埃及的电影、电视剧一直是阿拉伯国家影视市场的绝对主力，市场份额占阿拉伯作品的90%以上。埃及在人文领域的贡献远不止于阿拉伯世界，而是已经走向世界，并在主流国际价值体系中大放异彩，先后有4名埃及人获得诺贝尔和平奖、文学奖和化学奖。

自进入民族国家时代后，埃及便是阿拉伯国家的盟主，地位无可动摇。1945年6月22日，阿拉伯国家联盟宪章在开罗签署，埃及首都成为阿盟总部永久办公地（后因埃以媾和一度迁往突尼斯），埃及是阿盟的最大捐款国，埃及人也一直出任阿盟秘书长。阿盟甚至被称为"埃及第二外交部"。

提到埃及，势必会想到"阿拉伯民族主义"或曰"纳赛尔主义"。确实，埃及还是当代阿拉伯民族主义的策源地和民族解放运动的发轫地。1952年的埃及"7·23"革命在这一地区打破封建与殖民旧秩序，开启民族独立新纪元。受其影响，伊拉克、叙利亚、也门、利比亚等国王朝相继被推翻，建立共和制；阿尔及利亚1954年发起民族解放运动，进行反法斗争，1958年成立临时政府并将总部设在埃及。埃及革命后，纳赛尔倡导阿拉伯民族主义，坚信埃及的斗争事业与其他阿拉伯国家的斗争事业紧密相连，阿拉伯人民中蕴藏着巨大力量，阿拉伯民族富有强大的生命力。进入纳赛尔时代，埃及因为这个民族英雄的领导更加成为阿拉伯世界的心脏和大脑。纳赛尔本人一度威望高涨，是中东地区各国承认的领袖，甚至阿拉伯国家间出现分歧，他都会出面调停。卡扎菲1969年在利比亚推翻伊德里斯王朝后，也是对纳赛尔推崇备至。按埃及《金字塔报》

原主编穆罕默德·海卡尔的说法，卡扎菲毕生只崇拜两个人，一个是先知穆罕默德，一个是埃及总统纳赛尔。

埃及也是伊斯兰世界的大码头。伊斯兰教传入埃及后，第一座清真寺就建立在尼罗河畔。阿拉伯世界中最古老的学府——爱资哈尔大学也是依爱资哈尔清真寺而建，至今仍是阿拉伯世界最古老、最权威和最具规模的宗教学校。在政教合一的阿拉伯帝国、奥斯曼土耳其帝国时期，埃及就是伊斯兰世界的最主要理论阐发之所，培养了大批宗教法学家和教长，被誉为"世界伊斯兰学术与文化的灯塔与方向"。

即使近现代的伊斯兰世界的各种思潮，也多源自埃及。埃及的穆斯林兄弟会成立于1928年，其分支组织遍布西亚、北非地区。无论是激进的宗教宗师班纳和库特卜，还是流亡卡塔尔、倡导温和理性与折中的"中间主义"大师优素福·格尔达维，都是尼罗河水哺育的埃及之子。

埃及还是近代不结盟运动的发起国。1956年，埃及总统纳赛尔、印度总理尼赫鲁和南斯拉夫总统铁托，针对美国苏联冷战集团对抗而殃及中小国家的态势，于1961年联合印尼总统苏哈托发起不结盟运动，在维护成员国独立、主权、自由与发展，以及世界稳定等方面发挥了重要历史作用。

所有这些埃及特质，本人和培昭等中东问题报道者、研究者在过去的诸多文字中都有所涉猎。但是，各位读者平时读的埃及相关文字，几乎全是冷冰冰的政治类文字，国家转型、威权体制、民族建构、权力博弈、大国角逐、恐怖袭击、打黑反恐乃至"塞西经济学"。这些文字见不到埃及之所以成为埃及的金字塔、尼罗河，以及与它们朝夕相伴的普通埃及人和社会生活。由此，广大读者眼中的埃及完全是一个扁平、生硬、混乱，没有温度也缺乏弹性乃至喜怒哀乐、人味与烟火气的政治舞台。而培昭这本新作的价值和使命，就是帮我们揭开日常新闻报道、学术研究硬壳外的鲜活埃及、趣味埃及和可以触摸的、让人向往的埃及，亦即尼罗河水灌溉滋润的本真埃及。

（四）尼罗河水般有温度的埃及

培昭的这部新作，共分8章，他带我们"开罗漫步"，介绍当地"风物特产"，帮我们体验"文化韵律"，给我们勾勒"人物速写"，勾陈"古代文明"，介绍"游踪处处"，最后是他自己的"纵论天下"。全书定位精准，不以谈政治为主，聚焦普通人关心的话题；框架结构很完整，基本涵盖了硬壳之外的所有

"软组织"；内容博大丰满，几乎将在埃及吃喝玩乐、衣食住行、观光体验和怀古探幽的所有关键点一网打尽；行文流畅、轻松、优美而不乏深刻内涵。

这本新作堪称一本深度和全面认识埃及的社会学、民俗学和文化学，但又轻松、权威和可靠的读物。它抛弃各种学究式、科班式和掉书袋式的空洞阐释和演绎，将目光、兴趣和笔触锁定一个个具体观察对象，用平常人的视角和严谨却不失活泼的文字来组合、再现丰富且充满动感和层次的埃及。因为书中所见所历，无不是作者几十年现场接触、亲自体验的内容，这与很多通过翻译机器生搬硬译来的"旅游宝典"完全不同，绝无穿凿附会、想象杜撰的"客里空"，这既是媒体人天生的采访优势和职业自律所在，也是喝了半辈子尼罗河水的人自然而质朴的实录。

这本著作涉及的内容，很多去过埃及的人都耳熟能详，例如知名景点萨拉丁城堡、方尖碑、博物馆、亚历山大城等，但是培昭作为"埃及通"，写出了它们的积淀与灵魂。肚皮舞、苏菲舞、阿拉伯水烟、咖啡馆等特色文化，培昭作为到处行走的"老中东"，写出了它们的独特趣味。传统习俗如斋月饭、埃及大饼、骆驼市场等，培昭作为老记者，挖掘出了它们的经济底色和市场脉动。历史人物如拉美西斯二世、埃及艳后和穆罕默德·阿里等，培昭更能将其放在埃及7000年历史变化大框架里考察和褒贬。而知名战场如阿拉曼、苏伊士和巴列夫防线等，培昭作为老访客，更能准确地描述它们的战争场景……

这本著作的写作驾轻就熟，语言鲜活甚至幽默，充满了生活情趣，也更容易将读者带入场景，这既得益于培昭的随和性格和宽厚胸怀，也得益于他对埃及这片古老土地的热爱。这是惯于从事严肃新闻报道的记者不太习惯驾驭的另类文风，这种语言其实特别适合大众阅读，仿佛一个邻家大哥在向您娓娓诉说家长里短，朴素的文字，浅白的语汇，形象的比喻，精确的表达，最终将一个凝练了古老历史、荟萃多样文化的神秘埃及，呈现得生动有趣，活灵活现。

这本书的另一个特点是具有相当高的文学价值，因为它本质上是一本随笔、散文式的埃及素描集，但是，培昭一如既往地保留着非常质朴、优美、精致的文笔，写景状物伴随着深刻思考，勾勒铺陈夹带着恰当想象，平铺直叙兼有起伏与回转，比兴抒情、收放自如、不蔓不枝。这种基于长期零距离接触、融入式和本地化的生活状态，使得培昭对埃及的认知和思考准确、真切、朴实而情深意切，从中又勾勒起我对他描写以色列和巴勒斯坦优美文字的回忆，仿佛与老朋友再次重逢，仿佛品味自己熟悉的甘醇。我知道，这是一种情感的注入和宣泄，是带着深深的爱恋和欣赏，是一种有温度、有灵魂的文字。

总之，了解古往今来的埃及，选择一本权威的历史学著作，一本权威的政治学著作，外加一本培昭的《埃及：文明的回响》，我想大致会让您洞察埃及。即便您没有涉足法老的土地，也会心临其境；即便您没有喝过尼罗河的水，也会渴望去观赏它的涟漪，聆听它的涛声。

马晓霖

浙江外国语学院"西溪学者（杰出人才）"、环地中海研究院院长

2021 年 8 月 15 日于北京

目　录
CONTENTS

一　开罗漫步

二　社会扫描

三 风物特产

四 文化韵律

五 人物速写

六　古代文明

七　游踪处处

八　纵论天下

01

开罗漫步

开罗的声音

羁居开罗，日闻其声，时段不同，音韵各异。种种声音，就像破译埃及首都的一个个密电码，各以其不同的节奏和旋律，演绎着这座国际大都市特有的风貌和个性。

晨曦初露时分，开罗最为静谧。喧闹了一夜的人们还在沉沉的梦乡，窗前绿树上的小鸟，就踩着第一缕阳光的节拍，开始勤快地啁啾鸣啭，把呢喃动听的歌声洒向难得空寂的街市。

但很快，鸟儿的歌声又被另一种尘世的杂音所覆盖。那是用粗厚的金属铁管敲击煤气罐的声音，敲的人骑着破旧无比的自行车，载着两三个笨重的煤气罐，沿街边走边用力敲打，以引起注意，招徕生意。那声音真是刺耳极了，每天笔者几乎总是被这样难听的声音吵醒。愠怒间，望着衣衫褴褛的噪声制造者，又每每生起怜悯，他们的生计真是不易啊。

开罗一瞥

　　早上 8 时光景，开罗才真正醒了过来。街道上，汽车渐多，喇叭声此起彼伏，互不相让，那是上班族在赶赴办公地。通常上班时间是 9 点，但由于开罗太大，街道动辄拥堵，许多人不得不提前一个小时就动身了。喇叭阵阵，引擎轰鸣，构成一幅晨间上班大军的声音速写。

　　上班高峰过后，街上车流量明显减少，城市的音符添加了些亲切的佐料。人们热情地打着招呼，个个嗓音洪亮，亲朋好友见面，握手致意外，还要脸脸相碰地亲吻，并有意发出"叭叭"的声响。仿佛不如是，不足以表达关系的亲密。

　　午后三四点，到了下班时间，街道上再度上演车水马龙的一幕，嘈杂之声相闻，熙攘之音骤起，刹那间，各种声音滚雪球似的汇聚一处，好像空气都给它撑得满满的，仿佛快要爆炸一般。往往这时，呼唤做礼拜的声音也凑热闹一般，透过无所不在的清真寺宣礼塔的高音喇叭传入耳膜，铺天盖地，势不可当，宛如从历史的深处沿着时光隧道穿行而来，显得浑厚而沧桑。

　　夕阳衔山、暮色四合时，街上的行人归了家，先前不堪忍受的喧嚣和吵嚷渐渐淡去，被遮盖了一天、好像完全销声匿迹了的鸟鸣重回耳畔。这当儿，鳞次栉比的楼房里，锅碗瓢勺之声伴着欢声笑语，清晰无比地次第传来，那是殷实人家其乐融融的生活安逸图；与此同时，街上也有食不果腹的穷人正在发出乞讨的求助声。

　　继而玉兔东升，华灯初绽，开罗的夜生活拉开了序幕。白天蛰伏家中的人纷纷出来闲逛，人流陡然稠了起来。各种车辆仍是那么不知疲倦，风驰电掣般划过路面，抛下一串串震耳欲聋的噪声。夜色中的尼罗河畔，到处是咖啡馆和水烟铺，三三两两的人们悠闲地或坐或站，品咖啡，抽水烟，唠家常，侃大山，笑语喧哗。倏地，一阵阿拉伯妇女特有的舌头连续打嘟噜的声音响亮地传来，原来那里正在举行一场婚庆活动。霓虹灯在节奏感强烈的阿拉伯音乐伴奏下，闪烁着各种别致的颜色，显得光怪陆离，缺乏现实感，恍若让人置身《一千零一夜》的虚幻境界。

　　直到子夜过去许久，休闲场合的音乐声渐稀渐寥，人们这才乘兴而归，而待收拾停当，上床就寝时，东方天际欲白，晨祷的呼唤声又庄严肃穆地破空而至。

三色开罗

站在开罗市中心 187 米高的"开罗塔"顶端眺望，映入眼帘的是五彩斑斓的大地，其中，金色、蓝色和绿色尤为吸引人的眼球，构成了开罗这座国际大都市色彩的主要基调。

金色是大自然的颜色，也是历史的颜色，它凝聚了漫漫黄沙的寂寥和众多古迹的沧桑；蓝色是尼罗河的颜色，是哺育埃及的生命之水呈现的色彩；绿色，则是人工改造自然的结果，它印证着埃及人的勤劳和智慧。

向西南看，金字塔的剪影在暮霭中若隐若现；视线再过去，茫茫沙漠一望无际，以金黄色绘制出一幅粗犷而壮美的画卷。金字塔，这座已经矗立了数千年的方锥体石砌建筑，以及不知经过多少年风雨磨砺的沙海，都在见证和诉说着曾经踏足这块土地的过客：拉美西斯二世（也译为"拉姆西斯二世"）等法老、柏拉图、希罗多德、恺撒、拿破仑……荣与辱，兴和废，诞生与湮灭，生命与死亡，在这巨大的金字塔前，都显得那样渺小和微不足道。

往塔的四周俯瞰，古迹不计其数。东南面，萨拉丁城堡上穆罕默德·阿里清真寺的尖塔利剑般直刺苍穹；南边，教堂区的十字架高耸云际；无处不在的清真寺顶端的新月挑破晨曦。正午的阳光下，透着数千年气息的古建筑被照得熠熠生辉，尘灰中夹杂着金黄色，把一个沉甸甸的文明实体渲染得一览无遗。整个开罗城，仿佛就是一座庞大的博物馆，每一件馆藏都在岁月的更迭中被洗刷成金灰色。这座博物馆包容了多种文明的积淀，只是它太陈旧、太苍老了，苍老得有些步履蹒跚，原来它是被历史的重量和文明的厚度压得有些喘不过气来。

开罗塔的脚下，尼罗河水泛着蓝色的潋滟波光，正神态自若地悠悠北上。埃及被古希腊哲学家希罗多德称为"尼罗河的恩赐"，一代代埃及人，都是靠着尼罗河水的哺育才得以休养生息的，没有了这条温柔慈祥的母亲河，甚至仅仅哪怕是母亲河的蔚蓝色变成了浑浊色，都不会有埃及，更不会有富有智慧和创造力的埃及人。难怪埃及人那样珍惜他们的母亲河，把它看成是"圣水"和"生命之源"，人们可以在埃及众多文人墨客的作品中，轻而易举地找到他们对尼罗河的吟诵、赞美和褒扬。

绿色是蓝色的延续。有了尼罗河，包括开罗在内的埃及大地才充满勃勃生机。尼罗河宛若一条蓝莹莹的闪亮缎带，袅袅婷婷地从开罗的躯体上轻轻滑过，不经意间滑出了一片翠绿，滑出了丰饶和肥沃。在尼罗河的灌溉下，开罗和尼罗河经过的其他流域一样，被滋润得处处都适合耕作和播种，随便栽一棵树，便可长得枝繁叶茂，郁郁葱葱。一道道沟渠河汊，一条条水系支流，遍布尼罗河两岸，默默无声地连接四方，把富庶和丰收撒向埃及大地。

说到底，绿色是埃及人改造自然的印迹。喝足了尼罗河水的埃及人，开始悉心回报这条河流的养育之恩，他们加倍地努力着，用双手和汗水，不断创造着绿色的新生活。在开罗，人们在一幢幢楼宇的前后左右，都栽植了浓荫匝地的绿树和萋萋青草，使初来乍到者恍然间忘记了埃及还是一个沙漠大国。开罗城郊，荷锄的农民怡然自得地弯腰在田间劳作，把农田装扮得绿色盈目、沁人心脾。这些，无不是埃及人利用得天独厚的尼罗河水，辛勤浇灌耕耘的结果。

解放广场的前世今生

在动荡局势一发而不可收的中东有这样一种说法，阿拉伯之春的"风暴眼"在埃及，埃及的动荡之源在开罗，而开罗的呐喊声来自解放广场。笔者几乎每天都经过解放广场，广场周边的埃及国家博物馆、政府大厦和阿拉伯国家联盟总部曾代表埃及的地位与荣耀。2011年年初的动荡时期，代表埃及的反而是广场上激动和愤怒的人群，令人感到不可思议。

解放广场位于埃及首都开罗市中心的黄金地带，毗邻尼罗河，面积很大，堪称埃及第一广场。广场最初名为"伊斯梅尔广场"。19世纪埃及统治者赫迪威·伊斯梅尔下令，在开罗建造以"尼罗河上的巴黎"为设计主题的新市中心，广场也因此得名。1919年埃及革命爆发后，这个广场被很多人称为"解放广场"，寓意革命胜利了，从此开始新的生活。不过，埃及人只是这样认为，并没有正式将其命名为"解放广场"。直到1952年埃及再次爆发革命，革命把埃及从君主立宪制国家改变成一个民主共和国，这个广场才被官方正式命名为"解放广场"。

在阿拉伯语中，"解放"一词叫"塔哈里里"，所以西方不少书和报纸上，都把这个广场叫作"塔哈里里广场"，其实就是"解放广场"。

笔者在开罗工作多年，几乎每天都要路过解放广场。这个广场很大，更重要的是，解放广场在埃及人心目中是一个无比神圣的地方，堪称"埃及的心脏"。解放广场东北角竖立着反抗拿破仑入侵的埃及民族英雄奥马尔·马克拉姆的雕像。广场四周的街道呈放射状排列，埃及国家博物馆、埃及中央政府大厦、前总统穆巴拉克领导的民族民主党的总部、阿拉伯国家联盟总部、丽思卡尔顿五星饭店、开罗美国大学等地标性建筑环绕在广场周围。

著名的"双狮桥"将尼罗河两岸的解放路连接在一起。"双狮桥"或"狮子桥"，是中国人的形象叫法，因为桥的两头各有两只威武雄壮的大狮子。确切的名字应该叫"赫迪威·伊斯梅尔桥"，当地人则称之为"尼罗河宫桥"。解放广场还有地铁中转站，交通相当便利。笔者注意到，不少游客，甚至包括到开罗的埃及外省人，首选的参观景点就是解放广场以及连接广场两边道路的"双狮桥"。平时解放广场是开罗人的休闲场所，重大的官方庆典，比如阅兵都是在总统府一带以及萨达特广场一带举行。

解放广场如同埃及政治的晴雨表，它一直是各类游行示威的固定场所，1977 年的"大饼动荡"，2003 年 3 月抗议伊拉克战争的大游行都发生在这里。2011 年推翻穆巴拉克的"1·25 革命"浪潮使解放广场更加有名。那一年的 1 月 25 日，5 万多名示威者第一次占领广场，从此这个广场持续成为开罗抗议活动的中心。历时 18 天的解放广场骚乱直接导致了穆巴拉克的下台。当军事委员会宣布穆巴拉克已移交权力后，示威者在解放广场彻夜庆祝胜利，高呼"爱埃及，重建埃及""埃及人站起来"等口号。解放广场从此成为 2011 年埃及"革命"的象征，不少西方国家领导人和政客访问埃及时都要到解放广场看一看。

埃及除了解放广场，还有大大小小的很多广场。与解放广场形成对峙的，是一个名叫"阿巴西亚"的广场，因为那里有不少阿拉伯历史上著名的阿巴斯帝国的遗迹而得名（阿巴西亚是阿巴斯一词的形容格）。"阿巴西亚广场"附近就是埃及武装部队最高委员会总部所在地，当年，那里的游行是支持埃及武装部队的，与解放广场的游行要求军队交权正好相反，二者形成鲜明而强烈的对比。两个广场，两股势力，激烈地撕扯着埃及社会，把埃及传统的广场政治文化演绎得淋漓尽致。

开罗萨拉丁城堡，一部埃及历史书

位于开罗城东穆盖塔姆山上的萨拉丁城堡，自中世纪建成直到 19 世纪下半叶，一直都是埃及的"权力中心"，时间跨度绵延 700 年。今天，虽然褪去了政治色彩，但城堡依然是开罗的地标建筑，尤其是城堡里穆罕默德·阿里清真寺直刺苍穹的宣礼塔，仿佛两枚高高竖起、蓄势待发的火箭，给人以威严和力量感，它被印在埃及的纸币上，承载着埃及的文化和社会记忆，被视为"开罗的标志景观"。萨拉丁城堡更浓缩了埃及近千年的沧桑和辉煌，堪称一部埃及历史书，值得翻阅和研读。

从萨拉丁城堡俯瞰沧桑的开罗古城

埃及的"紫禁城"

某种意义上，萨拉丁城堡像是北京的"紫禁城"。它由中世纪抗击欧洲十字军的英雄萨拉丁于 1176 年开始修建，建成后一直是埃及历代政权的中心，甚至也是阿拉伯世界的权力中心，直到 19 世纪 70 年代，居住在萨拉丁城堡的埃及统治者从这里搬出来，迁移到了阿布丁宫，这才结束了城堡的政治使命，但萨拉丁城堡的军事功能却一直持续到 20 世纪 70 年代。直到今天，萨拉丁城堡里面仍有士兵驻守，不过更多只是象征性的，城堡早已向公众开放，成为游客到开罗的必打卡景点。

萨拉丁城堡负责宣传的工作人员哈比布告诉笔者，萨拉丁城堡就是一部浓缩了的埃及历史。他说，萨拉丁当初建城堡主要是为了防御来犯的欧洲十字军，不过，萨拉丁下令开工修建后，自己便前往西奈半岛率领将士抗击十字军了，一直到赢得胜利，并不幸身亡，城堡仍没有完成。城堡的修建工作落在了萨拉丁侄子的肩上。竣工后，这里成为埃及历史上阿尤布王朝历任统治者的行政机构和官邸所在地。

据哈比布介绍，阿尤布王朝被推翻后，马穆鲁克王朝扩大了萨拉丁城堡建筑群，增加了豪华的宫殿。在 1517 至 1798 年间土耳其奥斯曼人统治时期，城堡向西扩展，增加了一个新的主大门，而此前马穆鲁克人所建宫殿的奢华之光开始暗淡。即使如此，当拿破仑的法国远征军在 1798 年控制萨拉丁城堡时，他们认为这些建筑依然是开罗最好的伊斯兰建筑之一，就是从这里，拿破仑用架设在城堡阳台上的大炮征服了整个埃及。

然而，这并不能阻止穆罕默德·阿里——他在法国人之后上台开始统治埃及——从对城堡彻底的改造中脱颖而出，并以土耳其奥斯曼风格的清真寺为这里的建筑群进行加冕，使以他的名字命名的清真寺占据了开罗东部的天际线，使其几乎成了萨拉丁城堡的标配甚至象征。后来，穆罕默德·阿里的孙子伊斯梅尔把他的住所搬到了阿布丁宫后，只在萨拉丁城堡留下一些军队继续驻守。"二战"期间，在北非战场参战的英国军队也驻扎在萨拉丁城堡。

哈比布的介绍富有文采，把萨拉丁城堡的发展脉络讲得清清楚楚。"里面的故事可多了，慢慢看吧，你会大有收获。"哈比布眨眨眼睛，意味深长地说。于是，笔者开始一点点探索和寻觅埃及"紫禁城"的故事。

羊肉和钟表

往常，萨拉丁城堡总是游人熙攘、络绎不绝，而疫情期间，游客明显少了，前来观看的多是埃及本地人。城堡大得吓人，看下来需要大半天的时间，即使这样，也挡不住游客们的兴趣和热情。

有许多中小学生被教师领着集体参观萨拉丁城堡，一边参观，一边还有详细的讲解。原来，这里俨然成了类似国内爱国主义教育基地之类的地方。笔者尾随其后，认真聆听。从带队老师或者他们请来的导游或讲解员的介绍中，笔者得知，萨拉丁城堡当初的选址还颇有讲究。

萨拉丁决定建城堡后，询问部下在什么地方建，众将各持己见，莫衷一是。萨拉丁下令屠宰两只羊，把羊肉切成多块，让士兵把羊肉挂在众将建议的不同地方。对于萨拉丁的这一奇怪做法，众将面面相觑、一头雾水。一天过去，两天过去，三天过去了，位于不同地方的羊肉都发生了不同程度的腐烂。结果，挂在穆盖塔姆山上的那块羊肉是最后腐烂变质的。

于是，萨拉丁决定在穆盖塔姆山上修建城堡。原来，除了这里是制高点、军事意义重要外，萨拉丁还综合考虑了拟选地址的气温、通风、湿度和空气清洁度等诸多因素。这里的羊肉最后变烂，说明其综合条件最好。事实证明，现址选对了，城堡巍然屹立近千年，却依旧坚固如初。哈比布真诚地对笔者说，许多研究城堡的学者在比较后得出结论，与地中海沿岸大约同时期修建的比如雅法、海法、苏尔、赛达等城堡相比，萨拉丁城堡称得上是中世纪"最坚固的要塞"。

城堡最高、最显眼的位置，建有以穆罕默德·阿里的名字命名的清真寺。这一清真寺模仿土耳其伊斯坦布尔著名的蓝色清真寺而建，仿佛要插入云霄的两个宣礼塔，如同两把利剑，巨大的圆顶沐浴在阳光下熠熠生辉，恢宏壮观，以至于成了萨拉丁城堡的标志性代言物。清真寺里有一架大铁钟，是法国国王路易·菲力普回赠的。此前，穆罕默德·阿里送给了法国国王一个法老时代的方尖碑，换回了路易·菲力普的这座钟表。不料，钟表在用了三天后即停止不走，直到今天仍是个摆设，还挂在墙上。而路易·菲力普得到的方尖碑，却至今依然高高矗立在巴黎的协和广场上。

埃及版的"鸿门宴"

笔者注意到，萨拉丁城堡里还有两个独特的博物馆，分别是战争博物馆和警察博物馆。

疫情期间，战争博物馆（又译为"军事博物馆"）趁机关闭进行装修，好在笔者曾去过多次，里面主要展示埃及从法老时期一直到现代的军事战争历史、武器装备演变、军装变革、主要战争和战役场景，图文并茂、形象生动，有的还配有 3D 效应，受到参观者的欢迎。虽然疫情期间战争博物馆不开，但博物馆门前的广场却一如既往地对外开放，广场上展示着历史上投入战争，尤其是历次中东战争中使用过的各种战斗机、坦克、大炮、火箭炮、高射炮、导弹、机枪、登陆艇等，都是真家伙，绝非模型，每件武器的旁边，还写有其性能介绍及参战的具体时间等，是军事爱好者的"天堂"。

战争博物馆的隔壁，便是警察博物馆。与战争博物馆相比，警察博物馆显得有些简陋，才有几间房子，但把埃及警察在历史上的演变、从法老王朝一直到近现代不同时期的警察状况、警察武器和配置装备的进化、警服的不同样式、警察职能的嬗变等，介绍得脉络清晰、十分专业，使人增长了不少知识。警察博物馆门前，有一个偌大的广场，站在广场上，可以鸟瞰整个开罗城，景色壮观、宏大而开阔。

与警察博物馆相关的，是发生在这里的埃及版"鸿门宴"的故事。在警察博物馆的楼梯脚下，有一块刻着狮子的石板，这是13世纪的"雄狮塔"遗物，现在的警察博物馆便建在"雄狮塔"的顶上。从这里可以走到平台的墙边，再往下看便会发现一条狭窄无比的通道。历史上的埃及版"鸿门宴"便发生在这里。

穆罕默德·阿里忌讳马穆鲁克人，因为他们以前曾称霸埃及，为非作歹，到了阿里统治时期，这些人仍有很强的势力，甚至称霸一方。于是，穆罕默德·阿里便利用为其儿子举行婚礼的机会，大摆宴席招待500名马穆鲁克人的各路首领。这些人十分感动，欣然而至，一些人只带了几个随从警卫，许多人甚至没有带任何保镖，大家开怀畅饮宴席结束后走到那处狭窄的通道时，两边的门砰然关闭，埋伏在四周房顶的精锐士兵万箭齐发，将500名马穆鲁克的头领全部杀死。据警察博物馆的负责人塔哈介绍，只有一个叫阿明·贝伊的马穆鲁克人活了下来，他不是侥幸逃掉了，而是被某些事情耽误了，未能参加宴会。

故事听上去难免有些血腥，但埃及人对穆罕默德·阿里的一生功过还是充分认可和肯定的。阿拉伯历史书上说，为求富国强兵，穆罕默德·阿里在政治、经济、教育、文化、社会、军事等方面大刀阔斧地改革，引进欧洲先进科学技术、设备和人才，极大促进了埃及经济的发展，改变了埃及的社会面貌，拉开了埃及近代史的序幕。而从带队老师对学生们的介绍中，笔者也听到穆罕默德·阿里是"近代埃及奠基人""治国有方"之类的字眼，还听到讲话员说，马穆鲁克人相互征战，危害一方，是军事封建集团反动势力的代表，他们的存在使埃及动荡不安，严重阻碍了埃及的国家统一，最后被穆罕默德·阿里设计所除，是历史的必然选择等。

送给你一个玫瑰花般的早晨

——开罗人的甜言蜜语

"怎么就不送我一个玫瑰花般的早晨"

笔者刚进开罗大学读书时，早上向班上的同学打招呼，一本正经地照着教科书上学的说："早上好！"一个性格开朗的女生笑嘻嘻地反问笔者："怎么就不送我一个玫瑰花般的早晨？难道我长得不漂亮吗？"

笔者被弄了个大红脸，却不知究竟是怎么回事。渐渐地才明白，原来在埃及，同学、朋友和亲戚等熟人之间问候，可以说"早安""上午好"，但为表示友好和亲切，一般会说"玫瑰花一般的早上""茉莉花一般的早晨""奶油一般的上午"，甚至"大豆一般的早晨"等。尤其在电话里更是这样，抄起话筒，笔者的两只耳朵充满了各种花的名字，自己仿佛置身大花园，沐浴着幽幽的花香，一时间，心情那叫一个爽。

大学里同学见面，无论男女，均以"亲爱的"相称。男生叫我"哈比比"，我还坦然，心里觉得亲善和友好；女生叫我"哈比比"，却让我有些不好意思起来。但看她们落落大方，对别人也是同样的称呼，我也就释然了，于是学着其他男生的样子喊她们"哈比比蒂"（亲爱的，用于称呼女性），得到的不是扭扭捏捏，而是一阵阵清脆爽朗的笑声。

不同凡响的称呼

在埃及，对人的称呼可谓林林总总，不一而足。其他阿拉伯国家常用的，这里自然一点不缺少，如把上了年纪的人尊称为"哈几"，"哈几"的意思是"朝觐者"，即表示他到沙特麦加的圣地朝拜过了，无论这位长者是否真的到过沙特。

埃及人常叫对方"帕夏""老师""师傅""工程师"等。"帕夏"是土耳其奥斯曼帝国统治埃及时，对高级文、武官的称呼，放在姓名的后面，现在这一职衔早已废弃，但仍当作一种常见的交往语使用，意在看重和高抬对方，尊敬之意不言自明。

"老师"和"师傅"，则是富有现代气息的称呼了。"老师"就是学校里的老师（阿拉伯语为"伍斯塔兹"），表明称呼者将被称呼者当作他的老师对待，也是出于礼让和尊崇。"师傅"（乌斯塔），原先指开车的师傅，现在则推而广之，满大街都是"乌斯塔"，不一定非是开车的不可，这与我国情形颇为雷同。

笔者不理解的是为什么埃及人管我叫"工程师"（阿拉伯语"穆罕迪斯"），对着镜子照照，咱好像也没有一点工程师的样子啊。经打听才知道，原来，工程师在埃及是很受人待见和高瞧的职业，开罗的尼罗河西岸，还有一个城区就叫工程师区，笔者很长时间就住在这个区内。埃及人认为工程师是有文化、有知识、有能力的象征，用这个词来称呼你，你在人家心中的身价可想而知。不过现在，埃及人更绝了，不但称"工程师"，而且常常称"巴希·穆罕迪斯"，笔者一开始根本不知道是什么意思，后来问了埃及人才终于明白，原来，"穆罕迪斯"是指某一领域的"工程师"，而"巴希·穆罕迪斯"则指专业技术包括许多方面的工程师，是"工程师的工程师"。好家伙，笔者什么时候成了一专多能、无所不会的顶尖技术人才了。头上这顶帽子可真够大的。

最令人费解的，恐怕还是"阿凡提"了。埃及人整天将"阿凡提"挂在嘴边，而且叫得格外自然、亲切和随和。笔者就不知不觉地当过多次"阿凡提"。原来，阿凡提这个词源自土耳其语，埃及人借它来称呼有钱财和有身份的人（关于阿凡提的称呼，另文详述）。

新颖独特的问候

此外，更常见的还有很多，如你说"欢迎"，对方说"两个欢迎"，你说"很高兴见到你"，对方说"更高兴与你相会"等。埃及人还有用多数表示尊敬的习惯，比如用"你们"表示"您"等。

让埃及人办事，他们表示服从的说法，不下几十种。什么"行""可以""好的""没问题""是""请放心""听从命令""准备好了"等，让人听着舒耳爽心。尤其是买东西时，负责送货的人会迭声说出这些词汇，你会有一种真正当了一回主人和上帝的感觉。

埃及人最常见的还有一个"哎哟窝"，相当于阿拉伯语普通话里的"是"（纳姆）、"好吧"之类。在埃及，无论是打电话，还是外出办事，你就听吧，处处都是"哎哟窝"（说快了像是中文的惊叹声"哎哟"）的声音。笔者的一位不懂阿拉伯语的朋友刚来开罗，听到这么多的"哎哟"之声，吃惊地问笔者："怎么会有那么多的埃及人不舒服？"笔者听了，真是忍俊不禁。

开罗有一个本地"好莱坞"

众所周知，埃及的电影在阿拉伯国家首屈一指，但埃及还有本国的"好莱坞"，而且堪称整个中东地区最大的"好莱坞"，却鲜为人知。

由埃及首都开罗西行 20 公里，来到一个叫"十月六日城"的地方，从这里再过去不远，就是埃及"好莱坞"的所在地了，它的全名是"埃及媒体和影视生产公司"，埃及人管它叫"国际电影制作中心"，简称"电影城"或"埃及的好莱坞"。陪同我们参观的埃及文化部官员哈桑介绍道，埃及的国产电影，有 2/3 以上都是在这里拍摄的。

"好莱坞"面积达 300 万平方米，是整个中东地区最大的，也是阿拉伯国家唯一的一家大型综合性电影制作城，光四周的门就有十来个，人在里面乘坐特制的"观光小火车"不停地"走马观花"一圈，都要将近一个小时。电影城平时不接待游客，所以各个门总是被警卫把守着，透着神秘。但这里在埃及人心中的名声太大了，前来一睹为快者很多，于是，电影城特地开辟出了一个"神奇天地"，那里有滑冰、魔术和水族馆等游乐场，供家长带着儿童游玩。

一般的游客必须从其他门买票进入，但笔者由于是特允采访，所以得以通过主门进入"好莱坞"。一进去，就发现里面别有洞天，实在是生产电影的天堂之地。这里可以看到各种各样逼真的外景：古埃及的宫殿、庙宇、城市街道和农村，2000 年前的亚历山大城，20 世纪 30 年代、50 年代以及当今的开罗市容、红海、地中海以及岸边的海滩等，不一而足。稍远一些，还能看到人造的金字塔和狮身人面像，形状与真的一模一样，只是个头看上去小了些。

没有想到的是，看到的这些只是埃及区，再往前走还有国外区。那里的一切完全是异国情调，街道上的建筑不再是清真寺，而是基督教堂、法院、议会大厦和警察局等。专门表现战争场面的阵地、雷区，仿佛跟真的别无二致。此外，还有森林区、海洋区等场景，森林区还有一辆看上去足有上百年历史的火车，在同样沧桑的林边车轨上静静地停着。笔者见状，感觉仿佛回到了久远的岁月。海洋其实很小，就是一潭清水，但它运用了高科技手段，将潭水分成好几层，还可以通过电脑控制，人为地掀起或大或小的波浪，经过电影镜头的拍摄，就跟真的没有任何区别了。

除了几乎浓缩世界主要地区的外景，电影城里还有大量设备和技术先进的摄影棚。摄影棚分为三个区：A 区有 18 个摄影棚，包括 2 个 900 平方米的摄影棚、4 个 600 平方米的摄影棚、4 个 400 平方米的摄影棚、4 个 300 平方米的摄影棚、1 个 200 平方米的摄影棚、3 个 100 平方米的摄影棚。B 区有 8 个摄影棚，包括 6 个 600 平方米的摄影棚、2 个 150 平方米的摄影棚。C 区有 3 个摄影棚，均为面积为 600 平方米的摄影棚。

哈桑告诉笔者，"好莱坞"每天有七八个摄制组在拍片。果然，笔者发现好几个摄影棚里都有摄制组在工作，一打听，说是两个组在各拍各的电视剧，另有一个组在拍电影。有趣的是，在 B 区的一个摄影棚，拍电视剧的摄制组正在忙乎着：正在拍女主人公坐在床边的梳妆台前梳妆，女佣人从外面敲门进来向她汇报一件什么事。这个再简单不过的镜头，居然前前后后拍了不下 6 遍，连我们这些临时"观众"都看得不耐烦了，可见埃及从影人员对待艺术的认真态度。导演一遍遍地喊"预备，开始"，架在高处的摄影机闻声开始转动，没有过关的演员重新来过，直到我们离开，他们还在重复着这些单调的动作，一遍遍不厌其烦地认真拍摄着。

有趣的是，在欧洲街上，笔者碰到了埃及当红的年轻女演员迪娜，她刚拍完一段戏，正被人簇拥着上车，看样子是要打道回府了。笔者上前拍照，没想到她很配合，落落大方的样子，并主动问我："你是中国人吗？"我说是，她说她很喜欢中国，没准什么时候会到中国拍戏呢。她还提起埃及著名电影《伟大的中国豆》，原本是发生在中国的故事，但外景却是在泰国拍摄的，有些遗憾。

电影城的总经理艾哈迈德还接受了笔者的采访，他说："你是到这里采访的第一个东方记者，我接受过不少西方记者的采访，其中法国的《巴黎竞赛》杂志记者在采访后写的文章，称这里是'东方的好莱坞'，真是很形象，很准确。"

开罗斋月里的"仁慈饭桌"

伊斯兰历的 9 月是神圣的斋月，阿拉伯语叫"拉马丹"，离拉马丹还有个把月的时候，埃及的孩子们便嚷嚷着要过节了，就像中国的孩子盼望着过年一样。

笔者在埃及前前后后度过了好几个斋月。印象最深刻的，还是斋月期间的"仁慈饭桌"。那一年，斋月来得有点猝不及防。那天笔者正在外面办事，突然发现日日走过的大街上挂起了许多巨幅标语，上面写着"仁慈饭桌"，旁边或者落款处还写着："某某某在斋月来临之际和斋月期间，谨祝各位穆斯林兄弟慷慨吉祥，幸福如意！"我这才恍然意识到，哦，拉马丹又到了。

标语的附近是大大小小的餐馆，餐馆外面摆放着一排排的桌子，那就是著名的"仁慈饭桌"，是开罗斋月里的一大奇特景观。斋月的第二天，笔者特意坐在"仁慈饭桌"前，体会埃及"仁慈饭桌"的独有气氛。这时太阳仍然高悬西天。根据规定，只有太阳落山后，才可以结束一天的饿肚子生活，开始吃东西。

然而，人们早早地占了位置，不光有衣衫褴褛的穷人、面有菜色的流浪汉、给人看大门的保安，还有出租车司机、收入微薄的交通警察、开店的商人和办事错过饭点儿的过路人等，甚至好奇的外国游客也可以坐下来美美地吃上一顿。

众人对笔者的到来先是一阵热烈的欢迎，接着问我是不是穆斯林，我说不是，都说不是也没关系，就跟我们一块吃吧。埃及人真是天生的豪放直爽，尤其穷人更是如此。一个叫穆罕默德的老者说："这饭是安拉天赐的，是安拉美德的体现，谁都可以吃，别不好意思！"

说话的当儿，太阳已西沉，附近清真寺的高音喇叭里传来"安拉至大"的呼唤声，接着从电视里传来炮声，那是埃及所独有的"开斋炮"发出的声音。炮声一响意味着当天的"把斋"告一段落，信徒们可以心安理得地进食了。埃及的"开斋炮"又叫"法蒂玛"炮，在整个阿拉伯世界也堪称一景（详见另文《埃及"开斋炮"时隔 30 多年后再次响起》的相关介绍）。

于是，大家一阵喧哗，便放开肚皮饱餐起来。按照伊斯兰教的教义，斋月是伟大、吉庆、吉祥、尊贵的月份，又叫"古兰经的春天"，因为安拉就是在拉马丹月把神圣的《古兰经》降给穆斯林的。《古兰经》第二章第 185 节说："拉马丹月，开始降示《古兰经》，指导世人。"真主的使者穆罕默德说："拉马丹月是安拉的月份，它贵过一年中的任何一个月。"

根据规定，每一个成年的穆斯林，只要没有病，不在旅行途中，都必须从黎明到日落期间，不吃不喝、不抽烟、不行房事等，以此收敛自己的欲望，表示对安拉的虔诚和敬畏。斋月期间，穆斯林除了严格把斋外，还要比平时更多地念《古兰经》，以祈求真主饶恕他先前的罪过。伊斯兰历史书上记载，先知穆罕默德说："谁在拉马丹月为取安拉的喜悦而虔诚敬意地封了斋，安拉将饶恕他（她）以往的罪过。"

至于"仁慈饭桌"，则最初开始于1967年的斋月。当时，开罗的纳赛尔银行出钱在拉希尔清真寺外摆上桌子，向过路的穷人提供餐食，深受欢迎。接着，有着1000多年悠久历史的伊斯兰著名高等学府爱资哈尔清真寺也摆出"仁慈饭桌"，而且规模更大，向人们免费提供。这一风俗一直延续了下来，并不断发扬光大，以至成了埃及斋月里的一道很别致的景观。通常，"仁慈饭桌"设立在人口稠密的街道两旁、高架桥下面、清真寺门前、交通路口的广场上和街心公园附近等。仅仅记者站附近的谢哈布街一带就有10来处，据说开罗有的年份"仁慈饭桌"多达20来万，每天光顾的食客达几十万人之多。

吃饭的人泰然自若地坐下来，仿佛自掏腰包一样轻松自然。人们彼此大多都不认识，脸上却各带笑容，相互打着招呼，显得很亲切。服务人员也热情有加，跑前忙后，没有歧视谁的现象。饭菜谈不上有多么丰盛，每人手持一个盘子，里面装有鸡块、米饭、蔬菜和椰枣等。吃的速度很快，一会儿工夫，整个桌子就被风卷残云般扫荡一空，人也各自散去，等第二天再来。但有些人并不守在一张桌子吃，今天来这里吃了，明天兴许会换个地方变变口味。

老者告诉笔者，斋月的目的之一，就是让富人体会体会饿肚子的感受，好让他们富有同情心，今后好给穷人以更多的施舍，因为施舍是伊斯兰教的重要美德之一。说白了，就是拉马丹月为富人们提供了一个接济和帮助穷人的契机。而向穷人提供免费的"仁慈饭桌"，便是考验富人们的实际行动。当然，家境殷实者，是大抵不会坐在这样的餐桌上的，他们会在家里品尝美味佳肴，因为斋月里，饭菜会比平时好得多。笔者发现，吃斋饭的一刹那，所有商店都打了烊，路上平时几乎拥塞得走不动的车辆，一下子都没了踪影，原来人们都各自回家吃饭了。

"仁慈饭桌"上的这些饭菜，都是有能力和爱心的富人委托饭店定做的，然后向社会弱势群体供应，因为整个斋月期间每天都如此，看来没有相当强的实力的人是承担不下来的。这些慷慨解囊者也没有被淹没，大街上巨大的横幅标语上写的就是他们的名字。斋月中开罗还到处悬挂"斋灯"，其实就是灯笼，里面点着亮，许多还是中国制造的，在闪亮的斋灯照耀下，这些人的名字和"仁慈饭桌"一起，被衬托得格外醒目。

开罗"开斋炮"时隔30多年后再次响起

埃及2021年的斋月从4月13日开始。斋月是穆斯林最神圣、最吉祥的月份，其间的一些独特习俗和传统，更被认为是伊斯兰文化的重要组成部分，比如"开斋炮"，便是其中之一。埃及的"开斋炮"更是名扬阿拉伯国家，可惜从1992年开始，埃及的"开斋炮"哑音了，直到2021年才再次响起。时隔30年，人们又一次听到了难得的埃及"开斋炮"声。

炮声响彻大半个开罗的上空

根据规定，斋月期间，虔诚的穆斯林从日出到日落之间不能进食，太阳落山后，方可开始吃饭。"开斋炮"是结束一天禁食、允许人们吃饭的炮声，所以，它在日落西山之际响起。历史上，"开斋炮"都架在开罗标志性文明古迹萨拉丁城堡中警察博物馆外面的广场上，那里居高临下，可以鸟瞰开罗全城，尤其是开罗古城一带。史书记载，传统上，当"开斋炮"隆隆响起后，大半个开罗城都会听见，城堡附近及周围，更是清晰可闻，甚至震耳欲聋。

笔者住在远离萨拉丁城堡的扎马利克区，这是位于尼罗河中央的一座小岛，原本以为根本无法听到开斋炮声。在埃及进入斋月的第三天，笔者特意爬上记者站的楼顶，边欣赏日薄西山的太阳，边体验一下能不能听到"开斋炮"响。太阳一点点缓缓下坠，余晖洒在椰枣树和清真寺上，染红了半边天。18时26分，在四周清真寺喇叭的诵经声中，"轰"的一声闷响传来，接着又是一声更大的响声，然后又是好几声。声音显得悠远、沉闷、浑厚，但依然能够清晰入耳，一听就是大炮的轰鸣声。

埃及媒体报道称，按照传统习俗，开罗共有6门"开斋炮"：两门主炮在萨拉丁城堡，两门在阿巴斯亚区，一门在赫利奥波利斯，一门在城南的赫勒万区。2021年，当局又在开罗大学主校门前的"复兴广场"上添置了一门新炮。这样，开斋时刻到来，所有的大炮齐发，好让身处开罗不同地区的居民都能听得到。难怪，记者站距离萨拉丁城堡的直线距离长达15公里，这么老远也能听得清楚，看来是摆放在其他地方的大炮产生了"接力"的结果。不过，当人们讲起埃及的"开斋炮"，还是以位于萨拉丁城堡的大炮为正宗。而其他一些阿拉伯国家也有"开斋炮",但都是自娱自乐,籍籍无名,但当他们说起埃及的"开斋炮",则都不约而同地竖起大拇指,在阿拉伯人的心目中,埃及"开斋炮"是最神圣、最为历史悠久的,而埃及的"开斋炮",则特指被放在萨拉丁城堡警察博物馆前广场上的两门炮。

炮声过后,记者站的四周邻居一片欢腾,尤其是孩子们,一个个兴奋异常、喜悦无比。"开饭了,开饭了!"有人大声叫喊。刹那间,楼道里弥漫起四溢的饭菜香味。饿了一天的人们,总算可以坐下来大快朵颐地享受美食了。

"开斋炮"源自三个不同的版本

根据阿拉伯学者艾哈迈德·曼扎拉维《伊斯兰教的斋月》一书的记载,"开斋炮"起源于埃及开罗,也兴盛于开罗。不过,关于"开斋炮"的具体来历和诞生时间,却有 3 种不同的说法。

第一种说法是,"开斋炮"始于 15 世纪的埃及马穆鲁克王朝时期。当时的统治者苏丹哈斯卡丹想测试一门新的大炮,并在 1467 年斋月第一天日落时分下令发射炮弹。隆隆炮声响过,老百姓自作多情地认为苏丹是故意策划了这次活动,以此提醒人们把斋一天后终于可以进食了。于是,他们前往苏丹哈斯卡丹位于萨拉丁城堡的宫殿,向他表示感谢。苏丹见状,遂来了个"顺水推舟","将计就计"地决定在整个神圣的斋月期间每天都在太阳落山时开炮。这一习俗便流传了下来,成为开罗斋月里文化习惯和活动的标配。

第二种说法与第一种大同小异,说是这一传统始于 1805 年现代埃及创始人穆罕默德·阿里统治时期。当时,穆罕默德·阿里想在斋月的第一天检修他从德国购买的新大炮。炮声响起后,人们的反应是如此积极,一个个欢呼雀跃,奔走相告。于是,穆罕默德·阿里决定在接下来的斋月期间继续每天发射大炮,以取悦民众,收买人心。

第三种说法是,这一传统始于现代埃及统治者赫迪威·伊斯梅尔当政时期。当时,在斋月的第一天日落时分,一门大炮在维护保养的过程中意外地响了。赫迪威的女儿法蒂玛·伊斯梅尔公主觉得很好玩,便央求父亲下令,每天日落之际继续开炮。因此,"开斋炮"也被叫作"法蒂玛大炮"。

在赫迪威·伊斯梅尔执政埃及期间,"开斋炮"还被转移到开罗城东南的穆卡塔姆山上,以便它的声音传播得更远一些。人们在大街上排起长队,看着大炮被一辆巨大轮子的战车拖上山去。直到开斋节的第一天,大炮又被运回萨拉丁城堡。

无论哪一种说法，可以肯定的是，自打开斋炮诞生以来，炮声就年复一年地一直在斋月期间回荡在开罗的上空。直到 20 世纪八九十年代出现反复。

据埃及历史学家马吉德·阿齐兹介绍，1987 年，埃及文物部发出警告，"开斋炮"对萨拉丁城堡的墙壁和该地区的其他古迹构成潜在的破坏，于是，从 1992 年起，埃及全面禁止再用"开斋炮"，一直到 2021 年才解除这一禁令。

"疫情期间弘扬传统文明"

为"开斋炮"解禁的，是埃及旅游和文物部，目的是在疫情期间弘扬民族文化、保护历史古迹和发展旅游业、吸引游客。此外，还可以通过恢复鸣放"开斋炮"，在特殊时期为民众带来富有特色的娱乐，丰富他们的精神生活。

"疫情期间，人们都憋坏了，甚至心情都很压抑，现在听到炮声，没有不喜欢的，它给人们带来了新的乐子。同时，'开斋炮'标志着终于可以终止一天难熬的禁食期，可以开始尽情地享用美味了，这如同大餐前的助餐音乐一样使人心旷神怡、胃口大开。"笔者的房东这样说。

据埃及旅游和文物部部长助理埃曼·兹丹介绍，为了恢复发射"开斋炮"，埃及专门做了大量准备工作，包括修复这些炮、祛除其生锈的锈迹、从内部进行彻底清洗等。据悉，这些炮都堪称古迹，是当年使用的老炮。这次恢复开炮时，还同时发射激光束，以产生更好的效果。

埃及媒体报道，30 年后恢复使用的"开斋炮"是德国克虏伯公司 1871 年生产的大炮，其特征是具有坚固的铁质底座，一根炮管搁置在铁架上，铁架下有两个木头制成的大轮子。这款大炮由两名士兵操作，一名负责装填火药，另一名负责发射炮弹。据说炮弹已经改成了假的，只听响，但不具杀伤力，以免产生安全隐患，同时，对文物的损害也降到了最低。

"虽然开斋炮销声匿迹了 30 年，但由于它已成为一种公认的文化传统和斋月生活的重要组成部分，因此它一直留在埃及人的心中，萨拉丁城堡等地再次发射开斋炮，为开罗传统文化习俗的传播插上了翅膀。"埃及媒体在报道中这样说。许多中年的埃及人告诉笔者，他们只是在小时候听到过"开斋炮"的声音，那声音珍藏在他们的记忆深处，难以忘怀；而他们的孩子们，则是第一次听到"开斋炮"，一个个都觉得新奇无比、激动万分。无疑，这对从小培养孩子们的传统文化意识，大有裨益。

此外，笔者注意到，埃及恢复鸣放"开斋炮"，引起外媒的广泛报道和兴趣，俨然成了一件文化大事。这对扩大文化影响力和知名度，从而吸引更多的游客、使因疫情而遭受重创的埃及旅游业早日走出阴霾等，也会产生不可小觑的积极作用。

开罗人个个都是大嗓门

在开罗游览，你会注意到，大嗓门的埃及人到处都是。大嗓门是阿拉伯语本身使然，也是生活环境的结果。

阿拉伯人讲的是阿拉伯语，这门语言本身有汉语里所没有的喉音，必须把力气使到喉咙深处，并使劲发音，才能发得到位和准确，否则轻轻地发，就完全是另外一个词汇了。长此以往，埃及人说起话来浑厚、凝重而有力，加上他们热情豪爽，慷慨好客，并喜欢说话，普遍都是话多话频，所以练就了大嗓门的"功夫"。

经常遇到这样的现象：远远地听到一群人在高声说话，以为是在争吵，结果到了跟前，发现他们正在笑呵呵地聊天呢。即便是阿拉伯女子，她们讲起话来也多是嗓门嘹亮，底气十足，跟中国女孩的和言细语、柔声低腔形成鲜明的对比。

大嗓门的另一成因，是环境和噪声。开罗的人口目前有两千多万，人满为患，拥挤嘈杂。埃及人喜欢扎堆，常常是三五成群地在一起闲聊。不少人还放着录音机，汽车里、公路边的店铺里等都有，录音机的声音通常都开到最大，几乎要爆炸，节奏感又极强，听起来震耳欲聋，把人说话的声音完全遮盖了。所以，埃及人相互见面总会问："你在大声嚷嚷什么呢？"而问话者也是高声嚷嚷，自己却浑然不觉。

除了人的声音，每天在开罗的街道上跑着的数百万辆汽车，更是一个庞大的噪声源。雪上加霜的是，司机都不遵守交规，随时随地随意地按喇叭，如果遇上球赛，本国摘取了桂冠，或者其他重大体育赛事取得胜利，喇叭声更是热火朝天，花样百出，节奏无穷，而且还像是有人喊口号一样，一起按响。在喇叭声的海洋里，不大声说话，休想让别人听到。

埃及国家研究中心花了5年的时间，专门研究全国各地的音量等级，并发布研究报告：开罗从早晨7点到晚上10点，平均音量数值是85分贝。科学家穆斯塔法·赛义德说："在这一时段，整个大开罗地区都被笼罩在令人不堪忍受的噪声之中。"他还透露，在有些地区，如位于市中心的解放广场、拉美西斯广场以及金字塔大街等，音量通常会达到95分贝，只稍稍低于轰隆隆的电钻发出的巨大声响。

　　虽然危害众多，但埃及人似乎已经对噪声习以为常了，他们没有谁抱怨噪声的存在，人们似乎达成了某种默契。埃及国家研究中心的研究报告称，从普遍意义上来讲，噪声是城市越来越失控的一个征兆，说明城市的人口密度已经远远超过了合理容量。为此，他们已呼吁国家下大力气控制噪声，以改变目前糟糕的状况。这一呼吁已得到了政府的重视，并有相应措施出台加以整治。

开罗街头小贩面面观

埃及首都开罗街头车水马龙，喧嚷嘈杂，而最富有当地特色和异国风情韵味的，莫过于穿梭于开罗大街小巷的各类小商贩了。

插着玫瑰花的卖水人

卖水人是开罗街头一景，他们通常出现在夏天，但实际上一年四季都有，即使在隆冬时节，也会见到他们的影子。

笔者重返开罗时，适值冷风扑面的初冬，那天正在扎马利克的阿布·菲达街上行走，突然听见久违了的铜镲声响，闻声望去，一个背着重重大水壶的卖水人走了过来。

卖水人还是一个孩子，衣着破旧，满脸稚气。他的腰间斜挎着一个笨重的水壶，水壶四周用简陋的铁丝做了七八个圆圈，用以摆放大大小小的水杯，而最引人瞩目的，则是水壶上还醒目地插着一束束红色的玫瑰花。

见笔者感兴趣地观瞧，有些腼腆的小孩走了过来，并麻利地倒了一杯，执意要笔者尝尝。据他介绍，玫瑰花是为了吸引人们的注意力，尤其是女孩子的注意力，这也算是一个"噱头"。

据说，水壶加上水及杯子的重量，重达20多公斤，卖水人的辛苦可见一斑。冬天还好些，到了卖水高峰的夏天，开罗暑气蒸腾，炎热难耐，背着如此沉重的水壶满大街转悠，那情景，岂是一个"累"字了得。可眼前的孩子笑着说："没什么，已经习惯了。"听之，笔者唏嘘不已，立马给了他5埃镑，而这几乎是10杯水的价钱了。

扛着木棍卖面包圈者

驱车行驶在开罗，总能在特定的路段看到卖面包圈的老人。相比于卖水人，卖面包圈者的活动范围要小一些，他们的销售对象主要集中在过往车辆的司机上。

但这种营销策略显然失算了，一辆辆汽车风驰电掣而过，鲜有停下来买面包圈的。有了车，人们可以到相对远一些的大型超市购买类似的面包圈，而不会把时间花在中途下车停留上。即使出现塞车的情况，甚至车都堵得动弹不得了，也很少有人从驾驶室里探出头来问价或购买。

卖面包圈者以老人居多，他们把一塔塔面包圈串在不同的木棍上，看上去蔚为壮观，很有规模效应；然后，背着木棍行走，或者索性放在马路中央的隔离带上，抑或马路一侧的路牙子上。卖面包圈者与卖水人一起，构成了开罗街头重要的两大景观。

面包圈本身也颇为讲究，分带芝麻和不带芝麻两种，个个烤得金黄，外焦里嫩，松软可口。可惜，买家寥寥，生意惨淡，可能一天也挣不了几个钱，生活不易，让人心生慨叹。

推板车卖仙人掌果的人

盛夏时节，炽热的太阳天天高悬空中，不知疲倦地炙烤着大地，开罗的大街上热气蒸腾，行人步履匆匆，急于赶往有空调的室内降降温。只有遍布街头的仙人掌果摊贩为了生计不惜顶着艳阳，拉长声调叫卖着，不时有行人驻足，买上几个，边走边吃，让多汁的鲜果一解饥渴。

仙人掌果堪称埃及的特色水果，营养丰富，可因为它表面的刺，一般人会望而却步，真是亏大发了。仙人掌通常生长在沙漠边缘地带，有的甚至三四年才开花结果一次，因为果实来之不易，更是难得。7 月和 8 月是仙人掌果的成熟高峰期，小贩们时不我待，与时间展开赛跑，在最热的这两个月攒足了劲赚钱。

开罗城的各个十字路口或主要街道上，随处可见卖仙人掌果者的身影。卖仙人掌果的人大都推着一辆木制的双轮板儿车，车上满载整齐的仙人掌果，车把上悬挂着一小桶水，手里拿着一把小刀，便于为客人现场削果。仙人掌果小贩身手灵巧，他们戴着手套，用小刀熟练地切开长满尖刺的果实外层，挖出黄澄澄、软绵绵、饱含汁水的仙人掌果肉，将其整齐地摆放在盘子里。还有的小贩，用大铝盆盛放仙人掌果，旁边再放一个小一些的盆，边剥边卖。

与前两者比起来，卖仙人掌果者的生意红火，这可能是因为其价格相对便宜的缘故。近年埃及通货膨胀，蔬菜、水果和生活用品价格都在涨，一位家庭主妇对笔者抱怨："虽然仙人掌果的价格也在上涨，但仍是我们能吃得起的水果，其他水果太贵了，都舍不得买。"她说，她的孩子吃仙人掌果上瘾，每年就盼着夏天到来，能吃上这种美味。

笔者还了解到，埃及人时下也颇讲究养生，他们对仙人掌果的健康和美容价值的认识不断攀升，都喜欢买仙人掌果来达到自己的目的。这样，买的人多了，仙人掌果小贩便不用为生意发愁了。

开罗塔承载埃及人的骄傲

戊狗年大年三十夜，位于埃及首都的开罗塔骤然披上了中国红，以此迎接中国传统新年的到来。一时间，开罗塔引起中国民众的兴趣。

埃及首都开罗段的尼罗河上，有一座名叫扎马利克的小岛，岛上矗立着一座直入云霄的高塔，那便是开罗塔。开罗塔堪称埃及首都的地标性建筑，高 187 米，相当于 60 层楼的高度，比著名的胡夫金字塔还高 45 米。开罗有"千塔之城"的美名，而开罗塔曾经是"千塔之冠"。事实上，1961 年 4 月 1 日建成开放的开罗塔，保持了全非洲最高建筑的纪录达 10 年之久，1971 年才被南非的希尔布罗塔赶超，但开罗塔仍保持埃及乃至全北非地区最高建筑物的纪录长达 50 年，早已成了开罗和埃及的象征和标志。

从外观看，开罗塔颇似一棵亭亭玉立的莲花，而莲花是法老时期上埃及（即南部埃及）的象征，寓意纯洁、美好和吉祥如意，自古就被埃及人所钟爱。古希腊大哲学家希罗多德在埃及旅游时，看到尼罗河两边莲花处处，美不胜收，

气势恢宏的开罗塔

尤其到了夏天，密密匝匝的绿叶间绽放出鲜嫩欲滴的朵朵莲花，宛如出浴的美人清雅动人。希罗多德将这种花称为"露特丝"，至今，在阿拉伯语中，莲花仍被叫作"露特丝"。今天，"露特丝"被埃及定为国花，当初埃及建筑师谢比布正是从婀娜多姿的"露特丝"形象上吸取了设计灵感，巧妙地将整座塔勾勒成莲花形状。

莲花的造型，得到了埃及民众以及其他阿拉伯国家的人的普遍认可。笔者注意到，来开罗的其他阿拉伯国家的人很多，登开罗塔，几乎成了他们开罗游的必选项。其实，如果说埃菲尔铁塔让法国人津津乐道、引以为豪，那么，开罗塔则是埃及人心中真正的骄傲。一是开罗塔建于埃及前总统纳赛尔时期，当时纳赛尔宣布，把美国政府为收买他而赠他的 600 万美元，全部用于建造开罗塔。这让埃及人高兴万分，认为他们的总统有骨气，办了件大好事。其二，开罗塔入口处上方，镶有一只高 8 米、宽 5 米的展翅铜鹰，栩栩如生，那是埃及共和国的标志。对于这种设计，埃及人直竖大拇指，夸赞有加。

开罗塔莲花状的塔身镶嵌着 250 万块米黄色瓷砖，看上去是菱形的镂空格，入夜后花灯初放，熠熠生辉，更像是河中莲花被照亮，甚是好看。开罗塔的第 14 层，花瓣绽放之处，有一个旋转餐厅和环形观光台，旋转一圈约 70 分钟，餐厅可容纳上百人，游客可以坐在固定的位置上，边品尝美食边透过玻璃观赏开罗城全景，感觉好极了。也可以索性走出餐厅，360 度无死角地鸟瞰开罗整座城市。当晴空万里时，透着历史沧桑的清真寺和宣礼塔、锦带般逶迤飘逸的尼罗河以及远处沙漠中雄浑巍峨的金字塔，都能尽收眼底。

值得一提的是，开罗塔还跟中国颇有渊源。1963 年 12 月，周恩来总理率领中国政府代表团访问埃及时，曾兴致勃勃地登上了开罗塔，他赞誉道，开罗塔就像埃菲尔铁塔之于巴黎一样，是开罗的象征。

02

社会扫描

埃及的气味

上研究生时，笔者在开罗大学留学，开罗大学文学院的老师告诉笔者："从历史深处走来的埃及有着不同的气味，对此，你会慢慢体会到。"如今，笔者在埃及当了多年记者后，对此有了深切的体会。在埃及工作和生活的日日夜夜，使笔者真正领悟到埃及文学教授所言不虚，他的话贴切而恰当地概括了埃及的特点和精髓。

在埃及，首先感受到的是这里深厚浓郁的古埃及历史气息。不用钻进金字塔深邃悠长、笼罩在神秘乃至恐怖氛围中的地下墓道，也不用跑到南方卢克索的帝王谷和王后谷特意寻古觅旧，即使仅仅到开罗近郊吉萨高地粗略转一圈，在开罗城萨卡拉梯形金字塔随便走一走，仰视耸立数千年却依然岿然坚固的金字塔本身，法老的气味、古埃及的诸多人文气息，也会浓郁地扑面而来。在这种气味里，会体味出什么叫永恒，什么叫伟大，什么叫折服。

法老之后，接着登场的古希腊、罗马气味飘荡在埃及的上空。一代枭雄亚历山大，在埃及留下了太多的历史遗迹，今天埃及北部、地中海畔的亚历山大城，就是以他的名字命名的。克利奥帕特拉，这位倾国倾城的艳丽女王，托勒密王朝最后的守望者，曾以妩媚的容颜使罗马统帅恺撒和安东尼双双拜倒在她的石榴裙下，演绎了一幕幕缠绵悱恻的爱情故事，然而她终于回天乏力，未能挽救强弩之末的古国命运，女王将毒蛇放于她美艳的胸前，她香消玉殒后，升腾在这块多事之秋大地上的，是另一种截然不同的文化气息。

阿拉伯人来了，右手持宝剑，左手拿《古兰经》。他们以凌厉和锐不可当之势，驱散了埃及原有的气味，把真主的旗帜插到埃及的各个角落，穹顶的宏伟清真寺，高高的宣礼塔，四处广泛地播洒和传递着伊斯兰的气息。以至于今天，开罗有"千塔之城"的美名，塔在这里指的是清真寺高耸入云的"弥沾恩"（阿拉伯语，即宣礼塔的意思），整个开罗，有成千上万个大大小小的清真寺，自然也就有成千上万个与之相应的"塔"。每天五次，都在固定的时间，千塔上的高音喇叭一起鸣响，呼唤人们去做礼拜，那种劲头和阵势，你会由衷地感到，作为阿拉伯世界文化首都的开罗，伊斯兰的气息重重地包围着你，非同寻常。

这种气息的分法当然是大而言之。法老、古希腊古罗马、阿拉伯人之外，还有波斯人、亚术人、土耳其人、英国人、法国人等，他们都曾踏足过埃及，不同程度地留下过他们的气味，但由于时间不长，并囿于篇幅，就没有必要一一记述了。

当然，大自然的气味是少不了的。尼罗河川流不息，悠悠北上，所到之处洒下坚韧和不舍昼夜的辛勤奉献气息；河水流经和浇灌的尼罗河谷及三角洲富饶土地，则散发出诱人的芬芳气息。

有了尼罗河的养育，埃及人安居乐业，脸上绽放出对日子的满足，那是市井生活气息的自然流露。笔者常在农村的田间地头，看到正在劳作的男子憨厚一笑；在城里，看到头戴方巾、面蒙黑纱的女子与涂着厚厚口红、身穿牛仔裤的时髦姑娘擦肩而过；偶尔，还会看到进城的乡下少女，骑着小毛驴，在车水马龙的开罗街道上款款而行，恍若置身无人境地。谁会否认，这些普遍的画面，没有飘逸出再自然不过的生活气息呢？

这就是埃及，一个被各种气味、气息裹挟着的大地，正因为有了各种各样的气味，埃及才显得丰富多彩、多元多姿，显出耐看和有看头的魅力，而不那么单调、机械和乏味。

埃及人热热闹闹过"春节"

埃及的闻风节，也叫春节，不过，这可不是中国的春节。闻风节这一天，埃及全国放假，所有的商店都关门大吉。也真是巧，每年的这一天，都是阳光格外灿烂之时，微风和畅，空气少有的清新。笔者背着数码相机，在开罗大学旁边的动物园里，混迹于埃及民众之中，体验他们过节的气氛。

平日寂静的动物园，一下子热闹了起来，人山人海，万头攒动。没看到几只动物，进入视野的全是人，在埃及，这样拥挤的场合很少见到。人们一个个笑嘻嘻的，成群结队，有的四处散步，有的席地而坐、打牌下棋，有的开着声音响亮无比的录音机放音乐，有的则围成一团，把吃食摊开，大快朵颐。

见到任何一个人，他们都冲笔者笑脸相迎，友善地说欢迎。四周看看，发现只有笔者一个东方人。有一个叫黑白的女孩，上初一，和她上小学的弟弟一起，非领着我参观不可。边参观边讲解，很是热情。笔者问闻风节是什么意思，黑白用力吸着鼻子，说就是闻新鲜空气，感受春天到来的气息。

"春节"里的埃及妇女

不光动物园，这一天，埃及各地的各大公园、街心花园、尼罗河畔、海滨，但凡有绿荫和草坪的地方，到处都是人的踪影。正常年份，参加的人数通常有上千万之多，而笔者逛的动物园，竟去了 60 万人。这有点像全民踏青、健身运动，只是多了欢歌笑语，多了舞蹈和表演，少了平日里的烦恼和不快。不过，埃及遭遇新冠肺炎疫情期间，闻风的人数明显少了，不少人甚至佩戴着口罩闻风。

闻风节是古埃及人的习俗，已经有大约 5000 年的历史，被认为是世界上"最古老的节日"，现在埃及人每年都过，意在纪念这一悠久的文化传统。古埃及人根据气象和节气的变化，认为每年春分那天，白昼与黑夜的时间相等，这一天不冷不热，万物复苏，百花盛开，因此认为是世界的诞生日，也是万物复苏的日子，象征着春天的到来和生命的开始。古埃及法老第三王朝后期，闻风节正式形成，由于它是古埃及人用来感受春季来临的节日，所以也叫"春节"。

古埃及的许多节日后来都失传了，但"春节"仍旧保留至今。在阿拉伯语中，这一节日叫"夏姆·纳西姆"，"夏姆"的意思是吸、嗅、闻，"纳西姆"是微风、柔风、惠风的意思。有学者考证，犹太教的逾越节、基督教的复活节等，最早都源自"闻风节"。据《旧约圣经》等基督教文献记载，当年摩西率领犹太人从埃及出走时，正好是闻风节那天。在终于逃出埃及、摆脱法老的奴役后，犹太人便把这一天定为庆祝日，即逾越节。基督教的复活日与犹太教的逾越节巧合，于是这一天又是基督教的复活节。而闻风节本身，一般定在基督教复活节的第二天举行。所以说，三者有密不可分的历史渊源。

在埃及，闻风节十分隆重。这一天，人们披彩挂绿，小孩要穿新衣，有的还在脸上涂彩，然后到户外踏青、赏景。以家庭为单位的居多，平日里难得出门的主妇、老人，也被晚辈搀扶着走出家门，投入到大自然的怀抱，过一个愉快的春节。

这一天要吃五种专门的食品：咸鱼、鸡蛋、生菜、洋葱和埃及豆。黑白给笔者吃她自带的鱼，笔者尝了一口，差点儿没吐出来，味道咸且怪。这种鱼埃及人平时舍不得吃，是闻风节这一天才吃的美味佳肴。可惜笔者吃不惯，没这个口福。吃煮鸡蛋最为吉利，鸡蛋要染成红、绿、黄等各种颜色。古埃及人把鸡蛋视为生命的起源，他们认为，天神用泥土按鸡蛋的形状制造地球，后来地球分为两半，构成苍穹与大地，鸡蛋孵化成小鸡，大地产生生灵。

古埃及人还在夜间给鸡蛋涂色，然后装入筐篮，摆在房前屋后，或挂在树杈上，等待太阳神显灵，给人们带来好运。闻风节这天，人们还要手持彩蛋相互碰撞，鸡蛋没有破裂者，就意味着他将得到太阳神的祝福。在埃及人的观念中，洋葱具有驱邪避灾之效，因此是神圣的食品。埃及豆和生菜都是春天的时令蔬菜，古埃及人认为它们对春季各类儿科病有防治作用。

夕阳西下时，笔者离开动物园，背着照满照片的相机，心满意足地回到记者站，而埃及人欢度春节的场景，却一直留在笔者的心里。

埃及东方舞充满异国情调

尼罗河游船上的肚皮舞

人们说，游开罗，一是看城西郊外的吉萨高地的吉萨金字塔群，二是看尼罗河游船上的肚皮舞表演。这话有一定道理。

开罗之夜是这个城市最美的时刻，玉兔东升，华灯初放，白天的脏和乱被遮盖在这璀璨柔和的灯光里，一切都显得那样如梦如幻。在簇簇灯火中摇曳生辉的尼罗河，这时也显得分外温柔和宁静，穿梭往来的游船上，时有悠扬的音乐传出，与音乐相伴的，多半就有肚皮舞表演。

由于在开罗常驻，笔者曾多次登上游船，并观赏肚皮舞。"法老号""王后号""马克西姆号"等，是十分有名的大型游船，实际上，这些都是在水上漂移游动的餐厅，游客们边品尝美味佳肴，边欣赏肚皮舞娘的翩翩舞姿，别有一番韵味。

表演一般是吃到一半时开始，几首地方味十足的埃及歌曲以及由男子跳的"旋转舞"过后，浓妆艳抹的舞娘便步履轻盈地含笑上场了。舞娘通常都是妙龄女郎，赤脚、裸腿、露肚，眼神颇合乎"巧笑倩兮，流目盼兮"的中国古语。服装大体一致，从头到脚都佩戴着耳环、项链、手镯等各种金属饰品。身着闪亮的丝绸阔腿舞衣，小肚上飘垂着一条条闪闪发光的尼龙绸带，下身穿着长裙或宽大半透明的开衩纱裙，腰腹部看起来赤裸，实际上大多裹一层肉色的薄如蝉翼的尼龙纱，不过现在不少舞娘已经去掉了这层欲藏还露的遮掩。

乐声起处，只见性感十足的舞娘轻舒双臂，慢展腰肢，缓抖腹部。随着伴奏的鼓点和音乐节奏的加快，舞娘开始"发力"，臂、胸、腰、胯、手、腿等的扭摆频率都随之加快，乳罩下和大腿间的飘带都激烈地左右晃荡，身上金光闪闪的饰品也发出悦耳的铿锵声，与舞厅里的灯光交相辉映，令人眼花缭乱。待跳到高潮时，舞娘全身的每一块肌肉都在有节奏地快速抖动，尤其是肚皮，颤抖得恰到好处。这时，有的舞娘还边跳边热情欢快地发出一阵阵打嘟噜的声音。

舞娘起舞期间，都要与观众互动，邀人与她同舞。笔者有几次就被拉去出了洋相，刚开始不接受邀请，后来才知道，这样很伤舞娘的心，后来也就硬着头皮"乱舞一通"了。

肚皮舞挺有来头

肚皮舞也叫"东方舞"，由于表演者需要通过胸部与臀部之间的身体配合进行复杂扭动来表演，所以俗称"肚皮舞"。

肚皮舞的历史十分悠久。古埃及新王国时代第十八朝的墓中，就画有和现在肚皮舞如出一辙的舞蹈情景。它源于古埃及人对生育女神的崇拜。传说有一位身材绝好的年轻女子，婚后不能生育，便来到神庙祈祷。她在神像前举手、投足、扭腰、摆臀，一招一式好似舞蹈，想以此取悦生育之神，求神降生后代于她。在场的祭司们对这位女子婀娜多姿的舞蹈赞叹不已，他们禀报法老，法老便下令将此作为祭司舞蹈。

阿拉伯帝国时期，肚皮舞受到了官方的保护。到了奥斯曼土耳其统治时期，肚皮舞开始融入了一些色情成分，甚至一度成为宫廷里寻欢作乐的工具。19世纪穆罕默德·阿里统治埃及时期，曾禁止在开罗市内的公共场所跳肚皮舞，所以肚皮舞一度衰落。当时，只有个人宴会上才会有肚皮舞表演出现。

1952年埃及独立后，当时的纳赛尔总统下令禁止暴露身体，这样，肚皮舞舞娘为了不使肌肤让观众直接看到，便创造性地从胸部到腰间都装饰上了网状饰品，这一装束一直延续到今天。

埃及有些人认为肚皮舞是淫秽舞蹈，但主流观点认为这是国粹，埃及有六大非常有名的肚皮舞舞蹈家，她们分别是苏菲·扎奇、菲菲阿卜、萨哈尔·汉蒂、纳吉瓦·福阿德、露茜和蒂娜。这些都是国宝级的人物，不少都得到穆巴拉克等领导人的接见。不过，现在她们都垂垂老矣，有的甚至已经作古。若是读者来埃及游览，可以在任何书店买到她们的舞蹈影碟。

万种风情在肚皮

"肚皮舞"之功，全在肚皮上，它要求舞者使出浑身解数，把肚皮的动作发挥得淋漓尽致。看着简单，做起来却很困难。笔者多次看到，应邀一起起舞的西方女子，虽然身材姣好，却跳得一塌糊涂、不忍卒视，她们看到舞娘把肚皮舞动得如游鱼戏水一般，心中只有羡慕的份儿。

为此，美国、巴西、加拿大、澳大利亚等国的女子还千里迢迢来到埃及，拜师学习肚皮舞。埃及还开有专门教授肚皮舞的学校，并举办过几次东方舞节，以使这一艺术发扬光大。但似乎得益于天生，这些人虽然刻苦钻研练习，但学习的结果，终没有埃及的肚皮舞娘跳得到位。

肚皮舞以颤抖和扭摆腹、腰、胸、臀为主要特点，要求从头到尾，这些部位的每块肌肉都处于抖动和起伏的动感状态。埃及稍有水平的舞娘，都会游刃有余地控制腹部的每一块肌肉，让它发颤、发抖，而其他部位的肌肉则一点不动，堪称一绝。西方不少女子学了很久也学不会这一招。

舞娘都有一副迷人的身段，丰乳肥臀，曲线优美，但不能肥胖臃肿，更不能瘦骨嶙峋。舞姿不拘一格，可自由发挥。不同的舞娘还有不同的风格，或激越，或抒情，或活泼等。舞娘有时还会突然倒入某个观众的怀中，引来一阵哄笑，产生喜剧效果。

名扬中东的埃及"旋转舞"

在埃及，旋转舞的名气很大，无论在豪华的尼罗河游船上，还是在下榻的饭店里，都可以轻而易举地看见旋转舞。

事实上，埃及的舞蹈很多，比如闻名遐迩的肚皮舞，努比亚人跳的剑舞，西奈半岛贝都因人跳的棍子舞，尼罗河三角洲的丰收舞和渔民舞，上埃及（埃及南方）萨伊迪人跳的达不拉舞，但相比而言，还是旋转舞和肚皮舞最为普及，最有知名度，最受人们的欢迎。

旋转舞，阿拉伯语叫"坦都拉"，也有译成"大袍舞"或"转裙舞"的，全由男子独跳，主要盛行于埃及中南部的苏菲派穆斯林以及尼罗河三角洲地区。由于它历史悠久，舞蹈动作含义丰富，现在已成了埃及传统文化的一个组成部分，在一些重要的庆贺活动场合，总是少不了这种舞蹈的表演。

笔者曾多次观看旋转舞表演。节奏明快的音乐响起，只见一个穿着色彩斑斓舞衣的男子满脸笑容，健步登上台来，随着音乐节奏翩然旋转起来，整个人看上去像个巨大的陀螺在不停地转动，速度由慢到快，速度加快时，连舞者套在腰间的彩裙也跟着飞扬起来，简直就像一柄张开了的花伞，整个人也仿佛飞了起来，一圈圈地转动，让人看不清他的面孔。

这时，舞者会把节奏稍稍放得慢些，为的是向第二个高潮冲击。舞者开始搞一些花样，只见他腰间的彩裙在旋转中变幻出一个个不同的图案：或水平，或垂直，或左右，或上下，或盘旋头顶……不一而足，真是千变万化、如梦如幻。同时，舞者还会在地上滑稽地翻上几个跟斗，或将衣裙高高抛到空中，但又立即接住，由于整个过程动作很迅捷，舞蹈在扣人心弦中充满魔术的魅力，令人叹为观止，拍手叫绝。

最后，舞蹈到达高潮的时候，舞者的整个裙子都上下大幅度地翻飞旋转，人连整个头都被裙子遮住了，映入观众眼中的只有彩色的"陀螺"在高速旋转，除此以外再也看不到其他东西。有时，当旋转的速度达到最高点，彩裙竟被舞者娴熟地分成上下两层，上面那层盘旋上升，形成一个倒伞状将舞者的头部包裹起来，接着，这把"伞"又陡然滑落到舞者的手上，变成了一柄逼真的大伞。有时，彩裙还会旋转成酷似褴褓中的婴儿状，舞者爱怜地把"婴儿"抱在怀里，并做出拍打"婴儿"，哄"婴儿"入睡的动作，面部表情也如痴如醉，这时场外还多半会配上婴儿的啼哭声或郎笑声，让人忍俊不禁。

据阿拉伯学者考证，旋转舞发源于 13 世纪，由当时伊斯兰教神秘教派苏菲派哲学家所创，是作为冥想之用，即通过单一的旋转动作，使修练者达到静心冥思和接近安拉的境界。

神秘的苏菲派穆斯林学者认为，旋转的动作本身就蕴含着诸多伊斯兰教的精神真谛。在他们看来，地球每天的运转最初就起源于一个点，最终也将回归到这个点上，以此作为一切的终结和归宿。所以，宇宙的运转形式就是旋转。不停地旋转，寓意地球日复一日地运转和一年四季的交替。

同时，在跳旋转舞时，舞者旋转的方向都呈逆时针方向，这正是穆斯林朝觐时围绕圣地沙特麦加天房旋转的方向。此外，以左脚为圆心不停地旋转，寓意世间万物生生不息，旋转的速度越来越快，则象征舞者在朗朗乾坤中距离安拉越来越近。

先吃"阿里他娘",再吃"宰娜白的手指"

在埃及过足甜食瘾

埃及作为具有悠久历史的文明古国,饮食文化业自然也十分发达。

埃及人喜欢吃甜食,甜食的种类不下几十种,开罗的大街小巷,专营甜食的商店不少,一般的饭馆里,甜食也是重要的一类菜肴。有趣的是,埃及甜食的名字都取得很有特色,真是充满异国风情。

笔者头一回到开罗的小饭馆吃饭,先是要了几张"生活"(EL-EISH,即大饼的埃及叫法,在埃及口语中是生活的意思),然后吃了一通"烤爸爸"(KAB-AB,即烤羊肉串),又吃了不少"想我了吗"(SHAWALMA,即源自土耳其的烤肉,放在特制的烤炉上转圈烤,然后切成薄薄的片状,夹在大饼中吃),再要了一只"哈妈妈"(HAMAMA,烤鸽子,即将一只或半只鸽子经浇油烤制后,肥腴适度,酥脆可口,连肉带骨一并可食),肚子不知不觉间就被塞得满满的了。

正在这当儿,店小二凑上前来问:"要不要来个阿里他娘?"笔者以为自己听岔了,看他神秘兮兮的样子,我一时间如坠雾里。"阿里他娘不错,来一个吧!"他执意地推介着。我当时想,会不会是这家餐馆吃完饭有舞蹈表演之类的节目,让阿里他娘来跳舞啊?

见笔者丈二和尚摸不着头脑的样子,这位名叫萨米的侍者终于解释道:"阿里他娘是一种甜食,好吃极了,埃及人没有不喜欢的,您也来一个吧。"

原来是这样,不过笔者已经吃饱了,实在是"心有余兮肚不济"了,只好婉拒了他的要求。就这样,我头一回与"阿里他娘"这道甜食擦肩而过。

"阿里他娘"甜极了,"宰娜白的手指"味道也不错

知道了"阿里他娘"是一道甜食,笔者在接下来的一次请客中就现学现卖,问客人要不要来个"阿里他娘",没想到效果好极了,对方连连点头,嘴上说"好啊好啊"。

"阿里他娘"的阿拉伯语叫"乌姆·阿里",乌姆是母亲的意思,阿里是名字。这道甜食其实就是用牛奶、砂糖、果仁等制成的,但由于配方巧妙,烹饪

精致，味道可口，深受埃及人的青睐。笔者虽然贪吃，但基本上属于食盲一族，即平时瞎吃一气，而不细究其中三味。在我看来，"阿里他娘"与埃及的其他甜食没有什么区别，都是两个字：甜、腻。但我仍然感到好奇，怎么叫这个名字呢？

埃及朋友告诉笔者，"阿里他娘"实有其人，是个历史上的人物，有的甚至还说她是国王的一个妃子，打小就精于烹饪，长大后仍对此嗜爱有加，是她最早制作了一种独特的甜食，所以人们干脆以她的名字来为这道甜食命名。现在不但在埃及家喻户晓，"阿里他娘"的名声也早已远播到了其他的阿拉伯国家。

在埃及，堪与"阿里他娘"齐名的，还有一种甜食叫"宰娜白的手指"，因形状酷似女子的手指而得名。宰娜白是伊斯兰历史上有名的人物，以热情慷慨、乐善好施著称，她常常救济穷人，而这在穆斯林的观念中是可贵的美德。为了纪念她，人们遂将她的名字与一道甜食相提并论，同时也含有对她的喜欢、尊敬和爱戴之意。"宰娜白的手指"也由奶油、蜂蜜等配料做成，入口即化，吃着甜甜的，味道不错。

甜食花样多多

除了上面说的，埃及的甜食主要还有"库纳法""巴斯布萨""巴克拉瓦""福斯杜克""盖塔伊夫"等，种类繁多，式样也千奇百怪。"盖塔伊夫"平日里吃不到，只有斋月才可以买到，因此又被称为"斋月食品"，它有点像中国的饺子，但"饺子馅"是由葡萄干、松仁、杏仁等干果制成的，包好之后不煮不蒸，而是放进油锅里炸，同时它的个头儿也至少比饺子要大一圈。

埃及甜食的主要原料是杏仁、橄榄、核桃仁、葡萄干、甘蔗汁、石榴汁、柠檬汁、白糖、牛奶和奶酪等。由于配料不同，产生的结果不一样，也就制作出不同的甜食。还有一种甜食名字叫"女人的眼睛"，笔者问过许多埃及人，为什么这么叫，多数人说是固定的叫法，也有一些人说因为形似女人的眼睛，所以得名。我仔细观瞧，果然，形状做得跟人的眼睛差不多，而且乍看颇有几分迷离和妖媚的劲头，那该是女子的眼睛无疑了。

还有一种名叫"法官的美食"，这也是一种约定俗成的称呼，类似于炸丸子，但里面包着不少馅料，外焦里嫩。既然是法官的美味佳肴，其好吃程度也就可想而知，笔者尝了尝，嚯，果不其然！而且，这是我吃的那么多的埃及甜食中，感觉最不油腻、最不觉得甜得受不了的一种，真是"味道好极了"。

阿拉伯人，个个爱大饼

2021 年年初，阿联酋阿布扎比未来研究中心智库发布报告指出，大饼涨价是引发 2011 年伊始"阿拉伯之春"事件的重要原因之一，作为大多数阿拉伯国家民众的日常主食，大饼价格居高不下可能引发政治和社会危机。笔者在埃及常驻，又到过几乎所有的阿拉伯国家，深感大饼对包括埃及在内的阿拉伯人的重要性和深远意义。大饼有着悠久的历史，虽然阿拉伯国家人人都喜爱大饼，但不同国家的大饼也有区别。

一位埃及青年在送货物——大饼

大饼对阿拉伯人不可或缺

阿拉伯国家流传着这样一句谚语：再大的大饼，也大不过烙它的锅。用大饼和锅的关系，来形容人生格局要大、境界要开阔，可见，大饼在阿拉伯人的生活中已经司空见惯，经常被他们挂在嘴边。

笔者 2004 年第一次赴埃及驻站，当年的 10 月是埃及人的斋月。据《金字

44

塔报》报道，斋月刚刚过去 10 天，埃及人就一共吃了 27 亿张大饼！事实上，不但埃及，几乎任何一个阿拉伯国家，任何一个阿拉伯人，都对大饼情有独钟。稀松平常的大饼，堪称当之无愧的阿拉伯主食。现如今，虽然人们的生活水平大大提高了，牛羊肉类消费开始增多，然而大饼仍在阿拉伯的饮食中充当着不可替代的主食。

通常，在阿拉伯餐馆里，大饼都是免费的。无论家庭还是餐馆，只有吃过大饼和冷菜后，才开始上热菜，肉类鱼类虽不少，却大多是烤的或炸的，绝对没有中国式的炒菜。吃完硬菜后，大饼并没有退出舞台，继续扮演下菜的重要角色。有些人直接就着大饼吃菜，不少人则会把大饼翻开，把肉夹进去，一边大快朵颐，一边咂着嘴，那叫一个香啊。有些人甚至吃完了硬菜，还会习惯性地吃几口大饼，以此作为正餐的句号。

阿拉伯大饼种类很多

在大多数的阿拉伯国家，政府出于稳定社会、为人民谋福利的考虑，对作为基本主食的大饼都投入了巨额补贴，因此，大饼的价格一般都很便宜，经济条件再拮据的人家，大饼总是吃得起的。像埃及、约旦、叙利亚、黎巴嫩等国家，人们只消象征性地掏出几个铜板，就可以吃上香气四溢的大饼了。可以说，大饼已经成了阿拉伯社会的"稳定剂"和社情民意的"晴雨表"，2011 年年初爆发的"阿拉伯之春"，重要的原因之一，便是不少国家的大饼等价格上涨，导致民怨沸腾，普通百姓遂"揭竿而起"。

由于气候干旱、战乱频仍、人口暴增等原因，许多阿拉伯国家面临着包括小麦在内的粮食短缺问题，不得不动用大量外汇进口面粉等基本生活用品。譬如，埃及是世界上最大的小麦进口国，每年购买约 1000 万吨小麦，而埃及每年仅仅用于大饼和糖类的补贴更是高达 30 多亿美元。即使像黎巴嫩这样的农业国，情况也不乐观。在谷物中，小麦是黎巴嫩人饮食最重要的组成部分，每人每年平均要消耗 130 公斤，居各类谷物之首。2017 年，黎巴嫩小麦总量为 77 万吨，本地小麦仅占 16.9%，其余全部来自进口。同时，政府还得拿出巨额外汇，用于贴补大饼销售，否则太贵的话，将面临民众的强烈不满和示威抗议，政府地位可能因此而变得岌岌可危。

阿拉伯大饼均由烤制而成，分机器烘制和人工手制两种。刚烤好出炉的大饼分上下两层，外焦里嫩，热气腾腾，像小皮球一样鼓鼓囊囊的。不同的阿拉伯国家，大饼也不相同。例如，畅通各阿拉伯各国的黎巴嫩大饼，扁平筋道，很耐咀嚼，吃后余味回甘；约旦大饼，许多在石头上烤制，做出来的形状也凹凸有致，既富有特色，又入口有嚼头；摩洛哥大饼做得厚厚实实，个头很大，吃起来很解馋，给人以实诚和充实感；阿联酋、沙特等海湾国家的贝都因人，还因陋就简，用地上废弃的铁桶烤大饼，虽然烤出来的大饼颜值和卫生状况都不尽如人意，但也挺能解饿，味道也不错。埃及大饼除了用传统的白富强粉制作外，还有一种由粗面烤制，或者上面加了些含有粗纤维的麸子，虽然入口略感粗糙，但因为含有微量元素而对身体健康颇有裨益，受到人们的青睐。

说起来，吃大饼也有不少门道，讲究些的人们，通常会往大饼里面塞些"塔阿米亚"（埃及的一种素豆丸子）、烤肉，或是自家腌制的酸菜，蘸着焖得稀烂的蚕豆糊或"霍姆斯酱"什么的吃，再就着一粒粒又咸又酸又爽口的腌橄榄，吃上去酸涩可口，津津有味，甚至让人看了都顿生馋涎。笔者日常接触的草根居民比较多，发现他们一日三餐就以大饼为生，如果能有"富尔"（蚕豆）就就，则简直像是过上了最幸福的生活。难怪，阿拉伯语普通话被叫作"胡伯兹"的大饼，到了在埃及普通老百姓的口语中，发音就成了"埃食"。"埃食"是埃及土话，意思是"生活"，也有人诙谐地将其解释为"埃及的食物"，似乎也无可非议。

从远古历史走来的阿拉伯大饼

据阿拉伯学者考证，早在一万年前的史前人类，就已经有了简单烤制大饼的活动。美索不达米亚平原，即现在的伊拉克两河流域一带，那里的人们就开始用石头磨小麦，然后他们在上面加水，并在明火上烤熟，形成最初的、简陋的大饼。对古埃及城市的挖掘表明，古埃及人种植小麦和大麦，并利用它们烤大饼。

历史学家相信，当小麦、谷物和水的混合物被留在温暖的地方，释放自然产生的酵母，并产生膨胀的面团时，古埃及人意外地发现了发酵技术，于是发酵大饼便出现了。相传，法老时代的一个埃及奴隶在为主人做面饼时不小心睡着了，当他醒来时发现，烘烤大饼的炉火已经熄灭，生面饼已经发酵膨胀到原来的一倍多大，因为害怕被主人责骂，他忙不迭地升火，把膨胀的面饼再一次放到炉子上烘烤，就这样，发酵大饼诞生了。

据中东媒体报道，2019年8月，以色列科学家在埃及考古，从出土的古代陶器碎片中发现了距今已有4500年历史的酵母。除了作为酿酒的原料外，这个古老的酵母也被美国生物学家与古埃及学家制成面包和大饼，成功地重现了古埃及时期的大饼口感。

　　沙漠中的贝都因人，骆驼是他们的交通工具，大饼则是他们必备的果腹口粮。因此，也有人说，贝都因人是大饼最早的发明者。他们在阳光下度过了漫长的一天，穿过沙漠，安营扎寨，准备休息和就餐。面粉颗粒与水混合制成面团，形成扁平或圆形的生面饼。面饼被放置在混合容器的底部，并在明火上加以烘烤，顿时香气弥漫，一张张大饼就胖嘟嘟地新鲜出炉了。

　　在偏远的阿拉伯村庄，大饼仍然在后院的炉子里用手工烤制。一些阿拉伯社区的烤箱或大饼店，也为家庭自制大饼留出了特别的空间。当中东移民在 20 世纪 70 年代开始大量移居美国时，他们向美国人介绍了他们的美食，于是，大饼和皮塔面包成为流行的主食选择，含糖量低使之成为一种低脂食品而受到广泛欢迎。

埃及人取名字很有趣

埃及人的名字，通常由三部分组成，第一个是本人名字，第二个是父亲的名字，第三个是爷爷的名字。中国人最忌讳与长辈重名，但埃及人叫自己老爸或爷爷名字的，实在太多了。

中埃友协的负责人名叫穆罕默德·穆罕默德，老爹叫穆罕默德，也给儿子取了同样的名字。有一位埃及人告诉笔者，这样是表示亲切，还有尊重长辈的含义，也是由阿拉伯传统文化决定的，因为古时候阿拉伯人就有这种现象。这跟中国的传统习俗刚好相反。

还有一个极其普遍的现象，即取名"某某的儿子"或"某某的女儿"，如"伊本·阿里"，就是伊本的儿子，"宾特·阿里"，就是阿里的女儿。严格说来，这其实并不是自己的名字，但这样好叫，而且更容易确定血缘和亲属关系。

在开罗街头，你随便问碰到的人叫什么，10个人可能有6个都叫穆罕默德，这是伊斯兰教先知的名字，任何人，哪怕是穷得叮当响的叫花子，也可以自豪地叫这个名字，以示对先知的敬仰和崇拜。其他普遍的如易卜拉欣、穆萨、侯赛因等名字，也都源自宗教名人。

有人取名"安拉的使者""安拉的奴仆""信仰""召唤"等。有意思的是，还有人索性叫"感谢安拉""安拉保佑""伊斯兰教的召唤""伊斯兰的光芒"等，乍听上去不怎么像名字，但听多了也就习惯了，因为确确实实是人名。取这样的名字，意在表示内心对宗教的虔诚。

笔者有一次参观埃及的骆驼市场，一个管理人员叫穆巴拉克，与埃及前总统重名，不过不重姓。后来在一次活动中，居然发现一个人叫侯斯尼·穆巴拉克，与前总统穆巴拉克重名重姓！叫纳赛尔的也非常多，纳赛尔是埃及前总统，很受埃及人的拥戴。

以本国历史上的文化名人取名的也不少，如塔哈·侯赛因是埃及近代盲人文豪，一些人为表示对他的尊敬，便取名塔哈等。

此外，取名还体现出埃及人特有的幽默性格。一是以动物取名，表示幽默。如有人叫"狗""狐狸""老虎""小老虎""狮子""雄鹰""公鸡""大象"等。一次采访中，笔者看到一个身材绝佳的埃及姑娘，同来的埃及同事告诉我："她是蛇。"笔者以为是在开玩笑，用蛇来形容她有着好看的水蛇腰和魔鬼一般的身材，没有料到，当互相介绍时，这个女孩真的对笔者说："我叫蛇。"我因惊讶张开的嘴好久没有合上。

二是以喜欢的物什取名，显示诙谐。如有人叫"钟表"，有人叫"英镑""日产""万事达"等。一些家长还给小孩取名"甜点""咖啡""茶"等，在幽默中显出爱昵和亲切。埃及有三大报纸——《金字塔报》《共和国报》《华夫脱报》，竟然也都被人们用来取名字了。

三是以国家、家乡等地名取名。埃及好多人都叫"埃及"或"埃及的"。还有人叫"尼罗河"（不过笔者还没有听到有人叫金字塔的）。如果一个人叫"法国""瑞士"什么的，你可千万别大惊小怪。

埃及是一个文化多元的国家，人们取名也没有任何限制，从各式各样的名字不难看出这一点。另外，埃及的许多地名、商店名也很有意思，如城市叫"斋月十日城"，商店叫"911""白宫"，还有的叫"布什""阿布·欧默尔"（巴勒斯坦前领导人阿拉法特的昵称）等，不一而足。

埃及如何进行义务教育

把教育提到国家安全的高度

近代之前，埃及通过清真寺和私塾实施启蒙教育。1923年，埃及宪法将启蒙教育改为义务教育，并从1944年起，正式实施和普及小学义务教育制。1955年，埃及将"公共知识部"改为教育部，由大文豪、饮誉国内外的盲人作家塔哈·侯赛因出任第一任教育部部长，他提出"教育犹如空气和阳光，每人都有自由享受"的口号，在这一理念指导下，埃及的义务教育蓬勃发展。

在埃及，"教育乃一切之本"，一直是人们心中根深蒂固的观念。不过，以前，人们习惯性地认为教育是服务性行业、公益事业或慈善事业，这样，在实际操作层面，教育得到的财政拨款入不敷出，教育的质量和水平都因此而受到影响。换句话说，这导致埃及的义务教育大打折扣。

埃及前总统穆巴拉克上台后，开始理顺义务教育的内涵。早在20世纪90年代初他就提出"到本世纪末埃及将把发展教育作为国家最重要的事业"的口号。新教育政策明确提出，教育是一种投资而不是服务，这种投资应来自政府、企业、实业家等多方面，着重强调必须为教育提供足够的资金，否则义务教育就徒有虚名。

穆巴拉克还把教育提高到关乎国家安全的高度。在《穆巴拉克和教育》白皮书中，穆巴拉克明确指出："教育是埃及的国家安全事业。教育在科学和知识的时代，其含义也在改变，并且越来越重要。今天，大国间的竞争已不在于拥有炸弹、火箭、飞机和其他战争武器，大国的竞争其实就是教育的竞争。"

"对学生的收费只是象征性的"

在开罗工程师区幼发拉底河街与底格里斯河街交汇处一带，聚集有四五家学校。笔者先来到其中的"哈迪彻试验小学"采访。校长赛义德·卡迪尔让人新沏了一杯红茶，热情地递给笔者并介绍，这座以安拉使者穆罕默德的妻子命名的学校，建于20世纪70年代初，现在有学生3000多人，教职员工140余人。

卡迪尔说，这是国立学校，埃及的中小学绝大部分都是国立的，校舍、经费、教师的工资等，全由国家负担。校区所在的"教育委员会"具体负责拨款，同时负责校长等重要人员的人事任免。教育委员会直属教育部领导。

卡迪尔告诉笔者，学校对学生的收费极低，一年才30埃镑，所以学生家长不存在经济负担问题。现在埃及小学的入学率高达95%，与收费低廉有着很大的关系。笔者听闻这么低，说，那只是象征性收费了？赛义德纠正是"非常象征性的"，而且，除了这30埃镑外，不再收其他费用。

埃及学生在图书馆认真学习

笔者又到了旁边的"信士之母男生实验小学"，这是一所男女生混合小学，校长叫萨夫瓦特，他介绍道，学校每年向每个学生收费50埃镑。这是教育归口部门规定的上限了。再过去是"纳西里耶女子学校"，一个名叫杜阿的女老师说，她们只收学生的书本费，其他费用一概免交。紧挨着，是"工程师区男子中学"，情况也大体相同。

而且，这几所学校与其他学校一样，中午还免费提供一顿小吃，包括一个鸡蛋、一份牛肉、一杯牛奶、两个面包以及适量的蔬菜和水果等，营养较全，能够弥补学生白天学习的消耗。不过，对于校服，由于没有统一的规定，不同学校处理方式不一样，有的收费，有的不收。即使收费，费用也不高，一般学校都选择根据面料收费，通常在60埃镑上下。

埃及每年都在加大教育投入

　　埃及的中小学分男女混校、男校和女校三种，有的中小学在一起，也有的是分开的。除了一般的学校，还有实验学校，实验学校注重外语教学，高年级甚至直接用英语等非母语授课。

　　有的实验学校，在报请主管部门批准后，可以适当提高收费。记者站附近有个"纳赛尔学校"，分为三部分，"纳赛尔女子高中""纳赛尔中学"和"纳赛尔实验小学"。前两者收费与上面提到的几所学校差不多，而"纳赛尔实验小学"则要高不少。

　　"纳赛尔实验小学"教务主任穆罕默德告诉笔者，他们每年对每个学生收费450埃镑。与其他国立学校不同的是，从前年开始，学校还从交通公司雇了中巴送学生回家，学生自愿选择乘车与否，但乘车者每年要额外付110埃镑。

　　采访中笔者发现，这些国立学校的校舍都比较陈旧，环境也一般，一个班有60人以上。虽然政策规定学生可以自由择校，但他们基本上都是就近择校，因为国立学校不提供交通，通常也没有宿舍，学生都是走读，如果选择远处的学校，则价格不菲。

　　相比之下，私立学校的环境、校舍、设施等要好得多，每个班只有20来人，有食堂、宿舍和班车，但这些都是收费的，而且很昂贵，完全是商业操作。"纳赛尔实验小学"的教务主任穆罕默德说，私立学校，收费少则数千埃镑，多则几万甚至几十万埃镑。那些都是新兴的贵族学校，有外国人开的，也有埃及大款、大腕办的，老百姓望而却步。穆罕默德向笔者透露，政府允许这些学校存在，但对之课以重税。

　　笔者还了解到，一些学校也开始有宿舍了，供远道生居住，但宿舍条件较差，且收费较贵，所以基本上形同虚设，学生宁可走路回家。上三年级的小学生马尔万对笔者说，他们学校有宿舍，但没有人住，里面都长耗子了。

　　埃及在阿拉伯国家中，称得上是教育比较发达的国家。这些年，政府对教育的投入不断加大。难能可贵的是，埃及的教育经费拨款很及时，也没听说有挪用经费或被中途截流的现象。近年来，埃及新建学校上万所，这与经费的足额、及时到位息息相关。

　　不过，由于埃及人口多，底子薄，义务教育也存在诸多不尽如人意的地方。

如教师的待遇偏低，这样容易造成教师队伍人心不稳定，有的从事第二职业，有的干脆跳槽干别的。又如，不少校舍年久失修，卫生设施较差，而农村的学校条件更差一些等。这些都是需要完善的地方。但总体来说，埃及的义务教育是成功的，它秉承的原则是"教育公平、均等，人人都有受教育的机会"。埃及的教育因此还得到联合国的表扬。

埃及高考在酷暑中进行

2018 年 6 月初开始，埃及高考在埃及全国各地如火如荼地进行，直到当月月底结束，前后为期三个多星期。考期漫长，又正值炎炎夏季，加上适逢斋月，这些对怀揣希望和梦想的埃及莘莘学子来说，充满艰辛，殊为不易。

正午时分，似火的骄阳炙烤着大地，即使站在树荫下面，人们也不禁汗流浃背。这是位于开罗扎马利克岛上的女子中学门前，考生们正在进行决定她们命运的考试，考场外的家长们则紧张地翘首以待。一位看上去 50 多岁的母亲脸颊被晒得通红，头上直冒热汗，雪上加霜的是，由于必须严格遵守斋月期间禁食的规定，她和周遭的许多人一样，在这样的酷热天气里连一口水都不能喝，更遑论吃东西了。这些家长要用毅力和坚韧为自己的孩子鼓气、加油，指望孩子们能够在关键时刻努把力，考出好成绩，将来好有个敞亮的前程。

校园内一片静谧，校外则有一些家长窃窃私语。细听，都是在谈孩子的事、考试的事。突然，那位五旬开外的母亲出人意料地啜泣起来："我很担心我的女儿，不知道她考得怎么样，她平时学习还行，但一到考试就紧张，现在又是斋月，她已经大半天没喝一滴水、没吃一口饭了，我怕她受不了，她会不会在考场上晕倒？"母亲向前来安慰她的人诉说着，脸上和语气中全是对女儿的担忧、操心与呵护。这位母亲的手里还拿着湿湿的毛巾，看来是准备为孩子擦汗降暑用的，以此来对付流火似的天气。

埃及高考在每年的 6 月举行，考试科目将近 20 个，不可谓不繁多。好在考试的时间很长，前后拖拖拉拉将近一个月，这样，考生可以有充足的时间进行认真复习和备考。笔者多年前在开罗大学文学院进修时，教室里都是新入学的学生，许多学生还都沉浸在结束不久的高考中。笔者问考题难吗？不少学生回答："不难，只要平时把老师讲的内容都听懂、学会了，考试时就会感到还算比较容易，差不多跟平时做题似的。"他们还介绍，相比而言，文科要简单、轻松些，理科要相对难一些，不过也不是难到不可逾越的地步。

然而，这些刚入校的大学生不觉得考题有多难，是因为他们作为"过来人"，已经顺利入校，等于考试顺利过了关，自然不会觉得有什么难的。但在现实的考场上，可并不是每个人都觉得轻松。"挺难的，感觉许多选择题的答案都似是而非，哪个都像是对的，哪个又都像是错的，很难让人做出正确的取舍和选择。"女子中学外，一位名叫娜海德的女生告诉笔者，"我的不少同学，也都这样认为。"娜海德耸耸肩，有些无奈地说。

笔者在采访中了解到，埃及的高中学制为 3 年，学生们必须在高中决定自己未来的专业方向，并从高二的暑假就开始备考。对大多数学生尤其对那些农村的学生来说，高考是人生中的"大事"，是一道"坎儿"，一旦高考成功了，就可以进入大学，可以改变自己的命运。这情形几乎与中国雷同。考试科目根据大学的专业而定，基本上分为科学类、文科类、数学类等，每一类的考试内容繁多，譬如科学类的考生，在高考中他们必须通过母语阿拉伯语、数学和微积分、物理、统计、哲学、逻辑、第一外语、第二外语等科目的考试。

据介绍，埃及考生的综合成绩满分为 100 分，每年高考由教育部在分数揭晓后，确定每一类学校的录取分数线。一般情况下，想要考取一所重点大学，至少需要 90 分才行，有的尖子生甚至可以拿到 99.9 分的高分。不过，如果当年出的题偏难，考生普遍考得不好，教育部也会做相应的变通处理，如相应下调录取分数线。至于热门的专业，科学类的是医学等，文科类的是政治经济学或传媒等。

值得一提的是，由于泄题事件时有发生，影响了考试的公平、公正性。对此，埃及教育部门高度重视，并采取措施加以防范和修正。其中的一个例子是，以前，高考试卷都是经由火车或汽车运达全国各地的，但在运送过程中会出现考卷被盗或试题泄露的现象。现在，为了节省时间，杜绝类似事件发生，埃及越来越多地开始通过军用直升机运送考卷。

埃及政府使"人有所居"

埃及住房紧张

埃及国土面积为 100 万平方公里，但其中大约 95%都是沙漠，只有 5%的土地适宜人类憩息和耕作，尼罗河谷和尼罗河三角洲地区，聚居了全国大约 96%的人口。首都开罗更是人满为患，人口高达 2000 多万，占全国人口的四分之一。这样一来，埃及住房之紧张就可想而知。

近些年，埃及人口急剧膨胀，开罗尤其严重，加之外省的人越来越多地涌入开罗，这使本已捉襟见肘的住房状况雪上加霜。开罗街头，有高档的别墅，有气派的高楼大厦，也有又破又旧、看上去好像随时会坍塌的危房，而不少进城务工的民工，索性就露宿街头巷尾，或是借宿在他人的房檐下聊以过夜。

以前，开罗的住房以绿树掩映的两层别墅为时尚，人口骤增后，建筑开始向高空发展，以吸纳更多的住户。但总体上，开罗住房在供求之间仍存在很大的落差和缺口，即求大于供。开罗的住房有两个特点：一是从外表看，房子全是灰色的混凝土外墙，很不起眼，这是因为人们一般不对建筑的外面做过多装饰，然而进入屋内，则别有洞天，各种考究的装潢各展其态，甚至有的屋子被打扮、装潢得恍若宫殿一般。二是房子的结构以大户型居多，几乎全是三室两厅以上的，像国内较为普遍的两室一厅的房子在开罗很少见到。这样一来就产生了一个悖论：一方面，求房者人数众多；另一方面大户型的房子又让人望而却步，因为其价格不菲，所以会出现租不出去或外租困难的现象。

在包括开罗在内的许多城镇，都有不少看起来像是只建到一半的住房，只见屋顶上裸露着一根根生锈的钢筋，十分丑陋，这样的房子却住满了人，有的甚至已使用了几十年。原来，这是故意的，因为根据埃及的法律，房屋建成后，一律要交不动产税，于是房主就有意"留个尾巴"，让住宅永远处在貌似没有竣工的工程状态，这样就可以堂而皇之地逃避交税了。这样的房子自然租费也相对低些，只是，它太有碍观瞻，极大地影响了开罗的市容市貌。由此，人们也可见开罗住房紧张状况之一斑。

与笔者熟悉的一位名叫喀迪尔的房地产商说，开罗城里有一半的房子已经年久失修，有三分之一是程度不同的危房。由于地价昂贵，一些开发商为了牟取暴利，丧心病狂地进行违章作业，如随意增高楼层、任意扩大建筑面积等，结果导致大楼不堪重负发生倒塌，甚至造成人员伤亡。可叹的是，即使是这些危房，人们也争相求租，因为房子的价格相对低廉，有竞争优势。

笔者以前的门卫法伍齐住的就是这样的危房，有一次他带笔者去他家做客，由于事先没有心理准备，我走在黑暗的楼道上有些战战兢兢，只见楼道是用红砖临时铺就的，也没有扶手，不小心就会掉下去。进屋后，他的几个孩子正趴在窗户上往外看，窗户也是用砖临时垒起来的，看上去一点也不结实。听到我的慨叹，法伍齐不以为然，笑笑说："没关系，这房子不会有事的；再说，我能住在这里已经不错了，你看，不少人连这样的房子也没有呢，不得不住在死人城里。"笔者闻言，唏嘘不已。

法伍齐说的死人城位于开罗城东南，原是一片有着百年历史的偌大墓地，后来许多穷人在其中安家借宿，现在早已成为开罗的一个独特景观，是下层人的生活和住宅区。

政府为民解难

由于历史、社会和经济等诸多方面的原因，埃及财富分配不均，贫富悬殊。对许多人来说，购房是倾其毕生积蓄而为之的大事，不少年轻人，结了婚却买不起房子，只有"望房兴叹"。

在这种情况下，埃及政府出台了一些政策扩建住房，解决人们的实际生活问题。早在萨达特总统统治时期，埃及建设部就进行了一个名叫"青年公寓"的计划，"青年公寓"又叫"未来公寓"，寓意要建造一批能够代表埃及未来住房建设水平的现代化建筑。"青年公寓"的资金50%由企业家捐助，另外50%由私人开发商投资，租售价格基本上也是象征性的，以收回成本为原则。埃及前前后后建了数十万套"青年公寓"，一定程度上缓解了居民住房紧张的状况。

政府还在开罗的周围建造卫星城，经过几十年的努力，如今已有"十月六号城""纳赛尔城"等多座卫星城市建成规模，像众星拱月一般，把开罗团团包围，最近的距开罗数公里，最远的则有几十公里。政府建设卫星城，目的是稀释开罗高度密集的人口，解决百姓的住房困难，开发开罗的周边地区等。为此，政府还配套了相应的优惠措施，例如：对公司企业，规定凡是在卫星城落户的企业，10年内免缴海关税和企业所得税；对个人，卫星城的房价约为开罗的四分之一。卫星城空气新鲜，绿意盎然，环境优美，一般分为工业、住宅和娱乐三个功能区域，设计上很合理。如今，这些城市已成为大开罗的一个漂亮景观。

20 世纪 90 年代初期，埃及政府采取措施，大力鼓励私营资本融入社会，欢迎私人投资房地产建设。一时间，埃及国内大大小小的房地产和建筑公司如雨后春笋般应运而生，一座座现代化高楼也随之拔地而起。最近几年，埃及每年新建住宅保持在 30 万套左右，可以说，政府对民居建设是下了一番功夫的。由于开罗的失业率较高，低收入的居民占多数，消费和购房能力较差，因此政府通过低息贷款的方式资助家庭购置住房，即每年提供 6.5 亿埃镑，年息 5%，购房者每户可向政府申请不超过 1.5 万埃镑的低息贷款，40 年内偿还。可是由于开罗的房价逐年攀升，1.5 万埃镑对买房者无异于杯水车薪。

按照规定，政府允许购房者向银行申请商业贷款，以弥补政府低息贷款以外的不足部分。但实际情况是，银行的商业贷款利息过高，将不少人拒之门外，同时，由于法律禁止银行在借贷人无法还清贷款的情况下没收住房，即禁止银行进行房产抵押贷款，因此，银行对欲购房者提供贷款的积极性就不高。加之，一些借贷者要么一贫如洗，缺乏偿还能力，要么信誉不佳，想方设法拖延偿还时间，所以各家银行都有苦难言，纷纷抬高贷款的"门槛"，出台了一系列苛刻而烦琐的手续，以"扎紧钱袋"，保护自身利益不受损失。

早在 2004 年下半年，埃及政府就颁布了新的房地产抵押法，同时还成立了第一家房地产金融企业"塔米尔公司"，以保障新房地产抵押法的实施。出台这一抵押法的用意，是为了消除银行向低收入者发放贷款的"瓶颈"，拆除银行设置的贷款高"门槛"，保障低收入群体能够通过贷款买到房子，最终做到使"人有所居"，共享安康社会。同时，抵押法也维护了银行的利益，因为其规定，如果借款人届时确实无力偿还贷款，银行可将借贷者的房产予以公开拍卖，其收入作为对贷方银行的抵押赔偿。对欲求贷款者，对银行，新的房地产抵押法都是有利的，而对政府而言，则可以通过此举拉动低迷疲软的房地产业的发展，可以说，这是互利、多赢的一个法律措施。

塔米尔公司的注册资金为 5 亿埃镑，主要负责协调借贷者与银行之间的关系，如评估借贷者的财务状况，制定分期付款和抵押贷款的方式，代表购房者同银行及房地产商打交道等。此外，还经营土地出售、房屋修缮等业务。塔米尔公司设有市场和房产调研部，派专人对埃及的房地产情况做翔实而客观的调查，根据房屋所在的地段、面积、新旧程度、方位朝向、绿化环境等综合情况进行打分，由专家集体确定价格。然后，公司将这些情况通告政府所属房地产抵押管理机构授权的房地产经纪商，由经纪商与借贷人沟通协调。按照一般程序，欲办购房贷款者，可直接向得到政府授权的房地产经纪商提出申请。

在笔者采写完这篇稿子时，曾被采访的一对年轻夫妇兴奋地告诉笔者，他们很快就可以拿到贷款了，不久就能买房子了，笔者听了也为他们感到高兴。

埃及要让农民过上"体面生活"

2020年9月，埃及总统塞西就埃及乡村发展做出新规划指示，包括上马一系列大型项目，推动农村地区的综合、全面治理，以减轻贫困，改善农民生活，让为数众多的农民过上"体面生活"。

笔者在采访中了解到，大型发展项目涉及广大农村的基础设施和基本服务等领域，包括教育、住房、电力、卫生、饮用水和卫生部门的能力建设水平等，政府对这些方面加大投入的同时，还可以创造更多的就业机会，以造福于民。所谓综合、全面治理，主要是通过协调参与项目的不同部门之间的工作，强化农村的社区建设，以达到最佳的运行模式。此外，新规划还将联合民间社会组织共同实施相关项目，以扩大社会安全和福利网络的效能，并通过协助最脆弱的阶层来减少贫困。

埃及媒体认为，塞西此番旨在发展农村、使埃及农民摆脱贫困的新规划，是他提出的"体面生活计划"的升级版，首期目标是全国各地的1000个村庄，通过对这些地区进行综合施策、精准扶贫，使那里的农民尽快告别贫穷，早日过上"体面生活"。

"体面生活计划"由塞西于2019年年初首次提出，这一计划总预算为1030亿埃镑，意在通过政府和社会机构的共同努力，为埃及低收入人群提供体面的生活，尤其是在农村消灭贫困，改善贫困乡村的经济、社会和环境条件，为农民创造必要的服务和就业机会，为最急需的村落改善住房，建设道路、桥梁、电力、卫生基础设施和供水项目，发展医疗教育等。

众所周知，埃及是传统农业国，农村人口占全国总人口的56%，农业从业人员占全国劳动力总数的31%。埃及农业占国内生产总值约16%。由于历史、社会等种种原因，埃及农村还比较落后，条件比较艰苦，属于贫困群体的人较多。据埃及媒体报道，埃及许多农村地区缺医少药，卫生、教育等条件亟须改善。埃及卫生部部长表示，20%的农村医院缺少医生，仅40%的公立医院配备了必需药品。由于工资低、待遇差、工作量大、工作条件差，埃及的农村地区医生数量严重匮乏。

"农村发展滞后的客观现状，已经成为埃及社会、经济腾飞的短板和瓶颈，塞西总统的'体面生活计划'及其刚出炉的新规划，正是为了补齐这一短板，打破埃及发展和繁荣的瓶颈，因为只有农民富裕、农村脱贫了，整个国家才能得到更好的进步和发展。在扶贫和发展农村方面，埃及应该虚心向中国学习，认真借鉴和吸纳中国的成功经验。"埃及金字塔战略研究中心研究员艾哈迈德深有感触地对笔者说。

据当地媒体报道，塞西的新规划也可以视为其"体面生活计划"第一阶段内容的融合和延伸。根据塞西的倡议，这一规划的预算为 20 亿埃镑（1 美元约合 16 埃镑），为 11 个省的 380 个村庄提供饮用水管道、房顶加固，并为各省至少 350 万人提供毛毯和家具等。同时，政府派出医疗队入驻贫困地区，提供医疗和手术援助。眼下，在"体面生活计划"第二阶段尚未开启的情况下，塞西的新规划又把扶贫的村庄由 380 座提升到 1000 座，扩大了"体面生活计划"第一阶段进程的内涵和范畴。新规划与"体现生活计划"第一阶段相互融合、彼此补充，将一共覆盖全国 16 个省 1000 个村庄和 1000 多万农民，实施 1252 个项目，将建立 156 所学校、257 个排污系统。艾哈迈德告诉笔者，计划顺利实施后，埃及农村面貌将焕然一新，许多农民将走出贫困，从此过上幸福的体面新生活。

埃及用软件应对失业

——为寻找就业打开一扇新窗

进入 2018 年，埃及各项经济指标持续好转，其中失业率亦呈下降势头。1月下旬的统计数据显示，埃及的失业率在 10% 左右。不过，由于埃及人口基数庞大，10% 也不是一个可以轻视的小数字。值得注意的是，失业大军中，尤以年轻人居多。为应对失业，埃及不少年轻人利用网络科技，在软件开发和应用上做足功课，力图以此为自己的就业打开一扇窗。

掏出手机，打开应用软件，欣然接单，然后麻利地跨上自行车，飞速奔波在接货送货的路途中……这便是阿德南·胡斯尼每日生活的常态。面对失业，这位 24 岁的埃及年轻人，通过一款名叫"Glovo"的软件"跑起了腿"。而在埃及，类似胡斯尼这样的年轻人还有许多，他们用乐观向上的积极方式大声向失业说"不"，为自己的生活撑起了一方天。

由于历史传统、人口膨胀及人口结构不合理等诸多方面的原因，埃及与中东地区许多国家一样，就业问题凸显，尤其是在年轻人中，失业率高。据统计，1897 年时，埃及人口不过 900 万，而截至 2018 年 2 月，埃及人口已达 1.045 亿，堪称"爆炸式增长"。不但如此，埃及也是世界上最年轻的国家之一，约有 1/3 的人口年龄在 15 到 34 岁之间，60% 的人口在 30 岁之下，每年新增的就业人口达 80 多万，而社会需要十分庞大的就业市场，才能予以消化，但埃及并没有足够的生态和产业空间容纳如此多的年轻人。于是，失业问题愈演愈烈，令人头疼。

埃及总统塞西当政以来，十分重视民生建设和经济发展，通过各种渠道千方百计为年轻人创造就业机会，使埃及的失业率由他上台前的 25% 下降至 2018 年的大约 10%。但即使如此，由于惯性使然，埃及政府要完全消灭失业现象殊非易事。因此，没有工作的年轻人如何谋生，便成为让人关注的重大社会问题。胡斯尼通过一己之力，开拓了一个成功养活自己的渠道，受到当地舆论和媒体的肯定与点赞。

从孩提时代开始，胡斯尼便喜欢自行车，骑着自行车到处跑，是他的一大爱好。胡斯尼骑自行车创下的最长距离纪录，是从埃及首都开罗到北部地中海沿岸港口城市亚历山大之间 200 多公里。他为此感到自豪，当他从朋友那里得知一款名叫"Glovo"的跑腿软件时，他想到了在开罗骑自行车为顾客运送他们想要的东西的情景，如日杂百货、食品、饮料、工具、礼物等。自行车遂成了为顾客跑腿的一种交通方式以及失业阴影下创造工作的载体。事实上，与一些因为暂时没能找到合适工作而沮丧气馁的年轻人不同，胡斯尼选择了在"自行车"上工作，即他在住宅、商店、公司和客户之间不间断地辛勤"跑腿"，以此养家糊口。换言之，胡斯尼对骑自行车的热爱，促使他成为一名自行车"跑腿员"，从而找到了自己赖以谋生的饭碗。

胡斯尼对笔者说，"Glovo"这款应用软件是他和同事们"寻觅工作、获取幸福的平台和重要手段"，在为他们提供就业出路的同时也带给了他们很多乐趣。不过，客观而言，这份工作并不轻松，收入也比较低。根据规定，平均时薪仅为20埃镑（1美元约合16埃镑），而且还取决于许多因素，包括按时到达以及每个地区的不同情况等。胡斯尼会根据客户的要求以及运送能力范围，骑着自行车在各地之间辛苦地穿梭往返。

说到工作中遇到的困难，胡斯尼坦言，这些困难主要包括开罗交通拥堵严重，以及由此导致的事故风险等。此外，由于经常需要赶时间，有时还会不慎摔破手机，再就是在一些小区有时会遭到不明就里的安保人员的阻拦等。不过，对于心中洒满阳光、生活乐观、追求上进的胡斯尼来说，这些困难都"微不足道""不足挂齿"，和其他同事一样，骑自行车的乐趣使胡斯尼乐此不疲地继续工作。许多顾客都向胡斯尼投来赞许的目光，鼓励他积极应对失业，通过适合自己的方式努力赚钱，而不是像有些失业者那样态度消极、懒惰懈怠、怨天尤人。

"为了摆脱失业，一些年轻人利用创新思维维持他们甚至家庭的生计，这一做法可圈可点，值得加以推广和普及。"埃及《消息报》在报道胡斯尼的故事时这样评论。

埃及人怎么过圣诞

没想到埃及人也过圣诞节

不久前在一次联合采访中，新到埃及驻站的英国同行沃尔夫深有感触地对笔者说，他原本以为西方的基督教徒在埃及根本无法做祈祷、望弥撒呢，因为在一般人的想象中，身为正宗和宗教气息很浓郁的伊斯兰国家，埃及不大可能有像样的教堂供基督教徒履行宗教仪式，可是没有想到，开罗竟有那么多基督教堂，而且埃及人也有他们自己的圣诞节。

的确，很多人都以为圣诞节是西方的专属，其实在文化和宗教背景完全不同的埃及，人们也过圣诞，而且还非常热闹。不过，埃及人的圣诞节很独特，是将西方的圣诞节本土化了。埃及全国超过 1 亿的总人口中，大约 12% 是基督教徒，人数在 1000 万左右，其中不少是科普特人。过圣诞节的，就是这一庞大的社会阶层。

埃及的圣诞节是怎么来的呢？也许人们不是太清楚，埃及在 6 世纪被伊斯兰化之前，基督教十分盛行。埃及的基督教历史可以追溯到 1 世纪初叶，当时，一位名叫马克的基督教传教士从罗马来到埃及传教，基督教教义开始在埃及土地上得到普及。马克是基督徒弟彼得的弟子，他成为埃及基督教的奠基者和创始人。

埃及的圣诞节在 1 月 7 日

埃及圣诞节"本土化"的特色，首先是它的时间与众不同，不是在每年的 12 月 25 日，而是 1 月 7 日。这出乎沃尔夫的意料。

众所周知，圣诞节是基督教最盛大的节日。所谓"圣诞节"，是"基督弥撒"的缩写，是人们庆祝耶稣诞生而进行的盛大庆典活动。由于《圣经》上没有记载耶稣到底生于哪一天，所以信徒们就产生了分歧。大部分认为是 12 月 25 日，而少数人相信是 1 月 7 日，埃及的基督徒就坚信耶稣是 1 月 7 日生的，所以将圣诞节定在这一天。

多年以前，埃及政府还特别公布过一个法令，正式规定 1 月 7 日为埃及基督教徒的圣诞节，全国的基督教徒都可以在这一天享受带薪度假，庆祝他们的传统节日。埃及圣诞节本土化的第二大特色，是圣诞老人的名字完全改变了。在埃及人的心目中，圣诞老人的形象是面容慈祥、眼带微笑、身穿红袍、脚踏黑靴的白胡子老者，这与西方国家认为的圣诞老人形象大同小异，然而，不同的是，埃及人管圣诞老人叫"努威尔爸爸"，与英语里的"Santa Claus"相距十万八千里！

笔者向不少埃及人打听为什么这样叫，他们普遍说不知道，都说是固定的称呼，打基督教在埃及存在那天起，就约定俗成地这样叫了，真是有意思。在几乎绝望的情况下，笔者终于从开罗大学一位著名的学者那里得知，原来"努威尔爸爸"是从希伯来语翻译过来的，意思是"上帝与我们在一起"，或者"上帝来到了我们中间"。不过，他说，他这也是一家之言，仅供参考。

圣诞期间，埃及的"努威尔爸爸"到处都是。饭店的大堂里，在装饰辉煌的圣诞树和青翠的盆栽侧柏旁边，自然少不了圣诞老人的身影，其中有象征性地造型的，也有真人穿上圣诞老人衣服扮演的。此外，大街上，在大一些的商店门前，甚至在穿梭往来的车流空当，也有"圣诞老人"或站立或走动，有的向人们微笑、招手、致意，含有中国的"恭喜发财"之意；手里举着各种圣诞礼物和纪念品进行兜售。

拿着短面包到朋友家串门

红色、绿色和白色，被埃及人认为是圣诞应有的颜色，所以在圣诞节期间，他们都用这三种颜色装饰房屋。讲究一些的人家，屋子里除了圣诞树或象征生命长久的塔形常青藤外，往往还摆着圣诞花束和圣诞蜡烛，堂屋的高处还悬挂着色彩斑斓的彩灯、礼物和纸花等，把圣诞节的欢快气氛渲染到了极点。

饮食也是埃及人过圣诞的一大特色。可能是多多少少受穆斯林"把斋"习惯的影响吧，埃及的一些基督教徒也有在圣诞来临之前适当戒食或减食的做法。时间上没有统一的要求，也不是所有的人都这样做，但虔诚的信徒从圣诞来临前的第四个星期就开始了，他们不吃任何肉食，有的人甚至连奶制品也不动，只吃素食。有些人，则在圣诞到来前的一个星期里酌情减食。

而到了圣诞节，埃及人开始以不同于西方的方式进行庆祝。人们先是换上崭新的衣服，在 1 月 6 日晚上的"平安夜"到教堂做礼拜、进行祈祷。然后，当午夜的钟声敲响之后，他们回到家里与亲人团聚，吃一顿特别的圣诞餐，有面包、米、大蒜和煮肉等。

吃过饭后，人们开始像西方基督教徒那样走亲访友、四处串门，但西方人是互相夸赞别人家里的圣诞树如何如何漂亮，而埃及人不是这样，他们总是手里拿着一样东西前往，是一块名叫"凯克"的面包，这种面包形状短粗，由麦子面粉做成，但内置大量的麸子，嚼起来很筋道。这块独特的面包，寓意着吉祥、如意、幸福和来年好运。这可能更是沃尔夫没有想到的。

由于工作关系，笔者没事就整天上街瞎转，开罗的各类教堂先后跑了数十家（总数无人统计，但差不多有上百座之多）。与记者站近在咫尺的地方，就是一家名叫"阿布·隋芬"的教堂，笔者散步时就可以随时去那里，常有青年男女基督徒在那里举行婚礼，而当每年的圣诞钟声响起，笔者总会被带入一种令人神往的意境之中，仿佛心灵也得到了某种净化……

埃及每个省都有自己的"省庆日"

埃及的节日很多，除了官方规定的国家节日和宗教节日外，埃及全国27个省几乎每个省都有各自的节日。

有意思的是，"省庆日"的界定，都与发生在该省的重大政治、历史、文化、经济等事件联系在一起，即各省都把对该省有深刻影响的那一天定为其"省庆日"。

与政治事件有关的，譬如，喀尔比亚省（西部省），每年的10月7日为省庆日，以纪念1978年10月7日那一天埃及人战胜法国拿破仑的入侵。夏尔基亚省（东部省），将9月9日定为省庆日，因为1881年的这一天，祖国党主席奥拉比率领土著军人在王宫前举行兵谏，要求推翻内阁，建立欧洲式议会。又如杜姆亚特省，以5月8日为省庆日，用来纪念1250年的5月8日，本省人民愤起抗击十字军侵略的英雄事迹。

与经济事件有关的，如埃及有一个著名的"福利坝"，位于克鲁比亚省的尼罗河上。这个坝也叫"福利拱桥"，建于1868年8月30日，由于它的建立，当地人改用畜力和风力驱动水车，使三角洲地区在枯水季节也能得到充分的灌溉。于是，为了纪念这一具有重大意义的经济事件，克鲁比亚省政府将每年的8月30日定为该省的省庆日。

与历史事件有关的例子，"丹沙维事件"最有代表性。这一事件又叫"鸽子事件"或"狩猎惨案"，尼罗河三角洲曼努菲亚省的省庆日，就与这一事件紧紧联系在一起。曼努菲亚省有一个叫丹沙维的小村，自法老时代起，小村就以鸽子多而闻名，甚至有"鸽子村"的美名。那里的农民，家家户户养鸽子，即使现在，他们仍保持着古老而独特的养鸽子方法：在屋边或屋顶，垒起尖顶圆筒形的鸽子塔，塔身密密麻麻布满了一个个小圆孔，以吸引鸽子自由地进出。

20世纪初叶，英国占领埃及后，有一支部队驻扎在丹沙维村郊外。1906年6月13日，几个士兵外出打猎，来到丹沙维村后，看到一个个鸽子洞以及栖息在里面的一只只鸽子，感到十分新奇，于是士兵们举枪便射击。枪声惊动了农民，他们前来保护鸽子，不让英军射杀。英军打伤一些农民后离开，在归途中，一名士兵中暑身亡。

英国咬定士兵是被当地农民所害，于是重兵包围丹沙维村，逮捕了数百名村民，还对一些人判以绞刑。这一事件震惊了埃及全国，引发了一波又一波的反英怒潮。鸽子事件为随后 1919 年著名的埃及革命，起了动员人民的作用。后来，丹沙维所在的曼努菲亚省，便把 6 月 13 日这一天定为省庆日，来纪念这一著名的历史性事件。

早在 20 年前，当笔者还在开罗大学念书时，有一年冬天，曾参加过一个省庆日活动。当时是应邀去塞得港的同学伍萨玛家做客，也没特意参加省庆日，没想到正好碰上。只见街道上到处都是人，不少人的手里还举着横幅标语，上面写着"反对殖民统治""热烈庆贺塞得港回归母亲怀抱"等。

仔细看，原来人们排成并不太整齐的队伍在游行。人们一边走，一边还高呼着口号并用力举起双臂，显出义愤填膺的样子。伍萨玛见笔者看得专心，便对我说，那是塞得港的市民在搞省庆日活动，每年的 12 月 23 日这一天，都要通过游行示威的方式，纪念 1956 年那一天，即第二次中东战争期间，侵略埃及的英、法、以三国在遭到惨败后不得不撤离塞得港。

不过，伍萨玛告诉笔者，在省庆日那天，活动归活动，庆祝归庆祝，气氛热热闹闹的，机关、学校却一般都不放假。不过，我赶上的那次是个例外，一是快到圣诞节了，二是那天恰逢周末，所以人们并没有上班。

"巴革喜喜"

——无处不在的埃及小费

在埃及，到处都可以听到"巴革喜喜"这个词，若是到了开罗，更是可以切身地体会到"巴革喜喜"的无处不在，仿佛如影随形，挥之不去。

"巴革喜喜"在埃及方言里的意思是"小费""赏钱""辛苦费"等，只要对方给你进行了服务，无论服务量多少，服务质量如何，你都得拿出一定的"巴革喜喜"付给对方，以此作为犒劳对方的"辛苦费"。在埃及，除了导游外，其他服务人员也同样习惯性地向顾客收取小费，这种现象极为普遍。比如，在机场，行李搬运工替你搬了行李，在停车场，有人帮你找到了泊车位，或者仅仅是帮你拉开了车门方便你上下车，他们都会主动向你索要"巴革喜喜"。甚至在饭店里的公共卫生间，也有侍者"守株待兔"地恭候着，待你用完了卫生间，哪怕只是洗了一下手，他们也会礼貌地看着你，示意你掏钱致谢，如果你佯装不懂，他们便会直言不讳地说："巴阿喜喜。"在这里，埃及人把"巴革喜喜"读成"巴阿喜喜"。

事实上，在埃及，给小费属于伊斯兰教施舍的德行范畴。伊斯兰教中，施舍是一种美德，被施舍也是天经地义的，因此穷人在伸手向你要钱时，都是坦坦荡荡的，绝对没有任何心理负担。埃及穷人的比例很大，不少人在城中靠帮人擦车、带路、打扫卫生等得来的小费果腹度日。如果没有小费，他们的日子会更加拮据。但令人不悦的是，一些餐馆，除了发票上公开写着收取消费总额10%至15%的小费以外，服务生还会以贪婪的目光看着你，尽可能地向你要一笔额外的"巴革喜喜"。因为，在他们的观念中，10%至15%的小费付给了公司，他们没有得到一分钱，既然他们在你就餐期间前前后后忙着为你上菜、上饮料服务了半天，总该有一部分"巴革喜喜"落入他们的腰包才是，否则，岂不是白白为你服务了？

同时，埃及近代受到法国、英国等的统治，依西方人的习惯，给服务者小费是对别人的付出表示感谢的一种方式，所以，埃及有教养的富人也都保持了这一传统，在交往中表现出西方绅士的风度，心甘情愿地拿出"巴革喜喜"给侍者。俗话说："入乡随俗。"在埃及旅游时，也没有必要厌烦到处的"巴革喜喜"之声，如果能够在力所能及的范围内（其实，"巴革喜喜"的额度并不高，完全由施舍者自行掌握）适当解囊，定会产生很好的效果。

值得注意的是，在世界一度陷入金融危机、全球经济复苏乏力的情况下，以及在疫情肆虐期间，"巴革喜喜"也受到了影响，突出的表现是不断缩水。据埃及《消息报》报道，以往在开罗，无论是酒店服务生，还是餐馆跑堂的，抑或出租车司机、理发师等，都会泰然自若地向顾客伸手索要"巴革喜喜"，顾客也习惯了从口袋里掏出数额不等的"巴革喜喜"。然而，金融危机期间，索要者不好意思再要了，顾客也捂紧了口袋，给也只是象征性地给一点了事。最能体现"巴革喜喜"缩水的是开罗的加油站。在开罗一家加油站工作的穆罕默德·赛义德说，加油站工人薪水低微，"巴革喜喜"成了他们的主要收入来源。以往前来加油的人都很慷慨，加完油后都会给数额颇为可观的小费，后来这些顾客都变得"小气"了，只顾盯着计价器上价格上涨了的油价字数变化，似乎对他们视而不见了。开罗疫情肆虐期间，像往常那样外出聚餐的人少了，于是，"巴革喜喜"自然受到霜打而一蹶不振。

沙漠环境造就的服装

——埃及人的长袍

阿拉伯人喜欢穿长袍，不但海湾国家人人长袍不离身，埃及人同样对长袍钟爱有加，长袍是埃及国民脱下西装后的首选衣服。

在阿拉伯语里，长袍叫"吉尔巴布"，但不同的阿拉伯国家又有不同的习惯叫法，如埃及叫它"杰拉比叶"，一些海湾国家则管它叫"迪希达希"。可不光是名字上的区别，不同的国家，长袍的款式、设计、做法等也不一样。大致说，长袍共有不下 10 种款式，主要有沙特式、阿曼式、阿联酋式、埃及式、苏丹式、摩洛哥式等。

衣袖肥大、宽松舒适、长及脚踝等，是阿拉伯长袍的共同特性，但沙特式长袍为高领、长袖、镶里子，埃及式长袍为低领、简洁、实用，苏丹式长袍为无领、胸围呈圆筒形，前后还有袋兜，极其宽松肥大，仿佛是两只大号棉布口袋缝合在一起，给人的感觉是仿佛连日本相扑运动员都可以钻进去。最值得一说的是阿曼式长袍。这一款式最为独特，它是三角形的复肩，没有竖起来的领子，在本该靠近领子的地方，有一个长约 30 厘米的绳穗垂于前胸，穗的底端开一小口，状若花萼，那是专门用来存放阿曼独有的香料或喷洒香水用的，由此可见阿曼男子爱美之心。

长袍没有任何尊卑等级之分，平民百姓穿，达官贵人也穿。海湾国家，如阿曼等，要求正式场合必须穿长袍，佩腰刀；其他国家的高级官员身着长袍出入盛宴等场合也十分平常。可以说，长袍已经成了不折不扣的阿拉伯民族服装。埃及以前西化较厉害，身着西装的人很多，现在则强调民族性、地方性，要"东向看"，因此，越来越多的人弃西装而重新捡拾起民族服装长袍来。

阿拉伯长袍自古至今一直不衰，是一个有趣而值得探究的文化现象。曾有带偏见的西方人说长袍是愚昧和落后的象征，殊不知，这种看法是他们不了解阿拉伯人赖以生存的自然环境和生存条件所致。一些自然探险家曾在埃及的沙漠腹地做过试验，在同样的温度下，穿西服或衬衫的人大汗淋漓，气喘吁吁，而穿长袍的人则泰然自若、气定神闲。研究后发现，原来，阿拉伯沙漠炎热少雨，长袍具有抗热护身的优越性，它把全身全部遮住，有效阻挡了日光对体表的直接照射，同时，外面的风吹入袍内，很快上下蹿动，在吸收外来热量的同时，还可以在长袍内形成一个"通风管"，使空气自下而上地自由流通，犹如烟囱一样，把身体散发的湿气和热气一扫而去，使人顿时感到凉爽、舒适。此外，长袍还能有效地抵御漫天袭来的沙尘暴，而埃及等国家的沙尘天气很普遍。

为了达到最佳的防热通风效果，长袍在款式设计上都追求领子和袖子开口相对大一些，便于内外空气的对流。长袍的颜色以尽量减少吸热量为选择的首要标准，通常有白色、浅蓝、浅灰、深灰、深棕、深黑等。面料质地不一，除根据主人的经济状况和兴趣爱好而定外，还要考虑有助于驱热透风等因素，一般有纱类、麻类、毛类、棉类、尼龙类甚至丝绸类等。各方面因素综合搭配后，一袭长袍在身，但觉轻盈飘逸，柔若无物，走动时能自动"鼓风"通气，停下不动时则有"烟囱"的换气效果，很是科学。

在琳琅满目的世界民族服饰中，包括埃及长袍在内的各国阿拉伯长袍无疑是最具特色和个性的款式。今天，随着全球不同地域和民族间文化的交融，服装也在发生着新的变化。也门等一些阿拉伯国家，不少人开始在长袍外面罩上西装，或者西装外面披上长袍，虽难免有些滑稽，但可谓土洋结合，成了一道别具特色的衣饰景观。而埃及，也使长袍在进一步本国化、本土化和现代化相结合的道路上不断迈出新的步伐。

03

风物特产

埃及人，提高免疫力有三宝

新冠肺炎疫情在全球肆虐，埃及全国人口超过 1 亿，截至 2021 年 5 月 2 日，全境累计确诊 229635 人，累计死亡 13469 人，累计治愈 172342 人。在感染新冠肺炎者当中，不少人经过核酸检测发现结果又转阴了。与世界其他国家相比，埃及疫情防控形势整体上还算可以，这与埃及人的体质好，尤其是他们的免疫力普遍较强有着直接关系。那么，埃及人是靠吃什么来提升他们的免疫力的呢？

"第一国菜"穆鲁希亚

堪称埃及"第一国菜"的"Mulukhia"，是每个埃及人都情有独钟的一种绿色蔬菜。据埃及媒体介绍，这种菜只有中东地区才有，其中原产地为埃及的被普遍认为最好、最正宗。"Mulukhia"不知道中文应翻译成什么，索性直接音译为"穆鲁希亚"。据埃及学者考证，穆鲁希亚早在法老时代就在尼罗河两岸存在了。不过，有两种不同的说法：一种说法是，按照古埃及人的信仰，穆鲁希亚是一种有毒植物，但当埃及人被希克索斯人占领后，法老文明的所有特征都被摧毁了，埃及人被迫食用穆鲁希亚，居然发现也不难吃，于是便普及开来。另一种说法是，"穆鲁希亚"一词的词根来源于王权，因为这个词的发音与国王一词十分相似（阿拉伯语国王叫"穆鲁克"），遂以此为名，而且由于被认为是可以提高人体抵抗力的"元气蔬菜"，所以还一度成为专供国王和王室的特种菜品，后来因广泛种植，这才得以"飞入寻常百姓家"。埃及学者认为后一种解释更为靠谱。

今天，埃及农村盛产穆鲁希亚，翠绿的叶子有点像薄荷叶，但比薄荷叶大，也更绿，看着沁人心脾、十分诱人。价格也很便宜，农民除了自己吃，还销售到城里。笔者在开罗各大超市注意到，穆鲁希亚的售卖方式分两种：一种是新鲜的，青翠欲滴，论公斤称；另一种是事先处理好的，先加工成碎末状，然后装进食品袋里放冰箱冷冻。后一种无疑大大延长了穆鲁希亚的储存时间和使用期限，也给消费者提供了更大的便利，使人们一年四季都可以吃到穆鲁希亚。冷藏的穆鲁希亚虽然在视觉上不及前者新鲜亮丽，但同样翠绿无比，关键是，如果储藏时间不太长的话，它的营养成分似乎并没有流失太多。

笔者翻阅了不少阿拉伯语的医药类书籍和报刊，也浏览了大量同类的阿拉伯语网站，发现其中对穆鲁希亚功效的介绍多如牛毛。一家名叫"源泉"的网站这样写道："穆鲁希亚是万能的养生植物，可以明显优化和提升食用者的免疫系统，增强人体抵抗疾病的能力。它可以加速红细胞的生成，使人的心脏变得更加强大，更加有耐力。同时，穆鲁希亚还可以预防骨质疏松症，加固牙龈，加速溃疡和伤口的愈合等。它还被证明是一种强大的抗氧化剂，可以防止皱纹出现，延缓人类衰老症状等。此外，穆鲁希亚还有舒缓胃部紧张的特殊功效，其中的泡沫物质被称为黏液，对胃黏膜能够起到很好的保护作用……"

难怪埃及人身体免疫力那么强。就笔者的亲身经历看，穆鲁希亚的其他功能感觉不到，但它对胃好却是真实的。特别是用袋装的切碎了的穆鲁希亚做汤喝，黏糊糊的，喝进肚子里，感觉肠胃舒服极了，一时间幸福指数骤然蹿升。埃及人吃穆鲁希亚时，往往还加入鸡肉、兔子肉、羊羔肉甚至鱼肉，并配上大蒜、洋葱、香菜、胡荽、姜黄等调料，甭提多有营养了。坚持食用，想不身体强壮都难。

"植物黄金"秋葵

埃及人的正餐，总是少不了牛羊肉，而与牛羊肉一块烹制的，又每每少不了被称为"植物黄金"的秋葵的身影，两者加在一起，可谓强强联合，荤素搭配，能够产生不错的养生之效。

秋葵原产于非洲的埃塞俄比亚，但由于这一区域的地理环境比较封闭，所以在漫长的史前时期，秋葵这一五芒星形的绿色植物都只是当地居民的小众菜品而已。秋葵的英文名字叫"Okra"，最初是埃及人和摩尔人对这种"植物黄金"的称呼。7世纪，阿拉伯帝国征服了埃及，同时将封闭在埃塞俄比亚的当地植物秋葵连同阿拉伯语，带向了非洲以外的土地。可以说，埃及是秋葵通向全世界的"跳板"。

用刀把秋葵切开，会发现一些黏液流出来，据说这黏液是秋葵的精华所在，是它最具营养价值的部分。所谓"植物黄金"，黄金指的便是秋葵中富含的这些黏性液体。有当代营养学者研究发现，这些黏液中富含果胶、黏多糖、蛋白质和草酸钙等活性营养物质成分，这些物质对人体健康大有裨益。果胶属于一种纤维素，能够有效吸附积存在肠壁上和肠道内的多余脂肪，促进胃肠蠕动，所以有助于加强血液循环、降低血脂、缓解便秘、预防大肠癌等。黏多糖能够帮助人体吸附血脂，从而减少血脂在血管壁上的沉积，继而有助于预防动脉粥样硬化。此外，秋葵中钙、钾、蛋白质等的含量都很高，常吃秋葵能够补充体力，也可以帮助人们缓解疲劳。

埃及营养专家哈比布告诉笔者，埃及的秋葵属于短秋葵，这种秋葵的营养成分更多一些，价值也更高，有增强体力、保护肝脏、健胃润肠、促进新陈代谢、增进人体免疫力等诸多功效。尤其是，秋葵富含锌和硒等微量元素，能增强人体防癌抗癌能力，加之含有丰富的维生素 C 和可溶性膳食纤维，因此不仅对皮肤具有保健作用，且能使皮肤变得美白、细嫩。"事实上，在非洲很多国家，秋葵已成为运动员食用的首选蔬菜，更是老年人的保健食品，而它的美容价值也越来越被人们重视。"哈比布说。

"沙漠面包" 椰枣

阿拉伯人特别喜欢吃椰枣，埃及人也不例外。由于格外受人喜欢，因此在椰枣树种植面积很广的埃及，椰枣的价格依然不菲，甚至比许多水果和蔬菜的价格都高出一大块。

地下有丰富的石油，地上有成片随风摇曳的椰枣林，这是阿拉伯国家的两大自然景观。据联合国粮食和农业组织公布的数据，世界上有 30 多个国家种植椰枣树，其中大部分是阿拉伯国家；全球有 1 亿多棵椰枣树，三分之二生长在阿拉伯国家。传统上，伊拉克一直是椰枣树最多的国家，仅仅南部港口城市巴士拉的椰枣树，就曾经多达 1600 万棵，但由于长年战乱，炮火吞噬了无数椰枣林，巴士拉的椰枣树现在已经所剩无几，伊拉克全国的椰枣树情况也每况愈下。这样一来，现在埃及成了椰枣树最多的阿拉伯国家了。埃及北部城市拉希德，有"百万椰枣林之城"的美誉，那里的椰枣林密密麻麻、成行成排、遮天蔽日，数量有数百万之多，一棵棵在骄阳照耀下高耸挺拔，蔚为壮观。

阿拉伯国家对最好的伊拉克椰枣充满怀念之情。伊拉克椰枣甘美细腻，有嚼劲，口感极佳。在沙特家庭，要显示对客人特别的敬意，主人会端出一篮子精美的伊拉克椰枣。过去，埃及人听说哪个旅行者要到伊拉克去，便会在行前请求他"给我带回一袋伊拉克椰枣吧"。在伊拉克 1959 年创建巴士拉第一家椰枣加工厂的赛义德·穆萨维自豪地说："其他国家当然也能种椰枣树，但伊拉克巴士拉的椰枣有其独特的味道。"

早在公元前 2500 年的埃及文献中就有对椰枣的记载，并称之为"丰饶和富庶的象征"。椰枣被称为"腓尼基长枣的树"，相传公元前 3 世纪古希腊哲学家泰奥弗拉斯托斯在他的著作《植物研究》中首先使用这一名字。据说，埃及最早的椰枣树是从伊拉克所在的两河流域传来的。据统计，伊拉克的椰枣品种曾经达 600 多种，而现在，埃及取代了伊拉克的地位，埃及椰枣的种类也有数百种之多。今天，沙特阿拉伯甚至把椰枣树设计到了国徽上，在他们看来，椰枣象征着"富裕、美好的生活"。

椰枣有"救命枣"和"沙漠面包"的称号，因为它含有丰富的维生素、矿物质、天然糖分、蛋白质等多种人体所需的元素，有利于增强人体机能、强化机体免疫功能。椰枣的含糖量也非常高，新鲜的椰枣中汁液的含糖量高达 80%，但基本都是单纯的果糖，易于消化，为人体提供所需的热量。在中东地区，椰枣是可以当作主食的，埃及还有不少关于椰枣的谚语，如"椰枣加油脂是上好饭食""家无椰枣，全家挨饿""每天吃椰枣，毒邪不上身"等。试想，埃及人经常以椰枣为食，身体能不倍儿棒、人体抵抗力能不强吗。

莲花是埃及国花

人们都知道莲花是印度和斯里兰卡的国花，其实它也是埃及的国花。在埃及生活了很长时间，笔者发现当地人对莲花还真是情有独钟。

莲花在埃及历史悠久

莲花也叫荷花，据植物学家考证，它是世界上最早的植物之一，甚至有着上亿年的历史。由于莲花尤其是睡莲有着飘逸的清香，所以一直与宗教息息相关，被视为高雅、圣洁和出世的象征。

众所周知，佛教与莲花有着不解之缘，莲花甚至成为佛教的一部分。然而鲜为人知的是，早于佛教很久，莲花就与古埃及有着更为密切的关系了。有学者考证，埃及境内的尼罗河曾是莲花的故乡。早在金字塔诞生之前，尼罗河两岸富庶的土地上就长满了亭亭玉立的莲花。古埃及人认为太阳是一个金色的孩童，每天从水中一朵最美最大的莲花里升起，在神力的佑助下翩翩来到空中，用万丈光芒普照大地，所以莲花在古埃及人的心目中象征着轮回与复活，人们认为莲花可以使人起死回生，喜欢在木乃伊里面放入这种花。因此，莲花在埃及的宗教和文化象征意义要早于佛教。

同时，由于莲花的花瓣在夜晚闭合并沉入水中，古埃及人因此认为莲花是太阳和万物的寄托，也蕴含着生殖和强大的意义。据史料记载，古埃及著名的阿蒙神就生自莲花，古埃及新王国第 19 王朝拉美西斯二世法老的木乃伊上，就曾发现过一整束的白莲花。这更赋予了埃及莲花非同寻常的文化和宗教价值。

埃及人自古喜欢莲花

古时，尼罗河畔有红、白、蓝三个品种的莲花，红莲花当时被人们称为"埃及蚕豆花"，也叫"科普特蚕豆花"，现在已基本绝种，弥足珍贵。白莲花更为多见，被埃及人称为"香翘摇"或"埃及的百合花"。蓝莲花被称为"水甘兰"或"阿拉伯睡莲"。

公元前 5 世纪，古希腊大历史学家希罗多德在埃及旅游时，发现尼罗河两边到处是莲花，到了夏天，密密匝匝的绿叶中间绽放着鲜嫩欲滴的莲花，宛如刚刚出浴的美人，清雅动人。希罗多德将这种花称为"露特丝"，至今在阿拉伯语中，莲花仍被叫作"露特丝"。不过，人们习惯上还称之为"埃及之花"。

古埃及人真不愧是"埃及之花"土地上的主人。婀娜多姿的莲花，出淤泥而不染，象征着纯洁、高尚的品格，于是倍受埃及人钟爱，人们纷纷拿它作为馈赠亲友的礼品。而在古埃及的神话传说中，还有这样的记载：长着鹭头和人身的埃及智慧、魔术之神托特，有一个贤惠忠贞的妻子埃赫·阿慕纳，阿慕纳特意奉献给丈夫一束莲花，表达她对丈夫忠诚不渝的圣洁爱情。于是，莲花成为忠贞与爱情的代名词，更受到埃及人的青睐。

在古代，埃及人还举行别出心裁的莲花节，人们置身莲花的海洋，赏莲花，买莲花，以莲花晤面，相互交流对莲花的感受，吟诵有关莲花的诗歌。青年男女还通过莲花择偶，将莲花作为倾诉爱情的道具和互定终身的信物，真是浪漫而充满情趣。

现在的埃及人仍对莲花喜爱有加

在埃及，不少建筑都刻意建成莲花的造型，这与古代神庙的顶柱通常都建成莲花状可谓一脉相承。

开罗的标志性建筑、高 187 米的开罗塔就是其中之一。开罗塔的上部，被设计成莲花的形状，衬托着顶端高耸入云的尖柱，显得巧妙而和谐，也突出了埃及人喜欢莲花的传统和习俗。

位于尼罗河畔东边的埃及新外交部大楼，是一个高达 35 层的建筑，建筑下部的柱子和顶端的结构等，也都是莲花形的，看上去十分悦目。据说这个建筑还获得了阿拉伯国家的最佳建筑奖，理由是它把古代传统与现代文化有机地结合了起来，把埃及人喜欢莲花和莲花是埃及国花的特征充分展现了出来。

古埃及人引以为豪的莲饰，早在公元前 1500 年埃及第 15 王朝西提一世时，就传到了西亚的亚述王国，并从那里传到更为遥远的地方。今天，莲饰在埃及仍很流行。即使在民间，人们也一直崇尚用莲花作装饰，地毯的花纹、帐篷的布面、建筑物的墙壁和柱面上，都经常可见莲花状的图案和雕刻。

纸草画

——埃及的国粹

埃及文化的瑰宝

在埃及，无论在机场，还是在任何一个旅游景点或工艺品商店，都可以见到绘在一种特殊纸张上的画，那纸张有些发黄、发皱，却柔韧有余，富有弹性；入画的则有金字塔，有埃及古代的各种神祇，也有埃及名目繁多的吉祥物和田园风光等，画风古朴、简洁而凝重，那便是堪称埃及传统文化瑰宝的纸草画。

这种纸是世界上最早的纸，由纸莎草制作而成，所以叫莎草纸，也叫纸草纸。纸莎草是长在尼罗河边的淤泥和沼泽之中的草本长茎植物，高 3 至 4 米，直径大约 5 厘米，无毛，少枝叶，越往上越细。纸莎草的用途很广，长在水下的白茎可以食用，相当于茭白；绿茎可以造船、盖草房、编草席和箩筐等；根可以入香，制作香料，有驱蚊蝇和净化空气的妙用。但纸莎草最大的功能，还是造纸。

古埃及人一直使用莎草纸，他们早在 4500 年前就学会了用纸莎草做纸。国际学术界公认，这种纸比中国发明的造纸还要早许多年。不过，莎草纸后来被中国的纸取代了，大约 9 世纪我国蔡伦发明的纸张传到埃及后，由于成本低、质量好、书写和携带方便，渐渐代替了莎草纸的位置，以至于后来，莎草纸彻底退出了历史舞台，并销声匿迹了。

人们本来以为，纸莎草从地球上绝种了。然而，1968 年，当地农民偶然地在西奈半岛的奈特隆洼地发现了近 30 棵野生的纸莎草，学者们意识到，他们有机会使这种消失 2000 多年的文化传统得到恢复。

制作工艺复杂

成功地仿制莎草纸的，是一个名叫哈桑·拉杰布的埃及人。他是埃及驻中国的第一任大使，与毛泽东、周恩来等交情很深。拉杰布从小就对古埃及文化很感兴趣。1968 年退休后，他潜心研究莎草纸制造技术，终于如愿以偿地找到了古人的方法，使古埃及这一文化精粹得以重见天日，受到埃及政府、领导人的高度夸赞和学术界的充分肯定。

开罗的尼罗河畔，有一个叫"拉杰布纸草画博物馆"的地方，是拉杰布亲自开的，旨在宣传、展览和销售纸莎草的制作工艺和纸草画的技术。笔者曾去过多次。博物馆坐落在河上一艘两层高却已不能发动的船上，一层靠右边的偌大角落，就是纸莎草造纸操作室。接待的小姐名叫阿吉娜，热情大方地一边介绍，一边麻利地向笔者展示莎草纸的制作方式。只见她拿出切成一截截的纸草茎，干净利索地削去上面的青皮，把芯用刀子剥成一条条的薄片，放在一块白色的亚麻布上，用木碾一遍遍像擀面似的压制，然后泡在水中48小时。取出后，去糖，然后再放在亚麻布上。这时，她拿起一把木槌，敲打、槌砸，之后，再放上一层薄片，如此反复。最后，阿吉娜拿一块石头压在最上面。"自然晾干后，等48小时再取出，就成了米黄色的纸张，也就是莎草纸了。"她冲我莞尔一笑，不无得意地说。

还真复杂，笔者边看、边听、边拍照，有些眼花缭乱，应接不暇。阿吉娜还说，莎草纸经过编织与黏接，可以变得很大，埃及出土的莎草纸中，最长的竟有50多米。这种纸用来书写和绘画，记录古埃及人的思想、工作、生活、宗教活动等。古埃及人还将他们画在泥板上、石壁上和陶片上的美丽图画，依样搬到莎草纸上来，这就成了纸草画。

"现在，则是根据事先准备好的画形模子，将纸拓在上面，就成一幅美妙无比的纸草画了。"阿吉娜说，"有手工的，也有机器的，手工的费事些，但更有欣赏和收藏价值。"笔者发现，前来这里选购纸草画的，不少都是碧眼黄发的西方人，一个个都显得很认真和虔诚的样子。拉杰布去世了，他的事业由儿子操持着，继续传播着埃及文化的香火。

居然还是一门学问

鲜为人知的是，与纸莎草和纸草画直接有关的，还有一门叫作"纸草卷学"的学问。

1880年，学者们第一次发现了纸草文卷，并将其视为人类文明的宝藏。然而可悲的是，接下来，有数十万部埃及莎草纸文献被走私或偷运到国外。当时，埃及学在这些国家方兴未艾，随着莎草纸文献在西方国家的散落，英、法等有关国家竞相展开对这些文献的研究工作。

20世纪初，法国的苏本大学率先成立了"纸草卷学"研究院。1908年，英国牛津大学设立了世界第一个"纸草卷学"教授职位。后来，世界还成立了一个名叫"纸草卷学"的国际机构，它的总部设在比利时的布鲁塞尔，定期举行学术会议，研讨纸草学的最新发展和研究情况。

埃及是莎草纸和纸草画的故乡，但直到20世纪80年代，才在艾因·夏姆斯大学建立了"纸草卷学"研究中心，这一时间比欧洲晚多了。好在研究成绩不菲，尚可聊以自慰。

蚕 豆

——埃及的国菜

　　埃及人嗜爱各种豆类食品，蚕豆更是他们每天不可或缺的尤物。由于爱之甚切，埃及人索性管蚕豆一律唤作"埃及豆"，蚕豆几乎成了埃及的国菜。

　　在埃及，蚕豆的做法多种多样，但通常主要有两种：炸蚕豆饼和焖蚕豆。就普及和受欢迎的程度而言，炸蚕豆饼某种意义上类似于中国人早上吃的油条，只是二者的形状完全不一样，油条是长条状，炸蚕豆饼则是扁圆形，跟中国的丸子差不多，味道也与素丸子有些相近。炸蚕豆饼的阿拉伯语叫"塔阿米叶"，从"塔阿姆"演变而来，塔阿姆的意思是"食物"，塔阿米叶则有"正宗的食物""食物之母"的寓意，可见它在埃及人心目中的地位。

　　开罗的大街小巷都有卖"塔阿米叶"的，全是现炸现卖，生意火爆。尤其是早上，喜欢睡懒觉的埃及人，起床晚了又赶着上班，匆匆在路边买上两三个"塔阿米叶"，边走边吃，工作生活两不误。每天的早餐，笔者基本上也都吃这玩意儿，当写了一夜的稿子，睁开惺忪的双眼，已是日上三竿，太阳照到屁股了，饥肠辘辘之际，随便到楼下买几个"塔阿米叶"吃，真是省事又解饿。

　　"塔阿米叶"的做法有不少讲究。先将生蚕豆剥好、洗净，放在水中浸泡一天一夜。然后捣成碎末状，加入葱、姜、蒜、芥末、薄荷、韭菜、食用盐等，有时根据需要也可加入少许肉末，搅拌均匀，做成直径10厘米左右的圆饼，放入油锅中炸，炸至熟透即可出锅。这时的"塔阿米叶"外焦内嫩，香味扑鼻。来过埃及的不少中国人都说，吃不惯埃及的许多饭菜，但对"塔阿米叶"却觉得很合口。

　　焖蚕豆的做法也很简单，将洗净后的蚕豆放在锅里，用文火焖炖即可，只是炖的时间很长，通常要好几个小时才能炖出那种筋道的效果。做好后的焖蚕豆呈稀稀的糊状，很像婴儿食品，吃的时候多半蘸着橄榄油和柠檬汁，极易于吸收。焖蚕豆在埃及受欢迎的程度不亚于"塔阿米叶"，埃及人的早餐，滚烫的焖蚕豆是必不可少的。阿拉伯语里，焖蚕豆叫"福尔·穆单米斯"。笔者有一次到海湾国家出差，遇到在那里工作的埃及人，笔者问他想家吗？对方说，想极了，最想的还是"福尔·穆单米斯"。可见，焖蚕豆在埃及人心目中的重要地位。

也许是太喜欢蚕豆了，埃及人还常常以蚕豆做比喻。埃及有一首很有名的歌，歌词是："人们问，你是不是爱吃焖蚕豆？我回答：快趁热加进芝麻油吧！"意思是非常喜欢、喜欢极了。"你不要跟我蚕豆了"，意思是"你别把我当傻瓜看待"。弄清了事情的原委，或者发现对方"黔驴技穷"时，可以说："我总算明白这蚕豆了！"

中国有句俗语叫"萝卜青菜，各有所爱"，埃及则不拿萝卜青菜"开涮"，而直接用蚕豆比喻："每一粒蚕豆，哪怕被虫子蛀空了，也有特地要买它的人。"

有一次，在开罗街头的一家普普通通的水烟馆里，电视里正播放美国总统的演说，笔者旁边的一位老者边看边心不在焉地说："就像过夜的蚕豆，没有盐，没有油！"我连忙问是什么意思，这才知道是"索然寡味、令人厌烦"的意思，他以此评价美国总统的讲话。

无花果

——穿越历史的"圣果"

　　包括埃及在内的许多阿拉伯国家都盛产无花果。在所有的水果中，笔者对无花果情有独钟。不仅是因为无花果吃着方便，只要把外皮洗净，就可以整个放进嘴里，既不用削皮切块，也不用吐出果核，真是方便得很。也不仅是因为无花果的美味，成熟的无花果入口即化，不用咀嚼，口腔中便立时充盈着一股清甜，十分爽口解饿，令人回味无穷。而且，对我来说，无花果还承载着一段难以忘怀的艰难岁月，具有特别的纪念意义。

　　多年前，笔者曾在巴勒斯坦加沙地带工作，那是一个充斥着战乱、死亡、贫穷和疾病的黑暗时期，巴以冲突进入白热化，导弹不时在头顶飞过，轰鸣的爆炸声和噼噼啪啪的枪炮声时刻把人从梦中惊醒。我们蜗居在一个小院子里，远眺茫茫的地中海，心中也是一片迷茫。唯一的消遣就是看看几棵院子里的无花果树，先是枝头结满小小的青涩果子，然后青色逐渐染上紫色，不久后紫红色的果子熟了，有的末端裂开了一条缝，好像开口笑着邀请我们品尝一般。轻轻摘下一颗无花果放进嘴里，感受着软糯香甜的气息，终于觉得生活还是甜美的，我们应该怀抱希望才是。从此，我对无花果便有了一种特殊的情感。到了埃及，发现这里也有大量的无花果，感觉像回到了故乡，亲切极了。

　　据考证，无花果是人类最早栽培的果树品种之一，最新的考古发掘显示，人类种植无花果的历史已有大约一万年之久。学者们比较普遍的看法是，无花果最初产于阿拉伯地区南部，后来传入叙利亚、土耳其等地，接着传遍埃及、黎巴嫩等地中海沿岸诸国，甚至是更远的不少地方。

　　无花果是地中海早期文明时期的重要食品。古埃及早期的绘画中就有大量无花果的造型，其中一幅描绘的是古埃及哈索神从无花果树中走出来向法老表示祝贺的场景。在金字塔内部，也发现了描绘灌溉和收获无花果的浮雕图案。在埃及一个名叫本·哈尼森的古墓中，人们还发现了一幅古埃及人利用动物采摘无花果的壁画。壁画上显示古埃及人训练狒狒攀援到无花果树上进行采撷，并将其放入篮中，然后再由人把果实运走的情景。

　　在今天伊拉克所在的两河流域美索不达米亚平原的一处古城堡中，考古学者也发掘出公元前3000年的石刻图，上面用楔形文字记载了12个药方，几乎每副药方中都列有无花果，可见在当时，无花果已经作为药食同源的果类而被广泛应用。古希伯来文献中，也有许多对无花果的记载。在《圣经》中，无花果还被称为"天堂之果""生命果""太阳果"等。而据考古和历史学者研究推断，当初亚当和夏娃在伊甸园遮羞时用的树叶就是宽大的无花果叶。因此，在英语中，无花果叶（fig leaf）还有一个意思——遮羞布。

对此，美国著名杂志《纽约客》在介绍无花果的一篇文章中不无幽默地写道："一棵苹果树可能使亚当和夏娃失去了纯真，但是一棵无花果树，他们用来遮盖裸体的叶子，却给了他们一些尊严。要是他们一开始就喜欢吃无花果，而不是苹果，我们可能都还住在伊甸园里……"

地中海沿岸国家的古老传说中，无花果被称为"神圣之果"，特别是用作祭祀时的特殊果品。希腊神话里，日神泰卫为了营救被天神宙斯紧追不放的索克斯的儿子，急中生智，让他变成了一棵无花果树，从而躲过一劫。这个神话传说至今仍在希腊索克斯城一带广为流传。而在古罗马时代，有一株神奇无比的无花果树，因为曾庇护过罗马创立者罗慕路斯王子，躲过了凶残的妖婆和啄木鸟的追杀，这株无花果后来便被命名为"罗米亚"，意思是"守护之神"。因此，无花果树的图案和造型，长期以来成了罗马宫廷里的重要装饰物，备受达官贵族、皇亲国戚们的青睐。而在东欧一带等国家，人们还把无花果视为幸运、幸福和吉祥的象征，无花果遂成了年轻人结婚时馈赠对方的不可或缺的重要礼物。

阿拉伯国家盛产无花果，尤其是埃及、突尼斯等北非阿拉伯国家，无花果树简直比比皆是，无所不在。埃及不用说了，笔者还曾在突尼斯、摩洛哥等国家采访，对此印象深刻。由突尼斯首都突尼斯城驱车南行，道路两旁映入眼帘的，除了橄榄树便是无花果树了。与低矮甚至其貌不扬的橄榄树相比，无花果树要高大挺拔许多，树体摇曳多姿、亭亭玉立，给道路洒下了大片绿荫。这些漂亮养眼的无花果树，构成了突尼斯农村一道道亮丽的风景。

突尼斯国家不大，无花果树的种植面积却多达15500公顷。在突尼斯的南部港口城市，同时也是突尼斯第二大城市斯法克斯，有一座中国援建的综合性大医院。医院的四周被一望无际的无花果树和橄榄树团团包围着，炎炎夏日，笔者置身树林，但觉空气清爽，心旷神怡，凉爽无比。事实上，除了省际、城际以及乡下的大片农田，无花果树的身影无处不在，突尼斯城内许多居民的花园里，也都种有绿意盎然的无花果树。今天，无花果已经成为突尼斯的主要出口水果，每年为突尼斯赚取大量外汇。

在许多阿拉伯国家，无花果不仅仅是一种水果，而且还是一个文化符号，甚至成了家乡、故园和祖国的象征。譬如，流亡开罗等多地的巴勒斯坦诗人巴尔古提，由于日夜思念故园，曾出版诗集《回家：无花果树的回忆》，在作者的笔下，无花果树成了他魂牵梦绕的家乡和亲情的象征与载体，每一次对故乡的遥望和思念，首先映入诗人脑海和眼帘的，便是充满诗意和离愁别绪的无花果树。《回家：无花果树的回忆》至今仍在阿拉伯读者中引起强烈的共鸣和如潮的好评。

无花果，阿拉伯语叫"绨旎"。作为伊斯兰教经典、阿拉伯文化之母的《古兰经》，第九十五章就叫作"绨旎章"（无花果章）。这是《古兰经》中唯——个以植物名字命名的章节，可见无花果在阿拉伯文化中的特殊地位和重要性。"绨旎章"写道："奉至仁至慈的真主之名，以无花果和橄榄果盟誓，以西奈山盟誓，以这个安宁的城市盟誓，我确已把人塑造成具有最美的形态……"

开罗学者告诉笔者，据伊斯兰历史记载，真主的使者穆罕默德的堂弟伊本·阿巴斯对此解释，无花果是先知努哈（诺亚）在大洪水之后在朱迪山上种植的果树，在此表示对真主的感谢。相传，圣门弟子赠送穆罕默德一些无花果，穆罕默德高兴地接受了并对众人说："假如乐园的果品留存在世，我相信它就是无花果。"

在阿拉伯语中，还有不少与无花果有关的谚语、典故和成语。譬如，"当一棵无花果树关注着另一棵无花果树时，它们就会结出累累硕果"这句阿拉伯谚语说明相互合作、抱团取暖的重要价值和意义。"在没收获无花果前，先用野无花果充饥吧"，相当于"权宜之计""聊胜于无"。"他身上的无花果叶子掉下来了"，意思是"他已经暴露无遗"。"果园里的雄无花果长得再高大，也结不出果实来"，意为"金玉其外，败絮其中""中看不中用"。"仇人成不了朋友，无花果结不出葡萄"，表示"彼此仇恨、势不两立、不共戴天"。

美国《纽约客》杂志专门刊发过有关介绍无花果的长篇文章，图文并茂，故事多多，称世界上的无花果约有700个品种，营养丰富，极具养身健体的价值，甚至有抗癌的强大功效。开罗出版的《阿拉伯医学词典》上说，无花果可以软化脾脏、清洗肾脏、消除膀胱结石，具有化痰、通肺、健脑等功效。我国中医理论也认为，无花果性平味甘，可以补气健脾、润肺利咽、润肠通便等。李时珍的《本草纲目》记载，无花果味甘平、无毒，有开胃、止泻痢、治五痔和咽喉痛等功效。而在新疆维吾尔族药书中，居然有72种病都用无花果入药。难怪西方有许多学者把无花果视为"21世纪人类健康的守护神"。

根据《纽约客》的相关介绍，因为无花果实际上属于花科，只是别的花是炫耀般地由内而外华丽绽放，而无花果则内敛地开成一个封口的花球，如果把无花果咬成两半，你就会发现一个小花核。无花果需要经过授粉才能得到繁殖，但是，因为花蕊是密闭的，所以并不是任何虫子都能够飞进无花果里面授粉。这个任务由一种叫作"无花果黄蜂"的微小昆虫来完成，"无花果黄蜂"的生命周期与无花果交织在一起。黄蜂妈妈在未成熟的无花果中产卵。在它们的后代孵化成熟后，雄性进行交配，在完成任务后咬开封闭的无花果爬出来。雌蜂随风飞舞，直到它们闻到另一棵无花果树的味道。在非洲，一种黄蜂的传播速度是其他已知授粉者的十倍。对许多黄蜂妈妈来说，无花果是对她们致命的诱惑，也是一个甜蜜的陷阱，许多黄蜂进入无花果后翅膀遭到损坏，不得不永远留在了无花果中。正因为如此，当人们吃无花果干时，可能也在咀嚼无花果黄蜂的木乃伊。

无花果和"无花果黄蜂"是生物学家称之为共生进化的最好例子。这些植物和昆虫一起变老已经超过六千万年了。几乎每一种无花果植物——总共超过750种——都有属于自己的黄蜂品种。与其他植物相比，无花果和无花果的授粉系统效率极高，有些植物相信风会把花粉吹到需要的地方。无花果的特殊花朵，不但没有把它们隔离在进化的生态之中，反而使它们辐射到整个大自然界。无花果植物可以是灌木、藤本或者乔木，形式多样。一棵大无花果树的枝干巨大无朋，可以延展到很远的地方。无花果本身可以是棕色、红色、白色、橙色、黄色或绿色。它们的种子会在其他植物挣扎的地方发芽：屋顶、悬崖边甚至火山岛。当然，无花果树也可能出现在温室和花园中。

无花果植物的多样性和适应性使它们成为动物中最受欢迎的食物。早在2001年，由多国科学家组成的一个研究团队发表了一份科学报告，他们发现了近1300种鸟类和哺乳动物的无花果消费量记录。研究人员之一迈克·沙纳汉是热带雨林生态学家，也是一本有关无花果的著作《众神、黄蜂和扼杀者》的作者。他曾在1997年作为博士候选人研究马来西亚无花果树。他有时躺在一棵巨大的无花果树下，记录下来访的"客人"。沙纳汉说："我通常会看到25到30个不同的物种来光顾这棵无花果树，包括许多不同种类的松鼠、猴子、鸽子、鹦鹉、知更鸟等不同的鸟类以及各种奇奇怪怪的动物和生物。"生物学家丹尼尔·詹森在一篇《如何成为无花果》的文章中说："谁来吃无花果？所有物种！"

有时，无花果是动物的唯一口粮。根据2003年对乌干达布东戈森林的一项研究，无花果是黑猩猩一年中某些时候的唯一水果来源。人类的祖先也可能是在无花果树上填饱了肚子。无花果被认为是地球上一个关键的物种，如果把它们从丛林中拽出来，整个生态系统就会崩溃。无花果树的大面积茁壮生长意味着它们可以在恢复森林覆盖方面发挥核心作用。这些植物在不适宜生长的地方生长得很快，多亏了无花果黄蜂的耐力，它们能够在较差的环境下得以生存。澳大利亚的生态恢复专家奈杰尔·塔克建议，热带再造林项目的新植物中，至少 10% 应该是无花果树。

无花果树有时也是仅存的来自史前森林的树木。例如，在印度的部分地区，它们被认为是神圣的物种，农民们不愿意把它们砍倒。"不同的文化都对砍伐无花果树有禁忌。"沙纳汉说。当地印度人认为，无花果树是神和灵魂的家园，象征着他们的社会，他们向无花果树祈祷。"你无法在无花果中品尝到无花果的精神光环，但无花果在世界宗教的神话中和文化长河里熠熠闪光。"沙纳汉说。

刺破青天的方尖碑

　　在纽约、巴黎、伦敦、罗马等大城市，人们都会看到迁移到那里的埃及方尖碑。美国首都的华盛顿纪念碑，不是从埃及搬过去的，但是在行的人一眼就会看出，它是仿照埃及的方尖碑建造的。方尖碑造型优雅、和谐、高耸、庄严，仿造在情理之中。

　　方尖碑在古埃及作用非同寻常，它不仅仅起到碑碣、华表、牌坊的作用，更重要的是它被认为是通神的，是法老奉献给太阳神的礼物。早在古埃及第4王朝（公元前2613年至公元前2494年），就开始建造方尖碑了，不过早期的方尖碑矮小纤细，历史的风雨已将它们湮没了。留存下来最早的方尖碑，当数位于开罗郊区，为法老泰胡塔姆斯一世（公元前1525年至公元前1512年在位）立在太阳神（瑞）庙前的那座，高24米，重143吨，距今已有3500多年了。

　　埃及到底有多少方尖碑，谁也说不清。对于法老来说，立方尖碑与修金字塔不同，神庙建立、远征凯旋、登基纪念都是立碑的契机。现存方尖碑最集中的地方，位于上埃及的卡尔奈神庙与毗邻的卢克索神庙。

　　有统计显示，埃及流落到海外的方尖碑不下20座，其中半数以上在意大利。这些方尖碑有赠送的，也有走私偷运的，更多的是占领统治埃及期间运出埃及境外的，仅仅罗马城就有10多座。现矗立在纽约中央公园和伦敦泰晤士河畔的所谓克利奥帕特拉方尖碑，与那位托勒密王朝末代女王并无直接关系，而是公元前1500年法老泰哈塔姆斯三世修在赫利奥波利斯神庙前的，后来又被拉美西斯二世添刻上他的事迹。克利奥帕特拉将它们从开罗移至亚历山大，置于其情夫安东尼生祠之前。

　　埃及现存最大的方尖碑，当数曾立于卡尔纳克神庙的泰哈塔姆斯三世方尖碑，它高32米，重达320吨，被罗马帝国移去。如果将"未完成的方尖碑"也计算在内的话，最大的方尖碑，当数现在仍卧在埃及南部阿斯旺采石场的那块长42米、重1200吨的方尖碑。由于太大了，当初建造时没有成功立起来，因此被称为"未完成的方尖碑"。虽然未完成，但它依然气势恢宏，人站在旁边，会显得自己特别渺小。

　　几乎所有埃及方尖碑都采自阿斯旺，在只有燧石和铜质工具的时代，开采、运输、雕刻和竖立是一系列多么艰巨的劳动。据当地导游介绍，开采出这类巨

直刺云霄的方尖碑

型石块，至少需要费时 7 个月，在岩石上凿出一排石孔，打进椰枣木楔，浸上油，点火烧，随后浇上冷水，巨石就与岩体分离开来。用巨型船运送，需大量压舱石将船压至可装巨石的水平；雕毕需修大型土坡，沿斜坡将方尖碑竖立起来。这种下大上小、顶端类似金字塔的方锥形的庞然大物，一眼望去，大有刺破青天之势，不禁令人肃然起敬。

红花岗岩材质、棱锥的形状，辅以古朴优雅的象形文字，虽经数千年风蚀人祸，大多却保存完好。所以，方尖碑该是仅次于金字塔的另一个古埃及奇迹。

面纱裹出阿拉伯女人的靓丽

自然环境的产物

面纱是阿拉伯女子的传统服饰。我国唐朝的杜环在遍游了阿拉伯国家之后，著有《经行记》一书，据他记载，阿拉伯女子"瑰玮长大，衣裳鲜洁，容止闲丽，女子出门，必拥蔽其面"。《新唐书》中也写道："大食（即阿拉伯）男子鼻高，面黑而髯，女子白皙，出门障面。"

中东地区风沙很大，太阳灼热，水源匮乏，面纱可以用来帮助女主人挡风遮阳，这是面纱得以产生和普及的地域环境和自然条件。同时，作为伊斯兰教经典的《古兰经》，也要求女子蒙戴面纱，以防止男性骚扰等。所以，一定意义上说，面纱是阿拉伯文化的一个组成部分。

有阿拉伯学者考证，作为一种传统服饰，面纱已经有近5000年的悠久历史了。面纱的起源有不少讲究，如波斯的拜火教认为口鼻是保存"火种"的地方。据史料记载，在拜占庭和波斯一带，皇家贵族和上层妇女在公共场合都佩戴面纱，甚至有些人还全部蒙着面，以此来显示其高高在上的社会地位，而一般的老百姓家妇女则从不戴面纱，更不蒙面，因为她们身为"贱民"，不得不劳动，而蒙着面纱，显然对体力劳动有影响。

面纱讲究多多

在阿拉伯国家，面纱实际上分为两种：一种是严格意义上的面罩，把脸庞全部都蒙住，只露出两只眼睛，甚至连眼睛也都包得严严的，这种面纱在阿拉伯语里叫"尼卡布"；另一种则是只蒙住头部和颈部，露出眼睛、鼻子和嘴等五官，在阿拉伯语中叫"希杰布"，有点类似中国女孩子戴的头巾。

在实际生活中，埃及的城市里，基本上以后者即"希杰布"为主，而在埃及农村以及海湾阿拉伯国家，不少女孩子仍戴前者，即"尼卡布"，把自己完全罩在黑黑的面纱中，与外界完全隔绝。

传统上，面纱只有黑色的，现在，黑色的限制早被打破了，绿、蓝、白以及各种混色等，都供阿拉伯女性自由选择。尤其是世俗阿拉伯国家，如埃及、约旦、黎巴嫩、叙利亚等，女子的面纱五颜六色、五彩斑斓，女子完全可以根据自己的喜好和兴趣自由选择究竟戴哪种面纱。

在埃及，通常情况下，年轻女子钟爱绿色，已婚女子和中年妇女喜欢戴黑色面纱，而老年妇女则青睐白色的。绿色面纱显得娇美俊丽、青春活泼；戴黑色面纱能够衬托出主人的端庄稳重、素丽典雅；白色则显得老成干练、洁净大方。

在用料方面，面纱也颇为考究，埃及多选择精美的丝、绸、的确良、乔其纱等上乘细料裁制。高质量和有特色的面纱很讲究面纱边缘的手工刺绣，刺绣都构思巧妙，图案精美，花色各异，还每每缀以闪亮的圆片和饰物，以增强视觉效果和飘逸感，从而给主人的形象加分。

面纱包法各种各样

面纱看起来简单，然而做工、式样和花色等因地而异、因人而异。同时，面纱与大袍配套同穿，大袍貌似千篇一律，缺乏变化，但里边却别有洞天，五光十色，加之阿拉伯女子都喜欢佩戴耳环、项链等各种金银首饰，并普遍喜欢搽胭脂、涂口红、染指甲、洒香水、背挎包等，这些与面纱相得益彰，使女主人显得珠光宝气、雍容非凡。

在面纱的包法上，也有不少说道。传统上，是三角形折叠法，这样的包法最后只露出一张俏丽的脸庞。其包法是，先按三角形折叠好面纱，面纱从前额到后脑把头发全部裹住，在耳侧的位置用两个精美别致的别针或小卡子将其固定住，接着将面纱的其余部分绕着脑袋围上一圈，最后自然垂下即大功告成。

面纱除了实用和装饰功能外，再有就是神秘感。阿拉伯女人的美就藏在面纱后面，裹在了黑袍里。乍看有些土气的面纱后面，往往是一张惊艳的脸和一双美目盼兮的深邃大眼睛，让人充满了神秘感和对美的遐想。

面纱折射时代风云

面纱实际上是阿拉伯女性传统服饰的一种，有着深厚的历史背景和丰富的文化内涵，但在西方看来，它却是宗教的产物，是落后和愚昧的象征。法国已经开始禁止穆斯林女子在公共场所戴面纱，否则将遭到罚款，这引起阿拉伯人的强烈反感。

在阿拉伯国家内部也存在不小的争议，有学者说，面纱影响了女孩子的美观，遮盖了青春，压抑了人性，应该予以取缔。但更有学者对此进行维护，认为这是民族文化的象征，是民族服装的载体。

埃及的许多报刊上，都在用"面纱战争"的字眼，对于面纱的摘与戴问题，进行激烈的辩论。埃及著名的《埃及公报》曾刊登了伊斯兰最高学府爱资哈尔大学伊斯兰法教授、伊斯兰研究院前院长苏阿黛的访谈文章，题目是《面纱不是伊斯兰教的义务》。苏阿黛强调："没有人能够说面纱就是伊斯兰教的义务和规定，我不赞扬它。"

苏阿黛的言论很快引起了宗教界人士的不满和批评。如以强硬著称的谢赫·尤素夫·巴德里，就把这位著名的女教授告上了法庭，指责她"恶意损害伊斯兰教"。对此，苏阿黛坦然地说："我除了安拉，谁也不惧怕！"

埃及的葫芦巴

2011 年 7 月，欧洲表示来自埃及的葫芦巴籽可能是造成大肠杆菌疫情的病源，因此下令禁止从埃及进口葫芦巴种子。这下可惹怒了埃及，埃及拒绝承认欧洲大肠杆菌疫情与葫芦巴有任何关联，埃国内媒体上开始出现"葫芦巴战争"的字样，寓意埃及与欧洲展开一场有关葫芦巴的官司战。其实，不光埃及有葫芦巴，在许多阿拉伯国家，葫芦巴都很普遍，甚至到处都可以看到葫芦巴的踪影。

葫芦巴到底是啥玩意儿

葫芦巴，阿拉伯语叫"Hulba"，这是直接从阿语音译过来的一个词汇。不过，在中国，葫芦巴通常也被称为"苦豆、苦草、苦朵菜、香苜蓿、香豆子、芸香草和香草"等。

为了了解葫芦巴，笔者特意走访并请教了埃及开罗大学植物系教授哈米斯。哈米斯介绍，据阿拉伯史料记载，葫芦巴最早产于地中海东岸国家，迄今已有数千年的历史。早在 2000 多年前，埃及等国就开始将葫芦巴作为一种野生蔬菜食用。哈米斯说，从植物学的角度讲，葫芦巴是一年生豆科蝶形花亚科葫芦豆属的一种植物。正常情况下，葫芦巴株高 20 至 80 厘米，全株散发着幽香。葫芦巴茎直立而多丛生。每年的 4 月至 5 月开花，花数为 1~2 朵，花初为白色，渐转化为淡黄色，花冠呈蝶形，十分好看。每年的 5 月至 6 月，葫芦巴结细长扁圆筒状荚果，或直或稍弯曲，颇有特色。

据哈米斯介绍，在广袤的埃及农村，许多地方都种有葫芦巴，因为埃及的气候条件和土壤环境很适合葫芦巴的生成。除了埃及，许多阿拉伯国家的气候和自然条件也都非常适宜葫芦巴的种植，比如，日照充足，就很适宜葫芦巴的生长，同时，阿拉伯国家的土壤也是葫芦巴生长的极佳环境。所以，葫芦巴在中东的阿拉伯国家，尤其是农村，十分常见。每当临近收获时节，葫芦巴白色和淡黄色的花开得正艳，人们远远地就能看到山坡上、平原上，凡是有葫芦巴生长的地方，到处都是花海一片，煞是好看。葫芦巴在微风中昂着头，扭动着婀娜的腰身，像是跳起美丽的舞蹈。

到了采撷时，更是热闹非凡：人们笑盈盈地从四面八方赶到葫芦巴地里，肩担的、背篓的、提篓的，不一而足，什么工具都用上了。据埃及朋友介绍，在一些边远的乡村，收获葫芦巴的季节其实就相当于一个难得的"赶会"时节，人们聚集在一起，心中洋溢着葫芦巴丰收所带来的喜悦，脸上写满了自足与幸福。据说，收获葫芦巴的季节往往还有美丽的爱情故事发生：哪家小伙子看上了自己心爱的姑娘，便托人提亲，在葫芦巴的花香中，很容易成就美满的姻缘。

有意思的是，哈米斯还说，据考证，葫芦巴早在中国的唐朝时期，就通过陆路丝绸之路由西域传入中国，并在中原地区广为种植，直到现在。"完全可以这样认为，葫芦巴是中国和阿拉伯双方友好往来的产物，是双方友谊的象征。"哈米斯说。

药用价值极其丰富

据哈米斯介绍，葫芦巴既可用来培育芽苗菜，成为营养丰富的菜肴；也可以入药，比如古埃及人，就用浸泡的葫芦巴种子制作糊糊，治疗发烧和肠胃等疾病。

约旦首都安曼的"伍萨码出版社"出版过阿拉伯著名医药学家艾哈迈德·陶菲克的《阿拉伯药用植物》一书，书中介绍，先知穆罕默德曾经说过："就用葫芦巴来治病吧，它药到病除，疗效显著。"书中还说，一位名叫阿布·盖斯的宫廷御医曾在他的医学专著中这样写道："如果人们知道了葫芦巴宝贵的医用价值，人们就会像买黄金那样去买葫芦巴。"

此外，《阿拉伯药用植物》还记载，在伊斯兰教传教初期，有一位名叫瓦格斯的大将在征战途中突然身染重病，卧床不起，一躺就是个把星期，任由随军医生开什么药都不管用。眼瞅着大敌压境，社稷难保，将军却缠绵病榻，大家一筹莫展。这时，来了一名刚刚皈依伊斯兰教不久的江湖郎中，他认真地为瓦格斯把了脉，然后开了一服药，结果瓦格斯的病很快就痊愈了。人们纳闷，问他开的什么药，江湖郎中如实相告："开的是葫芦巴籽，外加椰枣和蜂蜜。"没想到，小小的葫芦巴，居然治好了一代大将的重病。

葫芦巴籽很小，但功能却很大。葫芦巴籽的颜色，介于黄色到琥珀色之间，可以作为普通的食物吃，又可以作为香料，更可以做成葫芦巴茶或草药茶，成为难得的保健品。因为现代科学研究表明，葫芦巴含有大量的维生素、蛋白质以及钾、铁、钠、硒、硅等矿物质。葫芦巴的籽中，含有生物碱、色氨酸、薯蓣皂、皂苷、生物赖氨酸等极其重要的化合物，从而使葫芦巴具有显著的保健作用。

葫芦巴是降低人体内胆固醇的有效偏方之一，它还有明显降低血糖水平的功效，无论是Ⅰ型还是Ⅱ型糖尿病都可以用葫芦巴种子治疗。此外，葫芦巴还可治疗便秘、痢疾、消化不良，舒缓喉咙痛和咳嗽、祛除寒湿、缓解腹胀等。

不过，哈米斯教授告诉笔者，在葫芦巴诸多药用和保健价值中，最值得一提的，同时也是最为有效的，还是它所独具的滋阴壮阳功效。

埃及老百姓的"伟哥"

笔者走访了开罗一家名叫"太阳"的种子专卖店，老板塔哈听闻笔者要看葫芦巴，立刻高兴起来。他说，葫芦巴是好东西，很壮阳，阿拉伯男子娶4个老婆，全靠它了，它是"老百姓的伟哥"。见他并不像开玩笑的样子，又想起哈米斯的话，笔者开始相信起来。

中国医学典籍的记载，似乎也证明了这一点。《本草求真》称"葫芦巴，苦温纯阳，亦能入肾补命门"；《纲目》也说："葫芦巴，右肾命门药也，元阳不足，冷气潜伏，不能归元者宜之。"另据澳大利亚的科学家研究，男性借助葫芦巴，至少可以提高四分之一的性欲水平。原来，科学家发现，葫芦巴籽中含有的一种皂苷被认为可以有效刺激生成男性荷尔蒙。

与此同时，研究结果发现，葫芦巴还是滋阴佳品。一是它有明显促进女性乳房发育和孕期产乳量等作用，二是具有诱导引产以及缓解月经不适等功效。实际上，在埃及，人们很早就把葫芦巴称为"发奶草"。印度传统草药学家把葫芦巴作为激发母乳的有效处方之一。由于葫芦巴包含一些促进乳腺组织发育的天然化合物，所以，从古至今，葫芦巴都扮演着重要角色，它是全球最著名的丰胸草本之一。

塔哈最后神秘兮兮地告诉笔者，埃及女孩子的胸部普遍都很大，就是因为她们打小就开始吃葫芦巴的缘故。说完，他冲笔者眨眨眼，笑笑，显然这话难免有开玩笑的意思吧。

葫芦巴浑身上下是宝

在阿拉伯人看来，葫芦巴可谓"浑身是宝"，除了种子可以入药、对多种疾病都有显著疗效之外，阿拉伯人还使用葫芦巴种子和叶片做菜或泡茶喝。对葫芦巴这一食材的驾驭程度，做出来的葫芦巴好不好吃，还是检验埃及农村媳妇烹饪水平的一个标准。据埃及媒体报道，在埃及苏哈杰省还出现过因为过门媳妇做饭时忘记放葫芦巴而被丈夫休掉的事件。

据阿拉伯朋友介绍，在埃及等国，人们几乎做什么菜都要放大量的葫芦巴，为的是提味增鲜，甚至只是完全成了一种习惯，如他们用葫芦巴叶制作肉类咖喱。甚至做主食也放葫芦巴，比如做面包时，和面的当儿，即把葫芦巴放进面里一起和，这样，用混合面粉制作出的面包味道辛辣而独特，很受人喜欢。

据介绍，在一些阿拉伯国家的农村地区，还有一些有关葫芦巴的谚语和成语，如有的地方以葫芦巴称呼小孩，寓意孩子像葫芦巴那样茁壮成长，尤其是将来能够成为像葫芦巴那样具有多种用途的有用之才。还有，当一个人无精打采、做事懒懒散散而被人指骂时，他会说："哎呀，我还没来得及吃葫芦巴呢！"意指葫芦巴是他动力的源泉。人们听了这话，似乎对他产生了同情和原谅，因为食用葫芦巴能给人以力量，是大家的共识。

此外，埃及的一些 T 恤衫和衬衫上，也刻有葫芦巴叶子的图案，有的贸易公司，索性取名"葫芦巴贸易公司"，其实经营范围并不仅仅限于葫芦巴。

正因为阿拉伯人如此喜欢葫芦巴，葫芦巴又浑身是宝，所以，葫芦巴早已成为埃及、约旦等国家的经济类作物、药用类植物以及重要的出口赚外汇的产品。由于埃及的气候环境、自然条件和土壤特点等很适合葫芦巴的生长，所以埃及产的葫芦巴颗粒硕大、饱满，颜色纯正，质量优质，属于葫芦巴中的上上品。埃及葫芦巴畅销欧美等地，并深受当地消费者的青睐和欢迎。也正因如此，埃及才会对欧洲禁止进口埃及的葫芦巴种子反应异常强烈，因为葫芦巴种子不能出口到欧洲大陆，就意味着埃及每年损失数亿美元的外汇收入。

蕴含沙漠秘密　来自法老时代

——埃及香精名扬世界

来自远古的幽香

香精和香水是两个概念，香精是制作香水的重要原料，通俗地讲，两者的关系如同布与成衣的关系。

人们都知道法国香水十分有名，实际上，香奈儿、兰蔻、迪奥等法国名牌香水，都是由香精"勾兑"或"配兑"而成的。埃及是香精的生产大国，埃及产的香精80%出口到法国，供法国制造香水用。可以说，没有埃及香精作为原材料，法国的香水很可能就不会那么幽香、那么浓郁、那么闻名遐迩。

埃及尼罗河两岸，自古水分充足，阳光丰沛，那里的土地适宜各类花木的种植。历史上，尼罗河畔鲜花盛开、芳香四溢。据历史记载，早在公元前4000多年前，古埃及人就发明和掌握了用鲜花提炼香精的独特技术，埃及成为最早使用香精的国家。同时，埃及人还很早就精通了制造玻璃的技艺，他们把提炼好的香精盛放在精巧雅致的小玻璃瓶里，看上去既美观又科学。事实上，从古至今，香精都成为生活在埃及这片土地上人们生活中不可或缺的一项内容。

埃及的香精都是纯天然的，不含任何酒精，更不掺一滴水，浓郁凝滞，受人喜爱。埃及作家哈蒂布说："香精源自大自然的树木花草，早在法老时代就形成了别具一格的古老香文化，这堪称埃及的经典国宝之一。埃及香精淡雅的幽香，从远古穿越时空，一直飘逸到今天，它几乎成了不灭的精灵，把古代和现代贯穿起来。"

在汗哈利利见识香精

埃及首都开罗城的汗哈利利市场，是一个传统的民间工艺窗口。这里的香精店和香精作坊一家挨着一家，真是琳琅满目，让人目不暇接。

距离以埃及著名作家马哈福兹名字命名的咖啡馆不远，有一家名叫"阿拉伯的一千零一夜"的香精店，进入店内，但见四周全是透亮的玻璃柜子，玻璃柜子的货架上，摆放着一排又一排造型各异、晶莹剔透的香精瓶子，在明亮灯光的照射下，显得五光十色，使人仿佛置身如梦如幻的虚拟世界。鼻子中，全是弥漫的芳香，事实上，从笔者进入店门的第一刻起，香精特有的迷人气味便结结实实地萦绕着我，挥之不去。

店主是一对兄妹，来自土耳其。他们热情地向笔者介绍各种产品，并忙不迭地进行展示。男主人哈尼说，香精分为两种，一种是采自单花的香精，另一种是采自多种花的香精。他从玻璃柜子中取出几个瓶子，递到笔者的鼻尖下让我闻，然后告诉我，这些都是单花的，单花的有玫瑰、茉莉、紫罗兰、百合、草莓、栀子花、荷花、水仙、薰衣草、金色花、丁香、柠檬等60多种。我闻了几种，由于基本上是花盲一个，所以也闻不出所以然来，只觉得仿佛有淡淡的清香隐隐钻入鼻翼。

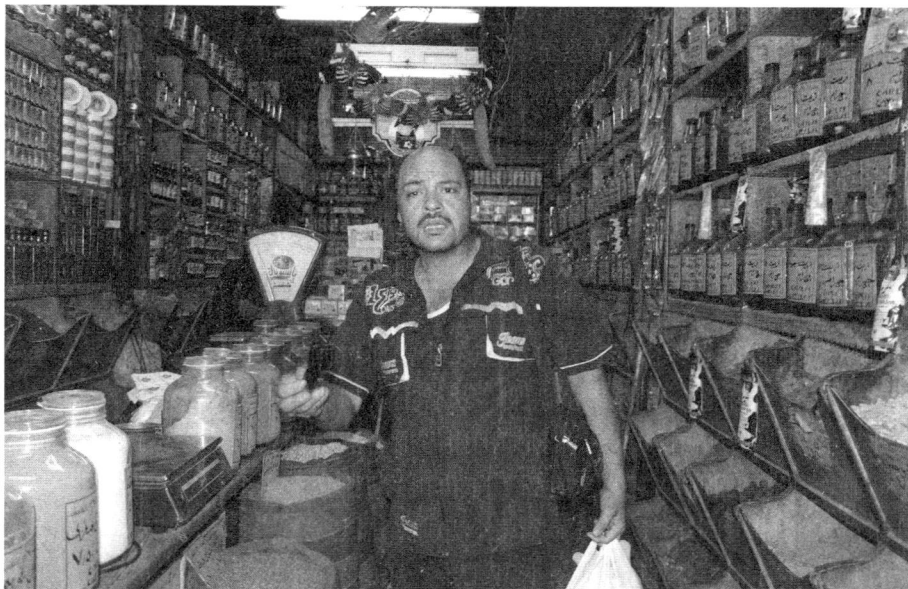

埃及的香精、香料商店

多花型的是指从两种以上的花中提取的香精。有趣的是，多花型的香精名字取得也多种多样，让人浮想联翩。"生命的钥匙""五个秘密""圣诞之夜""埃及艳后""沙漠的秘密""一千零一夜""阿拉伯香味""拉美西斯""阿拉丁神灯""图坦卡蒙""阿拉伯之夜"等，应有尽有，不一而足。

哈尼一边介绍，一边把不同的香精往笔者的手背上、胳膊上涂，让笔者闻。他说，原先价格是每毫升5埃镑，现在局势不稳，来埃及的游客少了，所以降到了每毫升2埃镑，并苦口婆心地劝笔者买上一瓶，哪怕是一小瓶。

探访"沙漠的秘密"

随后，笔者又采访了好几家香精店，基本上都大同小异。都说自己的产品最好，而事实上，哈尼的那家要每毫升 2 埃镑还是高的，其他的店家都是每毫升 1 埃镑。不过，可能质量不一样吧。

一个名叫"香精宫殿"的店主神秘兮兮地告诉笔者，"阿拉伯之夜"和"沙漠的秘密"，还分别可以当作男女"伟哥"用，起到很好的"催情"作用。原来，还有这么多的讲究，这是笔者没有想到的。店主说，埃及年轻人结婚，前来恭喜和祝福的亲朋好友通常都送他们"阿拉伯之夜"和"沙漠的秘密"这两款香精当作礼物。其中的用意，自然是不言自明的。

"溢满着千变万化的梦想、此情难忘的回忆与微妙的灵感直觉"，有人这样评论"沙漠的秘密"。事实上，香精不但充满诗意，而且还气质温和，古代的埃及人就会用特定祖传配方对香精进行科学调和，作治病健体之用。

值得一提的是，装香精的瓶子也很有讲究，堪称埃及数千年遗留的手工工艺。香精瓶有典型的传统阿拉伯式样的，也有动物造型的，如猫头鹰形状等，还有线条优美的几何图形的。每一件即便是相同的造型，也有细微的神韵区别，有的精致婉约，有的疏朗大方，都恰如其分地承载着香精，让香精在便于储纳、保存芳香的同时，也仿佛拥有了不一而足的形状，给人以视觉上的美感和享受。在这里，香精仿佛成了艺术，在袅袅芳香中，把它独有的美传给每个人。

埃及人靠香料防控新冠病毒

阿拉伯人嗜爱香料，几乎所有的阿拉伯国家都有专门的香料市场，只是规模大小和数量多少不同而已。即使专门的香料市场规模小、数量少一些的国家，也都有传统市场，而在那里，香料无处不在、应有尽有。此外，甚至在大多阿拉伯国家的现代化超市或购物中心，也都有面向大众销售的香料店面或专卖区，各式各样琳琅满目的香料芳香扑鼻、诱人无比。更重要的是，包括埃及在内的许多阿拉伯人靠这些香料来保健防病甚至治病，甚至用它来防控新型冠状病毒。

阿拉伯香料历史悠久

古希腊大作家、西方历史学鼻祖希罗多德在公元前 5 世纪，在实地游览阿拉伯地区，包括亲自接触和了解大量阿拉伯香料后，就曾对阿拉伯香料做过这样的描述和赞誉：整个土地，都弥漫着浓郁的香料味，异香袭人。

的确，笔者在实地采访中了解到，在阿拉伯人居住的中东地区，香料有着悠久历史。考古学家指出，早在古埃及，香料已经广泛使用，古埃及人甚至认为香料是"神物"，是众神的食物，通过焚烧香料产生的烟是"通向天堂的阶梯"。古埃及人不但在烹调中广泛使用香料，用以强身健体，而且还把香料制成香膏或香油涂在身体上，认为这样可以让人神化，他们甚至还用香料配合制作木乃伊，起到驱邪、除臭和防腐的作用。

相传，埃及艳后克利奥帕特拉对香料情有独钟，尤其喜欢薰衣草、紫罗兰和玫瑰花，并用由 16 种不同香料和植物构成的香水和香油沐浴薰体。美国芳香咨询师曼迪·阿芙特在《香料与气味》一书中说，香料和香水是克利奥帕特拉的"致命秘密武器"，她甚至拥有自己的"香料作坊"，以玫瑰花香催情，以橄榄油美发，以肉桂健体。当克利奥帕特拉去诱惑安乐尼时，她香味满身，乘坐用香料浸泡过船帆的雪松船，安东尼被扑面而来的浓郁麝香味所包围，拜倒在克利奥帕特拉的石榴裙下，于是，罗马帝国倒下了，不是在激战中，而是倒在了从克利奥帕特拉身上弥漫升腾的香气里。

阿拉伯许多文学著作中，也不乏有关香料和香味的场景描写。如脍炙人口的《一千零一夜》中就写道："首先闻到一股从来不曾闻过的馨香气味……旁边摆着两个大香炉，里面的麝香和龙涎香泛着馨香气味，笼罩了整个屋子。"根据书中的描写和介绍，洒蔷薇水和花露水等，能够使昏迷不醒的人恢复神志。

阿拉伯香料种类繁多

笔者曾赴 10 多个阿拉伯国家采访，发现香料到处都是，而且品种繁多、门类齐全，比中国的香料多出数倍，其中许多香料笔者都叫不上名字来。

阿拉伯香料大体分为食用型、药用型及普通型三大类，尤以前两类为多，有不少甚至是药食同源、同用类，主要有豆蔻、麝香、桂皮、藏红花、木香、丁香、乳香、没药、肉桂、沉香、樟脑等几十种，这些香料的根茎、花叶、果实等都是非常重要的原料，通常单一或混合使用。对阿拉伯人来说，混合使用的情况更为普遍，中国有"五香粉"，而埃及有"七香粉"甚至"九香粉"，光从字面看，种类就比中国多。

在阿拉伯语中，混合香料叫"巴哈拉特"。"九香粉"的说法，即在"巴哈拉特"前面加一个数字 9 即可。"七香粉"以此类推。笔者注意到，埃及香料市场上销售的"九香粉"，其主体香料包括黑胡椒、孜然、红辣椒、丁香、肉桂、小豆蔻、肉豆蔻、芫荽种子、茴香。"七香粉"则酌减其中的两味。此外，在习惯上，阿拉伯人把一些可以食用的植物，也纳入广义上的香料范畴，如一些富有各国特色的天然植物饮料等，像苏丹的玫瑰茄（俗称"苏丹红"）、埃及的"阿尔格苏斯"（俗称"埃及甘草"）等。这样一来，他们的香料种类就更多了。

香料是阿拉伯人日常生活中不可或缺的重要消费品，市场巨大，利润丰厚，创收不菲。在沙特，沉香被人们誉为"香料之王"，几乎是每个家庭不可或缺的常备物品，沙特每年消费 500 吨各类香料，价值数亿美元。一家普通的香料公司，每年要生产 30 吨沉香才能基本维持市场所需。有媒体报道，在沙特首都利雅得，一公斤纯沉香的价格高达数千美元，一公斤沉香油更是售价近两万美元。此外，由香料提炼的香精油还是"保值品"甚至是"升值品"，一些人购买后囤积居奇，适时拿来投资，结果会产生翻番的经济收益。

埃及人用香料保健防病

埃及人和阿拉伯人一直用香料保健防病、强身健体。这得益于中世纪阿拉伯医学的发达。生于公元 980 年的"中东医圣""阿拉伯医学王子"甚至被人们称为"世界医学之父"的伊本·西拿（英语称之为阿维森那），在他 100 万字的 5 卷本皇皇巨著《医典》中，记录了 670 多种各类药物和香料的性能、功效、用途，并在第 3 卷对病理学的阐述中，重点提出了鼠疫、肺结核、麻疹、天花等传染病，教人们防治方法。

现代医学诞生前，阿拉伯人就是运用各类香料和不同植物，来防治气喘、糖尿病、胃病、便秘、眼疾和耳疾、感冒、发烧、麻疹、膀胱和泌尿病、牙痛、癫痫和皮肤变态等各种疾病的，直到今天，虽然医疗方法多了，但阿拉伯人的一些观念和传统仍得到保留，并在实践中继续加以应用和发展。早在 2003 年非典肆虐中国时，笔者正在开罗驻站，一些阿拉伯同行就告诉笔者，要多喝"阿尔格苏斯"，那可以防治非典。笔者不以为然地一笑了之。2020 年年初埃及暴发新冠肺炎疫情后，又有不少阿拉伯朋友劝笔者用"阿尔格苏斯"泡水喝，认为它可以抵御新冠病毒对身体的侵袭。

"阿尔格苏斯"，有些埃及人把它翻译成英语，有"甘草"的意思，其实一点也不像中国的甘草，姑且算作"埃及甘草"吧。在埃及市面上销售的阿尔格苏斯，状若铺散开来的枯草，或如被打得半碎的柔软麦秆儿，其貌不扬。由于前后两次都经人劝用，笔者仔细查阅了阿拉伯语权威百科，原来，它还真有改善和提升呼吸道功能的明显效果和作用，拿来泡水喝，可以增大肺活量、预防感冒、减少上呼吸道被疾病侵袭的机会等。难怪！

千百年来，阿拉伯人用乳香入药，用来帮助消化、治疗心脏病和肾脏疾病等。旧时阿拉伯医生出诊时，都要把衣服熏上浓烈的乳香，他们认为这样可以起到消毒的作用。史书的佐证，说明这一做法有一定的科学道理。据史料记载，1603 年至 1666 年，英国伦敦暴发大瘟疫，逾 8 万人病死，这一数字相当于当时伦敦人口的五分之一，然而，伦敦的香料商却不受瘟疫的侵扰，他们当中居然没有感染病毒者，一个个身处一浪高过一浪的疫情之中而安然无恙。个中原因，是他们的职业使然，他们终日与香料为伴，尤其是时时刻刻都得接触乳香，而乳香的杀菌效果帮了他们的忙，乳香为他们构筑了一道拒瘟疫病毒于身外的牢固防线。

埃及人还认为，怀孕妇女经常嚼食乳香，有助于促进胎儿的大脑和智力发育。此外，古埃及人用乳香做防腐剂更是令人称奇。1922 年，当考古学家打开埃及青年法老图坦卡蒙的墓穴时，他们发现在一个密封的长颈瓶里，散发出一缕缕乳香的香气，这香气已经封存了 3300 多年，可仍然隐约可闻。古埃及妇女还用乳香做面膜，这样可以使容颜娇嫩，永葆青春。

中国人并不陌生的肉桂，也被埃及人用到了极致。中国人只把肉桂当作烹饪调料，而埃及人拿它强身健体、预防疾患，他们不但在烹制食物时大量使用肉桂，而且还用肉桂沏水喝，甚至把肉桂放进茶里、咖啡里。埃及朋友对笔者说，肉桂益处多多，可以降低甘油三酯、平衡血糖、降低高血压、改善心肺功能、提高大脑认知能力、预防帕金森症等。笔者向资深的中医专家求证，得到的答案是"真是这样"。包括埃及人在内的许多国家的阿拉伯人，一个个普遍都长得人高马大、体格壮硕，看来与他们经常食用各种香料有很大的关系。

埃及阿拉伯水烟

——舞蹈的公主和蛇

笔者第一次抽水烟还是在埃及上学期间。咖啡馆和水烟馆是埃及最重要的社交场所。应同学之邀泡咖啡馆，在朦胧的月色下，就着幽幽的灯光，入乡随俗，喝着浓浓的阿拉伯红茶，时不时猛吸一口水烟，听着水烟瓶中令人愉悦的咕嘟咕嘟声，胸腑间充盈着一股温暖而微辣的气息，慢慢地从鼻腔处溢出，透过芳香的袅袅烟雾，看着熙熙攘攘的人群，是笔者在开罗大学留学期间一项难忘的生活体验……

工艺精湛　美不胜收

水烟有许许多多的叫法，较为常用的叫法大体有 3 种，在埃及和海湾地区国家称之为"西谢"，波斯语中"西谢"是玻璃的意思。环地中海地区的阿拉伯国家将水烟称为"纳尔吉拉"，这个称谓来源于波斯语"椰子"。而在英国，水烟就是人们熟知的"胡卡"。无论被赋予了什么名字，不同文化与国家的人们

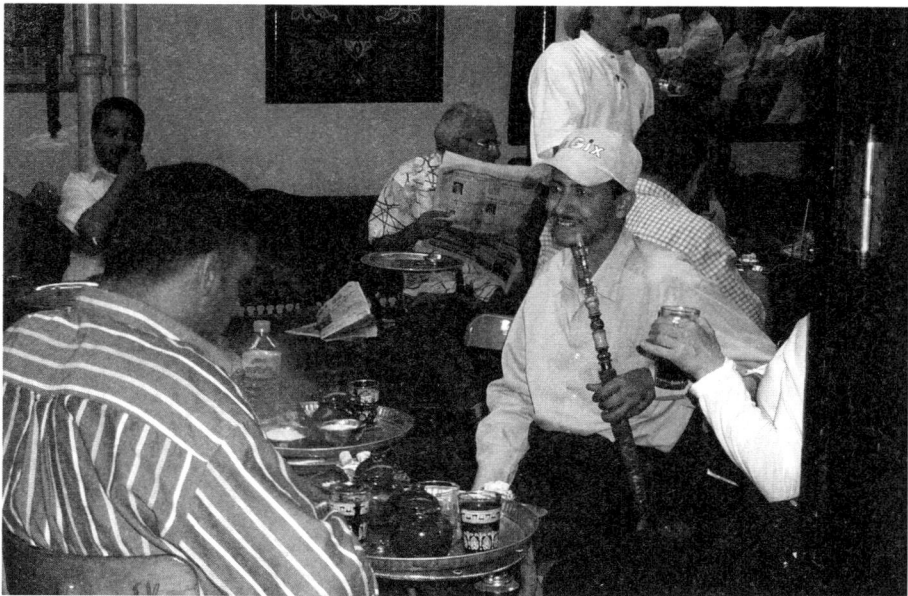

埃及人在抽水烟

几个世纪以来一直都在抽水烟。在埃及和许多其他阿拉伯国家的集市里，到处都可以买到水烟壶，大小从长 0.5 米、0.75 米至 1 米不等，价格在 8 美元到 20 美元之间不等。烟草通常在咖啡馆和超市有售，根据不同的质量，一包烟草约为 50 美分至 5 美元之间。

水烟的主体部分是水烟枪。别看水烟枪的个头不是太大，但讲究还挺多的。水烟枪通常由烟壶、烟碗、烟管、烟嘴四部分组成。烟壶通常用玻璃或钢制成，当然也有陶瓷的，考究的烟壶上面镶嵌着金、银或珊瑚等名贵材料。烟壶看上去像一个玻璃水瓶，它的底座用来装水，水可以用来清洁燃烧的烟草喷出的烟灰，也起到过滤尼古丁的作用。底座上连着细长的壶颈。

烟碗放在壶身上，它包括一个小金属碟子，用来盛放炭灰，上面是一个装烟草的杯状小碗。烟草上燃烧着发红的木炭，碗上盖着一个圆锥形的帽子，即使遇到刮风，火苗也不会被轻易吹灭。抽水烟的木炭是很讲究的，人们喜欢用橡木烧制的木炭，因为它燃烧得最持久，而且由它燃烧的烟一般不是太呛人。

烟管连接着壶身，由于水烟的烟草劲很大，如果用普通的烟斗，抽完会被呛得头昏脑涨，而通过长长的水烟管，便可以使烟形成薄薄的、稳定的烟流，起到过滤和缓和烟草力道和冲劲的作用。一个壶可以插一支或一支以上的烟管，这样两个或更多的人就可以边聊天边共用一个水烟壶。

烟管末端的烟嘴用上等琥珀雕成，因为过去的人们认为琥珀不会携带细菌，但现在烟嘴普遍是木制和金属制的。吸口气，把烟从管子里吸进凉水里发出呼噜噜的声音，再通过软烟管和烟嘴进入口中。

烟草也大有讲究。水烟用的烟草与普通香烟或雪茄用的烟草不同，过去的水烟草主要用的是从伊朗进口的黑烟草。这种烟草劲儿很冲，在用以前要先洗上几遍。现在，传统的伊朗黑烟草已让位于埃及和巴林产的水果型香烟草。这些烟草由鲜烟草叶、干水果肉和蜂蜜等制成，一些著名的烟草牌子如瓦哈和纳赫拉，有各种口味，甚至多口味烟丝混合，如苹果味、草莓味、香蕉味、杏味、葡萄味、菠萝味、苹果和草莓混合味、桃和甜瓜混合味、薄荷和牛奶咖啡混合味等。在 19 世纪，一些苏丹（统治者）们喜欢将鸦片、香水和碾碎的珍珠末同烟草混合在一起吸。1841 年，一位苏丹因为舍不得同法国大使分享自己精心配制的珍贵烟丝，差点酿成小小的外交危机。

更好玩的是，有人还在烟壶的水瓶中添加苹果汁、酸樱桃汁、葡萄汁、橙汁、柠檬汁、石榴汁或玫瑰花油甚至葡萄酒等，使烟味口感更浓，气味更馥郁芬芳，这种水烟，称为"鸡尾酒调法"。据测算，这些水烟的烟草含 30% 的烟叶和70%的水果和糖浆。通过烟丝和水的不同组合方式，可以产生多种不同的感觉与味道，也可以表达和体会不一样的心情，这也是水烟文化的一大特色。

养心怡情　品味风雅

抽水烟是有闲人士的消遣，而且需要一定的经验，抽一锅烟丝至少要用半小时的时间。先在壶里加上冷水，然后组装烟壶的其他部件。在烟管和烟座的主要接合处都有橡皮圈，把皮圈沾湿，确保所有的接口都尽可能拧紧，烟管应插在水面以下约一英寸处。将几部分都接好后，捏一撮烟丝放在烟碗里，因为一丁点烟丝就可以抽上很久时间，只需放上一拇指大小就行。

品水烟，讲究"三口四胸"。即在开始品尝时，前三口均用嘴来即吸即吐，由此让口腔充满浓香，并使得烟丝充分燃烧。第四口则用胸腔深呼吸，缓缓地吸进水果烟气，并慢慢纳入胸腔。深呼纳气之后，在烟即将呼出口时，将嘴闭上，改由鼻腔呼出，感受那甜香的气流周身游动的美感。

当烟丝快抽完时，会在喉咙后部变成一股辛辣的气味，这时便知该添烟丝了。如果觉得烟味不够浓，香气不够重，则可能是炭火温度不够。一些人喜欢在烟草和炭火之间铺一层带孔的锡纸，这样可以使木炭和烟草不会粘在一起，添起炭来也容易许多。抽水烟的人最讨厌借火，用水烟壶上的火炭点香烟，这在他们看来是不可原谅的罪过。

水烟对人体是否有害，这是一个众说纷纭的话题。不少人认为，水烟通过水过滤了大量尼古丁，加上烟丝成分中的烟草比例没有香烟大，其中添加了蜂蜜和果汁，烟味更淡、更芳香，对人体危害不大，还有解除疲劳的功效。但最近也有医生认为，吸食1小时水烟的危害，相当于抽一整包香烟。

魔幻文化　时尚宠儿

说到水烟的历史，人们也许会问：水烟究竟是阿拉伯人发明的，还是"舶来品"，答案莫衷一是。但据学者考证，水烟最早起源于印度，只是当时由椰子壳与空竹管构成，十分粗陋古朴，主要用来吸鸦片和大麻。后来，水烟传到波斯，逐渐风靡土耳其、巴基斯坦、阿富汗和整个中东地区。水烟由于其别致的造型及魔幻的文化色彩，曾一度被称作"舞蹈的公主和蛇"。

当17世纪水烟传入安纳托利亚时，成为一种皇室和贵族才能享用的奢侈品。土耳其工匠将水烟壶发展成一种工艺品。他们在长颈瓶上雕刻出白色或彩色的美丽图案，通常是水果和花饰，使烟壶看上去像水晶般晶莹剔透，有的烟壶干脆用水晶和白银制成。水烟成为土耳其富裕人家的重要摆设，他们还专为水烟壶留出一个特别的展示区。

阿拉伯人将水烟工艺推向登峰造极，在造型上推出了更新颖的形式，工匠们用彩色玻璃将水烟壶吹成各种优雅的形状，镶嵌或画上装饰的花纹，或者富有代表性的图腾象征，更显其观赏及收藏价值，同时一些新型的现代艺术派款式也随之而生。软烟管则体现出刺绣和编织等手工艺水平。烟嘴用细瓷或珍贵的琥珀制成，甚至还嵌有宝石。

19世纪，一些奥斯曼帝国的贵妇们也喜欢上了水烟那迷人的香气。水烟不再是男人的专宠，也成了上流社会妇女的时尚，成为她们社交和打发时间的一种方式。在贵妇们的下午茶和名流聚会中，抽水烟是必不可少的一项内容，她们照相时，都喜欢把水烟也一块照进去。西方艺术家也喜欢在他们带有东方风情的绘画中表现这一异国情调的形象。后来，水烟在阿拉伯国家大为普及，家人们或坐或卧，其乐融融地围坐在一起抽水烟，父亲有时还允许孩子们来上一口，就像法国人让儿子或女儿们尝一口酒一样自然。

有人说，阿拉伯水烟给人们提供了5种奇妙的感觉。首先是视觉感受，它可以作为一件精致的艺术品，给人赏心悦目的美感。其次是触觉感受，在操作过程中，可以感觉到它的质感，不管水烟壶的材质是陶瓷、玻璃，还是镍合金、不锈钢，或是亚克力、PVC，触摸起来都让人感到一种厚实的分量。当然还有嗅觉和味觉感受，吸的时候静心纳气，舒缓吞吐，体验到它的淡雅、清爽的甜美气味和唇颊留香的缠绵口感。最后则是听觉感受，可以听到流水的汩汩之声，听觉效果也是香烟所无可比拟的。

抽水烟是阿拉伯人生活中不可或缺的一项内容，而且绝对是令人愉快的享受。几位亲朋好友悠闲地围坐在一起，一边天南地北地神聊，一边你一口我一口地传递着水烟壶，一坐就是一个晚上，那日子真是悠闲自在，快活似神仙。在遍布街头的阿拉伯水烟馆或咖啡里，都可以见到吞云吐雾的烟客。抽水烟的人们是来得最早走得最晚的一族，有人甚至在太阳的第一缕微光刚刚照进咖啡馆时，便揉着惺忪的睡眼，慵懒地抱着烟枪，赶在上班前匆匆过一把水烟瘾。无所事事的人更是一待就五六个小时，有的一直泡到玉兔东升甚至夜阑人静方才尽兴而归。不少"瘾君子"在咖啡馆里还有自己专用的水烟壶，图省事又讲究的，则随身带着自己的银烟嘴。

20世纪，由于香烟体积小，携带方便，只要打火机一点就行，抽起来不像水烟那样程序烦琐，在世界各地日益广泛流行起来，抽水烟的人渐渐少了，只有阿拉伯乡村的老一代人还喜欢来上一口。但到了 20 世纪 90 年代末，越来越多的人意识到，现代社会生活节奏太快，与家人和朋友共处的时间越来越少，亲情日渐淡薄，而抽水烟虽然耗时较长，但其操作像功夫茶一样养心怡情，还给大家和谐交流和融洽相处的时间，能够很快拉近人与人之间的距离。可以说，抽水烟抽出了耐心和宽容，抽出了传统和情调，而水烟在亲朋好友间传递共享，也传递出了友情和亲情。正因此，水烟这种老少皆宜的消遣，再度成为时尚新宠，并且渗透到世界各地，在全球范围逐步形成了一种水烟文化。如今当你走进欧美许多休闲酒吧、咖啡馆或者夜总会，都会在吧台突出位置看到一盏盏美轮美奂的水烟壶，许多果燃水烟爱好者晚餐过后或者工作之余，都会到这里点上果燃水烟，放松紧张一天的神经，玩味一下阿拉伯文化，乐在其中。

水迷烟醉　时光倒流

水烟在阿拉伯人的心目中，不啻醇酒之于欧洲人，或香茗之于中国人的地位。在阿拉伯国家的书店里，谈论水烟的书籍有很多，有一位阿拉伯作家在他的作品中这样描写抽水烟的情景："对阿拉伯人来说，水烟不啻他们的尤物，须臾不可或缺。腾云驾雾间，水迷烟醉中，经典的时光恍若倒流，回到了遥远而弥漫着辉煌的过去。"还记得看过一句精辟的阿拉伯话，大致是这样说的："阿拉伯哲学家、诗人、作家等知识分子的思想和作品，就装在他们的烟壶里。"

这当然是形象的比喻说法，但水烟启迪和开发了阿拉伯人的智慧，则是不争的事实。水烟已经成了阿拉伯文化的一个组成部分。可以毫不夸张地说，水烟早已糅进了阿拉伯人的灵魂、文化和历史，成为独具特色的阿拉伯传统的重要载体和内涵。权威评论认为，埃及迄今唯一一位获得诺贝尔文学奖的大文豪纳吉布·马哈福兹的创作灵感，就是来自他经常光顾和驻足的咖啡馆和水烟馆。

今天，在埃及开罗侯赛因清真寺的附近，仍保留着马哈福兹当年常去的费沙维咖啡馆，马哈福兹坐过的位置也被特意辟了出来。每天都有大量的游客慕名前来，一探这位大文豪与水烟之间的渊源。笔者曾多次到过那里，每每在这位大文豪坐过的地方坐上一会儿，用手摸摸他使用过的烟枪，喝上几口味道香浓的阿拉伯咖啡，抽上几口水烟，看着人来人往的众生百相，脑海中有时也会闪现出几朵灵感的火花，于是煞有介事地打开笔记本电脑，文思如缭绕的烟雾，喷涌翻腾。

四 04

文化韵律

猫在埃及是圣物　死后还被做成木乃伊

　　开罗的大街小巷，猫的身影无处不在。笔者刚搬进新址，入住的头一天，就有一只猫不请而至，它灵活地从这屋窜到那屋，跟笔者玩起捉迷藏来。入夜，我把阳台开得大大的，指望猫自觉地溜走。第二天中午，正当我半天没听到动静，以为猫已经知趣地离开了时，孰料"喵"的一声，这位擅闯民宅者从床底钻了出来，用一双充满哀怨的眼睛看着我，那意思分明是"我饿了，并且不想走，你得负责喂养我"。

　　这怎么可能，笔者不是有闲阶层，哪有那个工夫？于是，我给猫咪拿了些吃的，再度赶它走。结果，这猫仍不动窝，更是赖着不走了。到了晚上，我照样敞开着阳台门窗，盼望它快快离去。第二天，猫却东躲西藏仍在屋里。如是者三天，这位不速之客才在意识到我真的没抚养它的意思后，不情愿地悻悻然离开了我的房间。

　　埃及猫被认为是世界上最早出现的家猫，古埃及人是世界上最早驯养猫的人。早在4000多年以前，古埃及一些寺庙的壁画上就绘有猫的各种图案。在古埃及人的观念中，猫是神的化身，因为猫眼能在黑暗中发出亮光，所以他们认为猫能存储阳光，这种阳光可以驱散黑暗之鬼，所以猫是神圣的动物。据说，古埃及爱美的女子还想方设法要把猫眼发出的神光移用到她们的双眸上，于是，别出心裁地发明了一套"猫眼描眉法"，这样好使自己的眼睛能够像猫眼那样变得炯炯有神而充满美感。

　　在古埃及神话中，猫是守护埃及的女神巴斯彻特的化身。巴斯彻特的最初形象是野猫的头部和女性的身体，到公元前2100年左右，这一形象转化为家庭宠物猫。这一形象转变后，巴斯彻特更受欢迎了，人们给她建造神殿，并定期举行盛大仪式和活动，歌颂巴斯彻特女神的丰功伟绩，以及她给芸芸众生带来的福祉。于是，爱猫更加深入人心。

　　古埃及人不但对活着的猫视若神物，顶礼膜拜，对死去的猫也小心翼翼地加以厚葬，有些人还拿一些小老鼠或线球作为猫的陪葬品，让这一宠物极尽"生荣死哀"之能事。公元前5世纪，著名的希腊史学家希罗多德到埃及访问后，根据他的所见所闻，在后来的著作中写道："如果谁家的猫寿终正寝了，主人必将剃眉志哀；如果谁家的宅子不慎发生火灾，主人通常先抢救家里的猫。"

根据英国《自然》科学杂志报道，古埃及人还将猫等动物制作成木乃伊，考古学家曾在尼罗河畔一座神庙里发现 30 万个"猫木乃伊"，制作这些动物木乃伊用的材料和工序都几乎与人的木乃伊完全相同。古埃及人在死后的猫身上涂上香料，掏空内脏，施以各种防腐原料和技术，将猫做成逾数千年而仍栩栩如生的"猫木乃伊"，笔者曾在位于阿斯旺的"木乃伊博物馆"看到猫的木乃伊，保存得很好，简直让人叹为观止。

阿拉伯人继承了爱猫的习俗。据说先知穆罕默德也对猫宠爱有加，可以说是爱护动物的先驱者。据说有一次，他睡醒午觉后，看到一只猫正在他的长袍上酣眠，为了不惊醒这只猫，穆罕默德甚至把衣服剪断。

从对猫的喜欢中也不难看出，埃及人是热爱生活、充满爱心和情趣的人。如果说，有一次埃及的飞机因为上面发现一只猫而飞返降落，还显得有些天方夜谭的话，那么，现实生活中的一个事例很能说明问题：笔者认识一位埃及女记者，都快 40 岁了还是单身，却一人给多家报刊写稿。看着她源源不断的漂亮文字见诸报端，笔者问："你从哪里来的那么多灵感和精力？"她莞尔一笑，严肃而认真地回答："猫！"原来，她告诉我她养了 21 只猫！

"7"是埃及人的吉利数字

就像中国人喜欢"8"这个数字，认为"8"谐音"发"，会带来滚滚财运和不尽福运一样，埃及人对"7"这个数字情有独钟，"7"是他们的吉利数字。电话号码、车牌号、房间号等，如果带有"7"，就会格外受埃及人的青睐。

在埃及人看来，安拉用6天时间创造了世界，第7天是休息日，天有7重，地有7层，一个星期有7天，所以，"7"就有着异乎寻常的意义，它是吉祥、崇高和幸运的象征。他们还认为，包括7的倍数，也是好数字，埃及人结婚，往往会选择7号、14号、21号等。通常，逢7还是重大的喜庆日或纪念日等，如结婚第7天，夫妻双方一定要庆祝一番；去世后第7天，是一个不可缺少的祭祀日等。

埃及人管7叫"赛巴阿"。孩子出生后的"赛巴阿"日，是一个非常热闹的日子，相当于中国的"满月"，只是他们过"满七"，也叫"喜七"。不久前，笔者到埃及农村参加了这样的活动，感受了一番"赛巴阿"的气氛。

"满七"活动在孩子出生后的第六天晚上就开始了，这一夜叫"赛巴阿之夜"。主妇会事先准备好玉米、大豆、蚕豆、扁豆、大麦等7种农作物，等来宾到后向他们抛撒。笔者是第二天去的，正是"喜七"活动进入高潮阶段，一进门就被撒了一头混合农作物，还以为是谁在搞恶作剧呢。

待邀请笔者的主人解释后，笔者才明白是怎么回事，原来这是向来宾表示欢迎的一种仪式。这时，在屋子正中央，只见母亲害羞地将婴儿放在藤编的篮子里，旁边放着一个托盘，因为主人生的是女孩，所以托盘里放的是陶壶，据说如果是男孩的话，则要放铜壶。地上摆着香炉，香炉里燃烧着7支蜡烛。

年轻的母亲来回从放孩子的篮子上空跨过7次，每跨一次嘴里都说"安拉至大，安拉至大，保佑孩子茁壮成长"等寄托语。然后，她抱起婴儿，再从7支蜡烛上面跨过。至此，基本就算完成了"赛巴阿"仪式。这当儿，满屋子都是前来庆贺的阿拉伯女子"噜噜噜"的颤舌声，那是她们表达欢乐、兴奋和激动时特有的声音。

围观的儿童则捡起蜡烛，一人手里一支，边走边唱。主人则慷慨地向他们分发糖果。然后，大家一道进入餐厅，大快朵颐。

　　另外，分娩后的产妇，第 7 天就可以沐浴了，也是取其吉利之意。阿拉伯人还有一个很有名的"登宵节"，也与"7"有关，据历史记载，先知穆罕默德在伊斯兰教历 7 月 17 日的夜晚，从麦加到耶路撒冷，又从那里"登宵"，遨游了七重天（不是中国认为的九重天）。可见，"7"对阿拉伯人而言，有着特殊而重要的文化、宗教价值和意义。

埃及人也有文房四宝

传统上人们认为，纸墨笔砚这文房四宝为中国所独有，然而埃及也有文房四宝，埃及文房四宝所蕴含的文明，与中华文明一样悠久灿烂、熠熠生辉。

莎草纸和羊皮纸

笔者收藏了不少埃及的莎草纸。莎草纸是古代埃及人发明的。据考证，这种纸是世界上最早的纸，用纸莎草做成。纸莎草是生长在尼罗河边的淤泥和沼泽之中的草本长茎植物，高 3 米至 4 米，直径大约 5 厘米，无毛，少枝叶，越往上越细。

纸莎草的用途很广，长在水下的白茎可以食用，相当于茭白；绿茎可以造船、盖草房、编草席和笋筐等；它的根可以入香，制作香料，有驱蚊蝇和净化空气的作用。但纸莎草最大的功能，还是用来造纸。

不过，莎草纸毕竟还是显得简陋。后来埃及人改用羊皮纸，尤其到了伊斯兰时期，不少《古兰经》都是用羊皮纸抄写的。除了羊皮纸，埃及人还用丝绸、麻布、棉布等材料当纸书写，不过，这些材料当作纸的代用品都比较昂贵。

直到大约八九世纪，由中国东汉人蔡伦发明的造纸术传到了埃及，当地人才放弃传统的书写纸张，莎草纸等退出了历史舞台，并逐渐销声匿迹了。不过，现在埃及又恢复了这一传统造纸工艺，并将它视为民族文化瑰宝加以珍视、保存和继承。

墨的种类很多

在一次采访中，笔者邂逅埃及女记者哈娜。只见她在采访本上写的字飘逸娟秀，实在漂亮极了。出于好奇，笔者问她怎么能写这样好的字。

哈娜嫣然一笑，故作神秘地说："这得益于我的墨宝啊。"原来，她用一种特制的墨写字，按她的说法，这样的墨写时散发着灵气，能写出字的性格，当然就好看了。哈娜介绍，墨早在古埃及就很普遍了，当时主要分黑色和红色两种。她说，据文献记载，当时制墨的主要原料是炭、木炭或红赭石粉等，将这些原料磨碎后，再调入黏稠的阿拉伯树胶，然后溶液而就，便成了古埃及墨。

到了阿拉伯时期，制墨又增添了许多复杂的工艺，有的工艺是利用天然物质的本色，比如除了阿拉伯树胶外，还使用五棓子、绿矾等，用这种墨写出的字更飘逸而灵动。说到这里，哈娜顿了顿，然后接着说，还有一种叫阿拉伯"烟墨"，是用带有一些油脂的烟加工制成的，这种墨非常光滑，颜色如漆，属于优质墨类，价格也不菲。

哈娜介绍道：阿拉伯古代大书法家艾布·阿里·本·穆格莱还专门介绍过烟墨的具体制作方法，即把适量的各种原料兑齐后，放入锅内，然后"将锅置于文火上，将锅内物熬成稠泥状，倒入器皿内，待冷却后，即可使用"。他还特别交代了一些应注意的事项，如"制墨时，要保持足够的耐心，防止苍蝇等飞虫掉进锅内。如果条件允许，最好在墨中加入一些樟脑，这样可以增加烟墨的光泽乃至芳香"。

这位写有一手好字的女同行最后说，除了上面介绍的，还有桑葚墨、波斯墨、库法墨等，都很有讲究，有的现在仍在使用。她还劝笔者用她的墨写字，并答应给笔者一瓶。不过，由于太忙，我没有再和她联系，但她的讲解却给我留下了许多难忘的知识。

不同的笔写出的字神韵各异

现在埃及人、阿拉伯人已经与国际接轨，用的笔多是签字笔和圆珠笔等。

在阿拉语里，笔叫"喀莱姆"。阿拉伯著名文化研究家叶哈亚告诉笔者，喀莱姆原来是"橡胶树枝"的意思，见我吃惊的样子，他解释道，因为古代阿拉伯人常用橡胶树枝来写字，后来就转意成了笔。这是我先前不知道的。

叶哈亚还说，除了橡胶树枝，埃及人还拿芦苇制成笔用，具体做法是：用刀斜着将芦苇秆削断后，用牙齿咬出断处的纤维，即可使用。他介绍，芦苇笔以深棕色和浅棕色为最佳，经久耐用。有埃及学者考证，直到金属蘸水笔问世之前，芦苇笔在北非和阿拉伯地区都在广泛使用，一直是政府机关和学校等地的主要书写工具。即使新笔发明之后，芦苇笔也在相当长的时期内仍有用武之地，人们用它来练习书法，以及在非正式的场合使用等。

不过，笔者还了解到，再早些的古埃及人使用的是灯芯草笔，即用灯芯草做的笔。这种笔写字并不太方便，但它是人类早期文明的一种具象代表。在埃及博物馆，还陈列着古埃及第 18 王朝的灯芯草笔。这种笔纤细而修长，长度在 16 厘米至 23 厘米之间。灯芯草笔直到公元前 3 世纪，才渐渐被芦苇笔等所取代，而退出历史舞台。

阿拉伯帝国的第四任哈里发阿里曾经说："一手好字能使真理熠熠生辉！"书法是一门艺术，阿拉伯人用不同的笔书写不同的字体，出现了库法体、纳斯赫体、迪瓦尼体、波斯体、苏勒斯体和卢格阿体等书法。

砚是富有人家的摆设

有一次笔者应邀到中学校长哈迪家做客，在他精致的书橱里，看到一方石砚很是惹眼。在这之前，笔者还很少看到阿拉伯人有砚台。

话题便围绕着石砚展开。哈迪说，在埃及和阿拉伯人中，使用砚台的并不多见，现在，砚台更多的还是富有人家或有文化修养者的家庭书房摆设。"我可不富，只是读了些书，肚子里喝了些墨水，喜欢这些文化气息，算是附庸风雅罢了。"哈迪对笔者说。

这显然是眼前这位知识分子谦虚的表现。经笔者问，他说，在古埃及，使用砚台的人很多。当时，人们用上乘的特制石料来制作砚台，工序还挺繁多、挺复杂。砚台本身分为长方形和椭圆形两种，用时，主人让书童用木棍或石条来研墨，化开后即可使用。

在埃及当"法老"并体验制作木乃伊

仿佛置身"时光隧道"

在埃及首都开罗吉萨区一个名叫"大海"的海滨街道上，有一处"法老村"。"法老村"实际上是一个仿古主题公园，顾名思义，"法老村"仿的就是古埃及法老时代的社会生活、居民状况和文化习俗。

法老村始建于1968年，当时由埃及首任驻华大使哈桑·拉杰布构思创建，1977年正式对外开放。40多年后的今天，老拉杰布已经去世，他的儿子阿卜杜·萨拉姆·拉杰布（以下简称小拉杰布）带着笔者参观了法老村，并热情洋溢地做了详细的介绍。

虽然是小拉杰布，但他已经是70多岁的老人了。好在老人身体硬朗，精神矍铄，尤其对中国十分友好。老人告诉笔者，当初，他父亲有一次在开罗城南尼罗河中的雅各布小岛考察时，发现那里芳草遍地，绿树成荫，简直是一块未开垦的处女地，更难能可贵的是，置身其中，人们仿佛感觉时光倒流，恍然间走进了历史深处，回到了古埃及的法老时代。于是，在这里建立主题公园的想法便在他父亲的脑海里形成了。

"让法老时代'复活'！这实际上不啻创造了一个神话，法老村是古埃及历史的见证，是法老时代的缩影。"老人说，"你可以在这里把自己想象成威严的法老，过一回当国王的瘾。"见笔者微笑中显得兴奋，小拉杰布很高兴，"好，现在就让我们一起，乘船通过时光隧道，回到古埃及去吧。"

仿佛像国王君临天下

于是，我们乘着一艘名叫"时光之舟"的小船，驶上尼罗河，驶进法老村，驶入充满神秘色彩的古埃及社会。照小拉杰布的说法，笔者的法老时代之旅就此拉开序幕。

"时光之舟"先是向右直行，船的左侧立即有大量的芦苇和纸草植物在水边丛生，一片郁郁葱葱的绿色之间，每隔大约20米的距离，就巍然矗立着一座埃及众神和法老的雕像，一共有12尊：伊西斯、拉美西斯二世、荷鲁斯、尼罗河神等，竞相扑入笔者的视野，并缓缓向船的后方掠去。

接着，"时光之舟"开足马力向前驶去。左拐后蜿蜒而行，这时，芦苇和纸草植物从视野里消失，出现在眼前的，是岛上的农田和打谷场，三三两两的农民或牵牛耕地，或赶羊放牧，或弯腰播种，或汲水灌溉，或挥棒舂米，一幅生动的田间耕作图。除了身穿大袍、头戴方巾的"男农民"，还有身着裙子、额上扎着红头巾的"女农民"，男女配合默契，充满了农耕的乐趣。

"你不觉得自己是法老吗？正在视察这些臣民，你看他们劳作得多么欢乐，多么和谐，简直像一幅和谐的农耕图一样。"小拉杰布提醒。经他这么一说，笔者还真觉得有几分像那么回事。

于是，笔者这个"法老"开始仔细地"体察下情"，发现这里的农舍古趣盎然，充满诗意：土坯墙、泥土门、葡萄架、蓄水罐、鸽子洞以及无处不在的椰枣树……光着脚、打着赤膊的"农民"腰间紧紧系着围裙，在挥汗如雨地建造新的房子，有人用力高举锤子，精心雕琢着石料，有人用木橇将雕琢好的石块搬运走，有人则埋头在平地上测量、画线、计算、定位，都是十分投入和专心的样子。附近的渔民，头戴斗笠，赤裸着上身，下身则简单地围着白色布裙，或站在纸草船上，或稳坐岸边张网捕鱼，一个个神态安详、悠然自得，一板一眼都表演得煞有介事，跟真的一样。

体验香水和木乃伊制作

最令人难忘的，还是"古埃及女子"演示的香水制作过程。

在快弃船上岸、结束法老村的第一阶段旅游时，笔者最后看到的，就是有关香水制作的表演。只见毛草蓬搭就的屋子里，装扮成古埃及少女的姑娘们身穿或红或绿的鲜艳服装，两人一组进行演示。

据说，香水是古埃及人发明的，埃及人很早就发明了用鲜花提炼香精的技术，并学会了制造玻璃，用精美的小玻璃瓶子盛放香精，可以说掌握了精湛的香水制作工艺。少女们在这里表演的，就是香精从植物中一点点被提炼出来并被加工制作的过程。

"埃及目前仍盛产香精，并大量出口法国，名闻世界的许多法国名牌香水就是用埃及的香精'勾兑'而成的。从她们的表演中，你这个法老应该不难体会到埃及香水的伟大。"小拉杰布深有感触地对笔者说。

下船后，就来到了虚拟的古埃及国度，这里有宏大的古庙、气派的圣殿、高大的雕像等，还生活着200多名"古埃及人"，一切仿佛都回到了5000多年前的法老时代，而且生活得十分逼真。然而，最让人难以忘怀和感到惊心动魄的，还是在这里的木乃伊博物馆里看如何制作木乃伊的表演。

表演的是一个年轻活泼的埃及女孩，名叫夏伊拉。她说，制作木乃伊的步骤是：首先将尸体面朝上放在桌上；然后从左髋切一条约一百毫米长的口子，取出心、肺、肝等内脏，用酒、香料和雪松油清洗空腹后，再用一根特制的钩子通过鼻孔，将脑浆舀出；随后翻转尸体，让脑浆从鼻孔中流出来，等流完后，把滚烫的树脂灌入空荡荡的脑部。

夏伊拉边说边表演，不时伸手将放在桌面上的"尸体"道具肚子里的各种脏器拿出，看得人惊心动魄。她说，等内脏收拾干净后，以泡碱精心包裹起来，放干燥处风干，接着，将内脏分别包好，放回尸体内，体内空腹用锯末、焦油等填满。接下来，再用特制的香料和油一层层涂抹尸体。这些是防腐程序，待这一程序完成后，在头发上涂抹香油，保持发质亮泽，并用特制的化妆品为脸部上妆。最后，在木乃伊的脸上戴上黄金面具，如果是皇家贵族，身上还要用黄金包裹起来，以显示其地位和身份之尊贵。

虽然有法老村的最高领导小拉杰布陪同着，他偶尔纠正一下夏伊拉讲解中不够精确的地方，一副轻描淡写、见多不怪的样子，但笔者仍感到气氛有些瘆人，心想，这样的法老，咱还是别当了。于是，匆匆离开木乃伊制作间，来到阳光灿烂的天地里，并长长出了口气。

感受埃及国家博物馆

　　埃及开罗市中心的解放广场附近，有一幢宏伟的砖红色长方形建筑。年年岁岁，寒来暑往，它以恒久弥坚的魅力，磁石般地吸引着成千上万的国内外游客，怀着期待的心情，前来浸濡璀璨的法老文化，它就是举世闻名的埃及国家博物馆。

位于开罗市中心的埃及国家博物馆

　　在埃及，博物馆数不胜数，国家博物馆堪称其中的翘楚。1858 年，法国著名埃及学家玛丽亚特说服当时的埃及统治者兴建博物馆。1902 年博物馆迁址于此，并于年底正式对外开放。在这个收藏了世界上最丰富的古埃及文物的百年博物馆里，大约陈列着 15 万件以上的古埃及文化珍品，年代从史前一直跨越到公元五六世纪。这里有巨大的神像、历代国王的石像、栩栩如生的木乃伊和棺椁，有几千年前的陶器、石器和绘画、雕塑，还有记载古埃及科学、文学、历史、法律和社会生活等方方面面的莎草纸文献等，内容包罗万象，说它是古人类文明的大展示，一点也不为过。

国家博物馆的大门呈圆拱形，拱门两侧的壁龛中各有一尊法老的浮雕，其中一个手持纸莎草，那是古埃及用来造纸的原料，另一个轻掂莲花——埃及的"国花"。工作人员告诉笔者，纸草和莲花分别代表古埃及的南北方，寓意国家的统一。博物馆的庭院内，散布着众多的雕塑、方尖碑、石刻和狮身人面像等。络绎不绝的游客流连其间，或拍照，或小憩，一派热闹熙攘的景象。

踏入博物馆主建筑，一股夹杂着历史风云的厚重气息扑面而来，将人重重包围，压得人似乎有些喘不过气。俗世的红尘顿时淡去，油然而生的，是肃穆，是敬畏，是由衷的赞叹。人们仿佛穿行在时光隧道中，回到5000多年前的埃及，探访一种有别于现实世界的、完全陌生的文化和生活。

博物馆的一层，按年代顺序摆放，以顺时针方向依次展示埃及古王国、中王国、新王国等的文物；二层的展品按主题摆放，陈列的是最珍贵的馆藏。展品太多，如果要想仔细地看完每一件展品，没有个把星期根本不可能。单是木乃伊棺椁，就有木制的、石雕的、镶金的，琳琅满目，令人目不暇接。普通游客时间有限，不得不走马观花地挑重点看。当然，博物馆最有代表性的，是法老木乃伊展室和图坦卡蒙墓出土展厅。

法老木乃伊展室保存着10多具古埃及法老和王后的木乃伊。他们被分别放在恒温、恒湿的玻璃罩里，身体外面缠着一层又一层米黄色的亚麻布，两个胳膊弯曲交叉放在胸前，古埃及人认为这种姿势可以早日获得再生。这些木乃伊总体上保存得不错，在神秘幽暗的灯光下，显得面容枯槁，有的肌肉已被风化成薄薄的一层纤维，头发和胡须等都清晰可见。其中一位王后的脸上还涂着彩油，面部生动逼真，色彩鲜艳，经过了数千年仍未褪色。

笔者默默地端详着这些曾经叱咤风云的木乃伊，思绪飘荡。生前，他们个个以不同的方式书写和创造着历史；死后，他们成了全人类的文明标本，仍以不朽的身躯扮演着古埃及文化代言人的角色。虽然他们没能像自己所希望的那样复活，但他们的灵魂却穿越历史，与我们这些后人进行着无声的对话，这是怎样一种奇妙的感觉！

拉美西斯二世的木乃伊最引人驻足。这位古埃及第19王朝的法老在位67年，活了91岁，他雄才大略，对内大兴土木，对外连年征战，如与小亚细亚的赫梯帝国就动辄兵戎相见。最后双方认识到武力不能解决问题，遂于公元前1269年签订了和平条约，这是历史上有文字记载的第一个和约。3000多年后，同一块土地上的萨达特总统也步拉美西斯二世的后尘，与宿敌以色列签署了《戴维营协议》，走上媾和之路。历史往往惊人的相似，但这并非巧合，而是明智的抉择，深刻地折射出"铸箭为犁"这一朴素的道理古今同一，逾数千载而不衰，尤其在今天，更闪烁着启迪价值的光芒。

顺着人流，笔者信步来到图坦卡蒙墓出土展厅。图坦卡蒙是古埃及第18王朝的法老，18岁就夭折了。他的死因至今仍是个谜，有说是死于政治谋害，也有说是自然死亡。1922年，一位名叫霍华德的英国考古学家历时19年，在尼罗河西岸沙漠的帝王谷中发掘图坦卡蒙的墓室，被誉为"20世纪最伟大的考古发掘之一"。图坦卡蒙的墓保存完好，未经任何盗掘，出土的文物近2000件，包括金棺、金樽室、金御座、王后金冠等，这些都运到了博物馆展览，不过他的木乃伊仍在原墓中。展出图坦卡蒙的金棺闪闪发光，系用450磅纯金制成，是人类历史上最精致、最伟大的金制品。图坦卡蒙的御座也金碧辉煌，座椅的正面两侧各有一个金制的狮子头，扶手为蛇首鹰身的雕像，分别代表上下埃及的王权。

依依不舍地走出博物馆，回到生机盎然的尘世喧嚣中，一时睁不开眼睛。开罗的阳光即使到了冬天也异常明媚，脑子因填满了远古的文明而一片空白。懵懵懂懂间，裹着黑纱的阿拉伯妇女风一样地从眼前飘然而过，又让人疑惑这是不是现实，恍然中有一种时空倒错的虚幻感。埃及实在是古人类文明的荟萃之地，这个国家博物馆所展出的，只不过是她丰赡文化积淀的区区一角，而大量的古迹仍散落在全国各地。可以说，整个埃及，就是一座活生生的博物馆，震古烁今，博大精深，等待着人们去感受、触摸和探索。

（注：此文最早发表于2004年12月10日的《人民日报》第15版，即国际副刊版。2021年4月3日，埃及政府将保存在国家博物馆的22具古埃及法老和王后的木乃伊，集体搬迁到新落成的埃及国家文明博物馆。同时，保存在埃及国家博物馆的图坦卡蒙墓出土展品，先后分期分批搬迁至尚未正式对外开放的大埃及博物馆。）

亚历山大

——地中海的新娘

在地中海周遭沿岸的城市中，有好几座是享有"地中海新娘"的美誉的。然而，以城市的知名度，城市历史的久远程度，以及城市文化的辉煌程度等多元因素综合考量，人们比较公认的还是埃及的亚历山大市。许多人慨叹，埃及的亚历山大才是地中海当之无愧的永远的新娘。

（一）

在埃及的诸多城市中，亚历山大是足以让人驰目骋怀的一座。个中缘由，一是它实在太美了。亚历山大位于开罗西北方向200来公里的地中海之滨，尼罗河三角洲的西北顶端。作为埃及最大的港口和埃及仅次于开罗的第二大城市，亚历山大坐落在地中海边东北至西南走向的狭长地带上，长30多公里，南北最窄处只有2公里。整个城市依偎在地中海深深的怀抱里，很像一个人张开着双臂做迎接嘉宾状。和煦的海风轻轻地吹拂着，碧海柔浪起起伏伏，海浪宣泄之声阵阵入耳。车在海边走，一侧是浩渺碧蓝的海水，另一侧是透着沧桑和历史厚重感的城市建筑。公路两边，挺拔耸立的椰枣树随风摇曳，街心公园里，簇簇鲜花在阳光下生命力十足地绽放着它们的美丽。这一切，都把亚历山大的美烘托殆尽。

亚历山大让人驰目骋怀的第二个原因，是它的干净和整洁。尤其与整个城市到处都显得灰嘟嘟和脏乎乎的首都开罗相比，亚历山大的干净显得有些不可思议。每一条街巷，虽然两边的建筑由于年代久远显得有些老旧，但街道本身都是那样纤尘不染，与开罗形成鲜明而巨大的反差。

第三个原因，是亚历山大的"异国情调"。外国游客在游过开罗后，初来亚历山大，会恍然诧异于这到底是不是埃及的城市。在海风的常年沐浴下，亚历山大不断遭受着地中海文明的洗礼，最终形成了有别于开罗的城市风格和人文景观，这里比开罗更开放、更洋气、更具包容性，这一切都使它充满了不同于开罗的异国特色。

就是这样一座城市，以极强的个性和鲜明的特征伫立在地中海畔，魅力无

128

边地吸引着人们到这里驻足流连，观光游览。

（二）

亚历山大得名于希腊马其顿国王亚历山大大帝，公元前332年，亚历山大率大军长驱直入埃及，当时，辉煌灿烂了数千年的埃及文明已是美人迟暮、垂垂老矣，亚历山大军队的轻轻一击，就使璀璨夺目、举世闻名的法老文明失去了最后一抹光辉。

东征成功后，亚历山大统领大军挥师北上，来到尼罗河三角洲与地中海交接点的一处登陆地点。见风光绝佳，战略地位重要，亚历山大遂决定在这里建一座城市。他亲自为城市做了勘测、规划和布置，于是，一座气派的城市拔地而起，名字就以亚历山大本人的名字冠之。一生攻城略地、征服过无数城镇的亚历山大，却被古埃及的文明征服了，埃及的一切都让人着迷和沉醉，乐不思蜀的亚历山大开始长期待在埃及，直到去世也没有离开过这块让他眷恋的土地。

亚历山大的继承者极大地发展和完善了这座城市，使亚历山大城变成了当时"世界的中心"。据史书记载，城市宫殿林立，庙宇纵横，尤其是那里的灯塔和图书馆，举岸闻名。其中，亚历山大灯塔还被评为世界七大奇迹之一，而亚历山大图书馆是当时世界上最大、最壮观和富有特色的图书馆。后来阿拉伯的史书上这样描绘亚历山大："……白色大理石反射的月光令城市如此明亮，以至于裁缝不用灯光就能把线穿入针孔。进城时，士兵遮住眼睛以防大理石反射的炫目的光芒。这座城市有4000个宫殿，4000个浴室、400个剧院……"

可惜的是，亚历山大后来还是走向了衰微。在见证了埃及艳后克利奥帕特拉与安东尼的传世爱情后，亚历山大城迎来了它的新主人——罗马人。在其后的时间里，波斯人、阿拉伯人、土耳其人等像走马灯似的一拨拨渐次登场，以不同的方式改写着亚历山大的历史。到1789年7月1日，法国名将拿破仑·波拿巴来到了亚历山大时，亚历山大已沦落成一个只有8000人的小渔村。后来，英国人来了；再后来，阿拉伯人来了，亚历山大回到了埃及的怀抱。

（三）

负有历史盛名的亚历山大灯塔现在是一个名叫凯特贝的城堡，位于亚历山大港湾的法罗斯岛上。灯塔本身早已在历经多次地震的劫难后，于1435年完全毁坏了，现在城堡则对外开放。人们站在上面，面对大海，只有在想象中才能

129

依稀捕捉到当年灯塔远远照射在水中的光芒。

亚历山大灯塔也叫"大灯塔"，或者"法罗塔灯塔"，是由埃及国王托勒密二世下令修建的。公元前 280 年，一个仲秋的月黑风高夜，亚历山大附近的地中海海面上波涛翻滚，巨浪滔天，正在进港的一艘埃及皇家船只，被数丈高的大浪冲到一处礁石上。船沉没了，船上的皇亲国戚及从欧洲娶来的新娘，也不幸悉数葬身鱼腹。托勒密二世国王闻讯大惊，遂决定在亚历山大的港口的入口处修造用于导航的灯塔。经过不懈努力，一座雄伟壮观的灯塔屹立在法罗斯岛的东端，立于距离岛岸 7 米处的为巨浪所冲刷的礁石上，它就是亚历山大法罗斯灯塔，简称"亚历山大灯塔"，或者以"大灯塔"特代之。

据专家考证，亚历山大灯塔高 128 米，相当于 40 层楼高，最下面是长方形的基座，中间是八边形的建筑，最上面是圆形的，还装饰着海神的雕像。灯塔的顶上有一盏形体巨大、光芒四射、常年不熄的灯塔火炬。有的说它是一个特殊的仪器，白天反射日光，晚上则映射火光和月亮，传说还有个神秘的镜子可以照见远处的船只。同时，石礁随海潮的起落而时隐时现，使整个灯塔建筑长年经受着海浪的拍打冲刷，好似在大海中拔起一座冲天大厦，蔚为壮观，而且奇妙无比。

灯塔坍塌后，当时的统治者苏丹凯特贝于 1480 年在灯塔原址上建造了一个军事城堡，并以他的名字命名。这座城堡一直在这里凝望着地中海，与海上的波涛默默而顽强地对峙了五个多世纪，经大自然频频洗礼而更加坚固。现在，城堡旁的海水里仍散落着许多庞大的方石块，被海水侵蚀、冲刷得斑斑驳驳，光怪陆离，据说那便是亚历山大灯塔坍落时留下的建筑石材残迹，它们仿佛在无声诉说着亚历山大灯塔曾经不同凡响的恢宏气势。今天，凯特贝城堡与开罗的萨拉丁城堡一起，并称为埃及两大中世纪古城堡。1966 年，埃及政府在凯特贝城堡建造了埃及航海博物馆，里面展出船只模型以及壁画、油画等艺术品，介绍自一万年前从草船开始一直绵延至今的埃及造船和航海史。

(四)

亚历山大图书馆是亚历山大帝国的继承人托勒密一世时期建的。鼎盛时期，图书馆藏书量达 70 多万卷，仅图书目录就达 120 卷，曾是世界上最大的藏书宝库，被誉为"人类文明世界的太阳"。

公元前 3 世纪，托勒密王朝的国王托勒密一世试图把亚历山大打造成当时

130

世界的"学术中心"，于是建立亚历山大图书馆，建馆目的是"收集全世界的书"，实现"世界知识总汇"。遗憾的是，亚历山大图书馆在历史上数次毁于大火，并最终于大约415年被摧毁殆尽。然而，文化的薪火是不会熄灭的。2002年，经过联合国教科文组织和埃及政府的共同努力，一个崭新的亚历山大图书馆矗立在风光旖旎的地中海畔，古老的亚历山大图书馆凤凰涅槃。

重建亚历山大图书馆，最早由埃及历史学家穆斯塔法·阿巴迪在他的《亚历山大古代图书馆：经历与命运》一书中提出。这个计划很快打动了亚历山大大学校长卢特菲·杜维戴尔，杜维戴尔于1974年正式向政府建议重建亚历山大图书馆（以下简称"亚图"）。经过埃及政府和国际专家学者十几年的研讨、论证，重建亚图的想法得到国际社会的认同。1987年，联合国教科文组织呼吁国际社会支持亚图的重建计划，使之成为地中海地区文明与文化的灯塔。同年，埃及政府决定成立亚历山大图书馆重建委员会，由教育部部长和亚历山大大学校长领导，成员包括新闻部部长、文化部部长、旅游部部长和亚历山大省省长。

埃及从1988年10月开始，向国际间发出亚图设计方案竞标广告，共有77个国家的1400家单位参与项目竞争。1989年6月，经过初步筛选，来自45个国家的540件设计方案被送到联合国教科文组织在巴黎的办公室。挪威林赫塔公司的设计方案体现了一座现代图书馆所应具有的各项功能，并与亚历山大城的历史风貌和人文景观和谐交融，因而博得埃及方面的好评，使之在众多的设计方案中脱颖而出。

1995年5月15日，新图书馆建设正式开工，经过两个阶段的奋斗后，整个工程终于在2001年竣工，总共耗资两亿多美元。图书馆矗立在亚历山大海滨大道上紧傍"地中海新娘"雕像处。它包括3座建筑，其中最主要的当然是造型奇特的图书馆，另有一个球型天文馆，第三座建筑是服务大楼。亚历山大图书馆面对地中海，景色秀丽而迷人。主体建筑呈圆柱形，顶部是半圆形穹体，具有很强的视觉冲击力。它包括一个直径达160米的如古罗马圆形剧场那样倾斜的建筑，600根桩柱有间隔、排列有序地耸立着，支撑着图书馆圆形墙体和钢架玻璃的屋顶。整个建筑最具特色的部分是一个由航空用钢和玻璃构成的倾斜屋顶斜插入地面，没入环绕图书馆的水池中。这一造型寓意古埃及文明的光辉，将世界上所有人类文明吸纳于此。

亚历山大图书馆总建筑面积8.5万平方米，共有13层，总高33米。今天的图书馆达到了既现代又有厚重历史感的效果。它向地中海倾斜的外部圆形建筑据称是既怀念古时的圆形港口，又联想到宇宙的模样。钢架玻璃的屋顶，和柱顶的四棱透镜使透入的光线弥散，且随日光的移动而不断变化。图书馆的墙体由2米宽、1米高的巨石建成，6300平方米的石头墙上刻满了阿拉伯文字、图案、符号，此外还有音乐和数学符号，以及世界各种文化的文字符号；这些图案均系手工凿刻而成。馆内宽敞明亮，确有传统图书馆的风范。鉴于在建筑艺术上达到了很高水准，亚历山大图书馆被评为"世界最佳建筑"。

图书馆总共包括主图书馆、青年图书馆、盲人图书馆、科技馆、天文馆、信息研究馆、手迹陈列馆、古籍珍本博物馆、国际资料研究学院、修缮保养工厂、会议中心等。开馆伊始，图书馆典藏有20万卷图书，根据规划设计，馆藏量最大可达到800万卷、4000种期刊、5万卷视听资料、5万本珍本或孤本以及5万卷地图。典藏中还有中国捐赠的《中国通史》《中国药物大全》和《二十四史》等极有收藏价值的书籍。此外还开通了互联网、卫星式信息查询，并拥有电脑资料编目、管理、检索等多种先进手段。

如今，亚历山大图书馆是中东和非洲地区最大的图书馆之一。笔者曾数次赴这座被埃及人自豪地称为"人类知识灯塔和文明交汇处"的图书馆采访，总能见到那里的阅览室里座无虚席，人们静静地埋头阅读，在书籍的大海中遨游，对阿拉伯人喜爱读书的特性做出了形象的注脚。

值得提及的是，亚历山大图书馆竣工后，在由来自世界各地3000多名领导人出席的盛大开馆典礼上，埃及时任总统穆巴拉克发表讲话说，亚历山大图书馆开馆象征人类古文明的复兴。的确，亚历山大图书馆作为人类知识的灯塔，在失落了1600年之后，又以更大的规模回归了。文化的魅力是无穷的，亚历山大图书馆仿佛是一只不死的文化鸟，在历经劫难之后终于得到了涅槃！

埃及对待文物的态度和做法

埃及南部著名的卢克索城，距离首都开罗大约 700 公里。卢克索有"世界上最大的露天博物馆"的美誉，因为那里有帝王谷和王后谷。帝王谷和王后谷就是安葬古埃及法老、法老的妻子、女法老以及贤达贵人的地方。它位于卢克索城尼罗河的西岸 7 公里处，因为古埃及人认为东方象征着生，西方则是死亡的标志，所以墓地建在城市的西边。

帝王谷和王后谷没有一棵树，也不见一丝绿色，却吸引着来自世界各地数不胜数的游客。那里最吸引人的，莫过于夭折的少年法老图坦卡蒙墓了。以前，谁都可以参观，没有人数限制，但后来，埃及限制了参观的人数，以求更好地保护这一古迹。最近，埃及文物管理部门重申，将继续推行这一限制性的措施，甚至将预售的门票都做了数额规定，每天只卖 500 张票。

最高文物委员会前主席哈瓦斯说："人们进入陵墓参观、呼吸都会造成墓内湿度和温度变化，这会导致图坦卡蒙的木乃伊化为粉末。"的确，由于游客太多，埃及绵延数千年的古迹已不堪重负。在文物保护和发展旅游之间存在着悖论，如何将二者有机地协调起来，是考验埃及政府的一个课题。为此，埃及已经对一些景点的参观人数进行严格限制。同时，政府还在考虑通过价格杠杆调节客流量。

笔者每次带国内的朋友去卢克索参观，总是要预订门票，否则，当天很难买到参观图坦卡蒙墓的票。去的人都认为，帝王谷和王后谷的一座座墓室，实际上就是巧夺天工的博物馆和美术馆，是埃及古文化的精华所在，非常值得一看。埃及人更是以此为荣，以卢克索被列入世界文化遗产名录而感到自豪和兴奋，他们同意政府限制人数以保护文物的做法，认为文物是惠及子孙万代的事情，应该从长计议，而不能急功近利，表现出短视的功利性。

另一方面，作为世界文明古国，埃及的各类古迹和文化景点比比皆是。如今，入选世界文化遗产名录的大古迹有数十处，数量虽不太多，但辐射的范围很广。埃及很会在自己的文物古迹上做文章，使其为民造福，为国家谋利。

2008 年 1 月，有关金字塔、狮身人面像将在全球范围内收取"版税"的消息在中东地区闹得沸沸扬扬。埃及最高文物委员会认为，世界上不少地方都在对金字塔和狮身人面像等埃及固有的古迹进行"盗版",比如美国赌城拉斯维加斯,就有号称"世界上唯一金字塔形象酒店"的卢克索酒店(Luxor Hotel),不但名字完全取自埃及南方的古迹重镇卢克索,而且酒店的造型和设计也完全模仿甚至照搬金字塔和狮身人面像。

埃及有学者认为,是埃及古文化的名声每年吸引着数千万游客前往拉斯维加斯,而真正到埃及卢克索原址所在地的游客每年只有600万。美国盗用了埃及的古迹名声,对埃及构成了侵害古文化版权的行为,所以要改变这一状况,应将拉斯维加斯的部分收入回报给埃及的卢克索。

最高文物委员会前主席哈瓦斯强调,这种现象是不公平的,他提出要保护金字塔"肖像权"、收取"版税",这样做的目的是使古迹"肖像"的主人得到应有的保护,尊重知识产权,打击盗版活动,同时也是为了扩大经费来源,补贴埃及维护修缮成千上万处文物古迹花费的巨额经费,以更好地保护古代埃及文化。

不过,哈瓦斯表示,埃及反对的是对其文物做100%的复制和照搬全抄,只要不是这样,就不构成侵权,不在被打击之列。如艺术家们以历史遗迹为题材创作出的画作或其他艺术品等,就不会受到新法律的影响。同时,也有学者指出,知识产权和版税等概念目前还没有应用于人类文化遗产和古迹领域,因此对这样的做法是否妥当提出疑问。

但无论如何,埃及在重视和爱惜古迹方面真可谓煞费苦心,并不断加大保护的力度,使古迹焕发生命力,以造福当代人。除了倡议收取"版税"外,最高文物委员会还拟出台重罚措施。一直以来,埃及都对蓄意破坏古迹者实施最高判处5年监禁的严格惩罚。鉴于在经济罚款上没有"到位",埃及正在弥补这一环节上的"漏洞",并进一步增加监禁的期限。最高文物委员会已制定了一套新的古迹保护法案,其中包括对破坏神庙、古雕像等古迹以及在古迹周围建造房屋者,要根据情节轻重,均施以不同额度的罚款,最高的可达10万美元,并判处无期徒刑等。

走进阿拉伯文学世界

阿拉伯并不是文学的沙漠

提起阿拉伯，映现在读者脑海中的关键词，是沙漠、骆驼、石油、椰枣树、神秘、酷热的天气、妇女的面纱和看上去难免臃肿的男子大袍，这些，仿佛都与落后联系在一起。

具体到文学上，一般人们只知道阿拉伯的《一千零一夜》，阅读面广一些的读者可能会想到黎巴嫩诗人纪伯伦以及诺贝尔文学奖获得者、埃及作家马哈福兹，除此，就再想不起其他的了。殊不知，在阿拉伯这块沙漠和骆驼的土地上，并不只是出产石油、椰枣树，并不只是炎热难耐的天气和恶劣粗犷的环境，事实上，那些穿着长袍的阿拉伯男子和披着神秘面纱的女子，他们创造了并继续创造着堪称辉煌的阿拉伯文学。

记忆犹新的是，2004 年 10 月，世界上规模最大的书展——第 56 届德国法

一位埃及人在书店选购文学作品

兰克福书展开展，阿拉伯国家应邀成为主宾国，参加这次书展的有 200 多位阿拉伯作家，如摩洛哥著名小说家、法国龚古尔文学奖获得者哈尔·本·杰伦，被视为阿拉伯现代诗歌奠基人的叙利亚籍黎巴嫩大诗人阿多尼斯，黎巴嫩大作家侯伊尼，2000 年荣获德国出版业和平奖的阿尔及利亚女作家阿西娅·杰巴尔，以及巴勒斯坦大诗人达维什等。他们集体展示了阿拉伯文学的成就，让人们对先前不太了解的阿拉伯文学有了更多新的认识。

阿拉伯民族是一个文学底蕴丰厚的民族

阿拉伯文学经历了蒙昧时期、伍麦叶王朝时期、阿巴斯王朝、土耳其统治时期和现代复兴时期几个主要阶段。

在阿拉伯语中，蒙昧时期有一个专用名字，叫"贾希利叶"时期，特指伊斯兰教产生以前的年代。当时，阿拉伯半岛上的人多是游牧民族，他们过着逐水草而居的自然游牧生活。于是，伴随着悠悠驼铃和长长的吆喝骆驼声，阿拉伯口头文学诞生了。先是有诗歌，再有故事，诗歌的韵律其实就依照骆驼蹄子的节拍而成。

阿拉伯迄今最早的诗歌，形成于伊斯兰教传播之前的大约 150 年。当时最有名的诗歌，叫"悬诗"（穆阿拉卡特，阿拉伯语"悬挂"的意思），一共有 7 篇（一说 10 篇），其地位和影响力，大约相当于我国的《诗经》。悬诗出自 7 个著名诗人之手，其鼻祖名叫盖斯（约 497—545），最著名的还有骑士诗人安塔拉（525—615）、游侠诗人塔阿巴塔（？—约 450）、尚法拉（？—525），讽刺诗人侯武艾（？—679）。此外，专门写悼亡诗的女诗人韩莎（575—664）也十分著名。

悬诗的来历，是因为当时各部落的著名诗人会在今天沙特阿拉伯的欧卡兹集市上举行一年一度的赛事会，公认最好的诗歌会用金水写在亚麻布上，然后悬挂在克尔白神庙，故称为"悬诗"，意思是"挂起来被欣赏的优美诗歌"。悬诗的主题包括战争描写、部落赞美、复仇记述、情感宣泄等。直到今天，这些悬诗仍是阿拉伯各国大学和中学的必学篇目。如果有人在文章中引用一句悬诗，立刻会使文章文采斐然，令人刮目相看。

倭马亚王朝时期（610—750），伊斯兰教在阿拉伯半岛站稳脚跟，文学开始渐趋兴盛发达。《古兰经》在 7 世纪中叶问世，人们只知道它是伊斯兰教的最高经典，其实它也是第一部阿拉伯散文巨著，有极高的文学价值，直到今天，《古兰经》仍然是阿拉伯语在修辞、语法、音韵、词汇等方面的典范和教科书，对直到今天为止的阿拉伯书面语言，具有无与伦比的规范性和示范性效应，对历代阿拉伯文学，也有着不可估量的巨大影响。

这一时期，诗歌创作更加成熟，但有着强烈的宗教和政治色彩。以哈桑·本·萨比特（？—674）为代表的诗歌竭力赞美真主，歌颂真主的使者穆罕默德，以形象化的手法宣传伊斯兰教义，并歌颂旨在开疆拓土和传播伊斯兰教的"征战"。在大量的征战诗歌中，有不少思乡之作，笔法优美，意境感人，颇类似我国唐代的边塞诗。

以写爱情诗见长的杰米勒（？—701）和莱伊拉（？—695）等人，则以他们的创作丰富了阿拉伯文学宝库。有的描写游牧人纯洁的爱情，有的则书写城市贵族的艳情生活。

阿巴斯王朝时期（750—1258），是阿拉伯文学创新和辉煌时期。尤其是麦蒙哈里发时期（813—833），被誉为阿拉伯文学的"黄金时代"。阿巴斯王朝的诗人、散文家、小说家不胜枚举，涌现出大量脍炙人口的文学佳作。最有名的如《小礼集和大礼集》及《卡里来和笛木乃》，出自散文大师伊本·穆格法（724—759）之手，他在作品中托物言志，提出一系列改革社会的想法。

艾布·努瓦斯（762—814）和艾布·阿塔希叶（748—825）等，都是大诗人，前者的酒诗名扬天下。这些人的作品能够冲破樊篱，不拘一格，甚至对宗教权威也不屑一顾。文笔独特、自成一家的散文大家贾希兹（775—868）著有《动物书》《吝人传》和文学评论《修辞与阐释》，他深受希腊哲学和波斯文学影响，这些作品今天仍被不断地再版和阅读，深受读者的欢迎。

人们所熟知的《一千零一夜》就诞生在阿巴斯王朝统治时期。《一千零一夜》又译《天方夜谭》，这是一部规模庞大、卷帙浩繁的阿拉伯民间神话故事集。故事的开始讲述的是在古代中国与印度之间有一个国家，国王无意中发现王后与他人私通，遂怒火中烧，开始对天下的无辜女子进行报复。他每夜娶一名女子，第二天早晨即把她杀死，以此泄愤。为拯救无辜女性，宰相女儿山鲁佐德毅然决然前往王宫，嫁给国王。山鲁佐德每夜给国王讲故事，讲到关键处就打住，待翌日夜里再讲。这样，为了继续听故事，国王没有杀她。用这样的妙招儿，山鲁佐德一共讲了一千零一夜的故事，终于使国王幡然醒悟、改邪归正，不再滥杀该国女子。这就是《一千零一夜》名字的由来。

《一千零一夜》汇集了阿拉伯、波斯、印度甚至部分希腊、罗马等民族的神话、传说、寓言、故事，它是多民族文化交融和汇合的产物，也是阿拉伯广大人民群众智慧的结晶。《一千零一夜》包含爱情故事、冒险故事、幻想故事、伦理故事、骗子故事、寓言故事、教诲故事等，内容洋洋洒洒、包罗万象。在艺术手法上，《一千零一夜》环环相扣的故事架构，卷帙浩繁的规模，诡异突兀的幻想，灵活多变的叙事风格，吸引着一代代东西方读者，堪称阿拉伯文学大花园中的绮丽瑰宝。

土耳其人统治时期（1258—1798），阿拉伯文学开始衰微，除了埃及和叙利亚外，奥斯曼帝国阿拉伯区域的大片疆土万马齐喑，文坛凋敝。

现代创作令人刮目

第一次世界大战结束后，随着奥斯曼帝国对阿拉伯统治的分崩离析，许多阿拉伯国家纷纷独立和诞生。这些国家反帝反殖民地斗争风起云涌，与西方的接触也与日俱增，一时间，维新求变的思想蔚然成风。文学家们在继承阿拉伯古典文学传统的基础上，开始结合本国的现实和国情进行创作，思想上和艺术上都比前辈作家要成熟，并达到更高的高度。

真正意义上的第一部阿拉伯长篇小说是埃及作家穆罕默德·侯赛因·海卡尔（1888—1956）的《宰奈卜》（1914年问世）。作品描写了一对青年男女由于社会地位悬殊无法成为眷属的悲剧故事，内容感人至深。其后，大、小台穆尔登场，大台穆尔是指穆罕默德·台穆尔（1892—1921），小台穆尔叫马哈茂德·台穆尔（1894—1973），他们是一对亲兄弟，都专门从事短篇小说和戏剧创作。前者发表了小说集《目睹集》，后者涉猎范围更广，被认为是"埃及短篇小说之父"。

长篇小说《日子》三部曲，是埃及盲人文学家、著名小说家塔哈·侯赛因的椎心泣血之作，分别出版于1929年、1939年和1962年，被认为是"整个阿拉伯世界最伟大的作品"。作者以自身经历为蓝本，细腻入微地描写了他的童年生活和求学经历等，广受好评。许多人指出《日子》是真正的文学作品，情真意切、令人动容。在文学手法的运用上更是独树一帜、别具匠心。其中的许多表达，新鲜、生动、别致，充满了只有盲人才有的感受和心理活动。

就长篇而言，陶菲格的长篇小说《乡村检察官手记》、易卜拉欣的《作家易卜拉欣》和阿卡德的《萨拉》等，都是内容与形式完美结合的佳作，而且是扎根于现实主义的"厚重作品"。这些人构成了"埃及现代派"，这一文学流派后来延续到叙利亚、伊拉克和巴勒斯坦等地，在阿拉伯国家产生了深刻而广泛的影响。

与"埃及现代派"并驾齐驱和相映生辉的，是产生在美洲阿拉伯侨民之间的"旅美派"。"旅美派"指的是 20 世纪初，由旅居美洲的阿拉伯作家组成的一个现代阿拉伯文学流派，故又称"阿拉伯侨民文学"，因主要成员是黎巴嫩和叙利亚作家，又称"叙美派文学"。来自叙利亚、黎巴嫩的这些旅居美国、巴西、阿根廷的阿拉伯作家，用母语和英语写作，还成立了文学团体。1920 年，这些作家和诗人在纽约成立"笔会"，后来逐渐形成了新的文学风格。

这一派别的主要特点是，抨击资本主义制度的罪恶和不公正，对阿拉伯人在外国压迫下的落后状况表示不满，号召人民反对外国统治者，真实描写阿拉伯人在美洲的奋斗以及追求个性解放的过程。尤其是，"旅美派"作家注重抒发对祖国的思念之情、对故乡的挚爱情愫，字里行间，饱蘸感情，表现了强烈的民族和家国情怀。表达富有个性，文笔优美而西化。

"旅美派"作家中，以艾敏·雷哈尼（1876—1940）、纪伯伦·哈利勒·纪伯伦（1883—1931）和米哈依勒·努埃曼（1889—1988）最为有名，他们是旅居美洲的黎巴嫩"三剑客"作家，被誉为"旅美派三杰"。此外还有艾布·马迪（1889—1957）、米沙勒·迈卢夫（1889—1943）等人。他们共同撑起了"旅美派"的天地，成为阿拉伯当代文坛的一大亮丽景观。

艾敏·雷哈尼是第一位运用英语创作的阿拉伯作家，是当之无愧的"阿拉伯裔美国文学之父"。1924 年至 1932 年间，雷哈尼以在阿拉伯国家的数次旅行为题材，用阿拉伯语和英语创作出版了 6 部著作。其中，用英语创作的游记作品《现代阿拉伯的缔造者》《游历阿拉伯沿海》和《阿拉伯之巅和沙漠：游历也门》尤其成功，在读者和批评家中好评如潮，所描述的地域几乎涵盖了全部西亚阿拉伯地区，被称为"游记三部曲"。"游记三部曲"第一次借用西方描绘东方所常用的游记体裁，但却从阿拉伯人的视角，向西方描绘和展示了阿拉伯国家的自然和风土人情。

纪伯伦是阿拉伯"旅美派"的领军人物，自 1920 年起开始担任旅美文学家团体"笔会"主席，直到逝世。纪伯伦在东方与世界文学中都占据独特而显著的地位，其文学艺术成就，尤其是散文诗创作成就，堪与印度的泰戈尔媲美。他的作品被称为"东方赠给西方的礼物"。纪伯伦是世界最畅销的诗人之一，他的诗作《先知》自 1923 年出版以来，从未绝版。纪伯伦包括《先知》在内的经典作品已被翻译成 60 多种语言，成为国际畅销书榜上的"主打产品"，并已经售出数千万份。英国牛津大学现代阿拉伯文学教授穆罕默德·欧姆里评论道："在人们生命的一些重要时刻，出生、恋爱、死亡，纪伯伦的书都是很好的礼物。这就是为什么它传播得如此广泛，并且口口相传。"据说，英国"甲壳虫"乐队、美国总统约翰·肯尼迪和印度总理英迪拉·甘地都深受《先知》的影响。

米哈依勒·努埃曼学识渊博、才华横溢，能用俄、英、阿文写作，是一位多才多艺多产的作家。在很多方面都有所建树，其作品涉及诗歌、散文、中短篇小说、剧本、传记、文学评论和译著等。在艺术创作上，米哈依勒·努埃曼的知名度仅次于纪伯伦，有时甚至难分伯仲。在小说创作和文学批评方面，努埃曼是"三杰中的翘楚"。

当代文学满园春色

当代阿拉伯文学异军突起，大量作家和作品源源不断地涌现，可谓春色满园、美不胜收。就创作水准而言，埃及、苏丹、巴勒斯坦等国的作家堪与其世界同行相提并论。

最享有国际声望的，莫过于埃及作家纳吉布·马哈福兹了。这位作家以长篇小说《两宫之间》《向往宫》和《甘露街》三部曲成为当代埃及文坛的领军人物。马哈福兹的创作基于现实，题材广泛，挖掘深刻，讲究小说技法，他获得 1988 年的诺贝尔文学奖。评论认为，这标志着"阿拉伯文学得到了世界的承认"，证明"以马哈福兹为代表的阿拉伯小说家的创作水平已与世界同行接轨"。

阿拉伯文学评论界一直认为，马哈福兹之于开罗，如同狄更斯之于伦敦，巴尔扎克、雨果等法国大作家之于巴黎，卡夫卡之于布拉格等一样。而就文学成就论，更有学者将马哈福兹与托尔斯泰、塞万提斯、狄更斯、巴尔扎克和雨果等相提并论。不仅如此，《伦敦书评》甚至评论道，马哈福兹"不单是雨果和狄更斯，还是高尔斯华绥、托马斯·曼和左拉"。此言难免有夸饰的成分，但就其创作内容的思想性、时代性、政治性以及关注人生、人性、为民代言等方面所体现出的现实主义风格和取得的巨大成就而言，确实与上述作家多有一脉相承之处，在创造风格和艺术手法上也有其过人之处。难怪，诺贝尔文学奖评委会在马哈福兹的致辞中指出：他的作品"总体上是对人生和人性的烛照"。

其实，在埃及，与马哈福兹齐名的作家太多了，甚至有的在创作数量和影响上，还要超过马哈福兹。如阿卜杜·拉赫曼·舍尔卡维以写农村题材见长，著有长篇小说《土地》和《农民》等。如担任过《今日消息》和《金字塔》主编的伊哈桑·阿卜杜·古杜斯著作等身，共先后出版了 60 多部作品，他的小说长于刻画女性，通过大起大落的主人公命运揭示政治、社会和道德等问题，代表作有《我家有个男人》《亲爱的，我们都是贼》等。又如尤素福·伊德里斯，著有《最廉价的夜晚》等 10 多本小说。再如尤素福·西巴伊，他的《伪善之地》《还我的心》《水夫死了》等作品情真意切，荡气回肠，引人入胜，让人一口气读完。

在短篇小说创作方面，埃及最红的作家包括赛尔瓦特·阿巴扎、迈哈穆德·赛阿德尼、苏莱曼·法亚德、萨布里·穆萨、尤素福·沙卢尼 、艾德瓦尔·哈拉图、穆罕默德·西德基等。他们的作品讲究艺术手法，注意揭示社会的黑暗和生活的不公，如抨击官僚和腐败等，有的在国外也非常有名。

叙利亚、伊拉克、巴勒斯坦及北非诸国的当代文学也各显神通。成立于 1951 年的叙利亚作家协会提出"艺术为人民、为生活、为社会服务"的口号，现在仍很活跃。叙利亚最有名的作家是已经去世的哈纳·米奈，他被马哈福兹认为是"最有可能获得诺贝尔文学奖的阿拉伯小说家"。哈纳的长篇名著《蓝灯》，以叙利亚港市拉塔基亚为背景，展示了第二次世界大战期间叙利亚各阶层人民的生活以及他们反抗法国殖民主义占领的斗争。此外，阿卜杜·塞拉姆·欧杰利的长篇小说《塞维利亚之灯》、扎卡里叶·塔米尔的小说集《白骥的嘶鸣》以及阿卜杜·拉赫曼·巴沙的《英雄的土地》等，都十分有名。

伊拉克也不乏一流的小说家和作品，如阿尤布的长篇《手、土地和水》针砭时弊，揭露社会的邪恶和黑暗、马立克·努里的《人性的使者》和《土地之歌》、哈格·法迪勒的《彷徨的人们》和《魔鬼》等，有的由于描写政治生活还遭受迫害。顺道一说的是，伊拉克前总统萨达姆创作的几部小说，被多数阿拉伯评论家认为是"不入流之作""根本算不上是文学"。

巴勒斯坦虽然没有国家，但文人却不少，文学很发达。生前十分活跃的大作家、诗人达尔维希曾受到巴勒斯坦领导人的多次接见，并在各个阿拉伯国家之间穿梭，举行个人诗歌展等。达尔维希的长诗《巴勒斯坦情人》等，抒发了对祖国的热爱，表达了作者与祖国同呼吸共命运的炙热感情。巴勒斯坦小说家云集，但风头最健的，当数女小说家萨哈尔·哈利法，她在欧美国家十分有名，许多文学辞典都称她是"阿拉伯国家最著名的小说家之一"，有的文学教科书甚至将她列为"20 世纪最重要、最杰出的阿拉伯女小说家"。

萨哈尔创作的长篇小说有：《我们不再是你的女奴隶》（处女作，1974 年）、《仙人掌》（又译《野荆棘》，1976）、《向日葵》（1980 年）、《一个不切实际女人的独白》（1986 年）、《庭院之门》（1990 年）及《遗产》（1998 年）等。《仙人掌》第一版在埃及发行，甫一问世就好评如云，使萨哈尔声名鹊起。在《仙人掌》中，萨哈尔描述了巴勒斯坦人在以色列占领下的不同反应，每个人物都是历史的代言者，有的苟且偷生，有的将武装斗争作为抵抗占领的必要手段等，不一而足。《仙人掌》已被译成英文、希伯来文、法文、德文、荷兰文、意大利文、西班牙文及马来西亚文出版，一举奠定了萨哈尔在阿拉伯文学界和国际文坛的地位。

北非是一块阿拉伯文学的沃土。阿拉伯语把北非地区文学称为"马格里布文学"（"马格里布"在阿拉伯语中是"日落之地"的意思，因为这些国家位于阿拉伯世界的最西端）。在"马格里布文学"中，既有用阿拉伯语创作的，也有用法语创作的，但收成都不错。艾哈迈德·里达·霍霍（1911—1956）是阿尔及利亚小说的先驱者，其长篇小说《麦加少女》反映了阿尔及利亚妇女渴望自由解放的强烈要求。穆罕默德·狄布用法文写的《阿尔及利亚》三部曲——《大房子》《火灾》和《织布机》，通过对城市贫民、乡村农民和产业工人贫苦生活的描写，全景式展示了阿尔及利亚半个世纪的历史。摩洛哥小说家阿卜杜·迈吉德有短篇小说集《血谷》和长篇小说《我的童年》，生动刻画了殖民统治下普通百姓的悲惨生活。突尼斯的巴希丁家喻户晓，他的长篇小说《死亡，或者我受你爱情的诱惑》，描写了两次世界大战之间突尼斯知识分子的生活，在阿拉伯世界很有影响。

2005 年 3 月中旬，阿拉伯国家第三届小说家大会在开罗举行，大约 200 位当代大作家与会，会议评选出苏丹作家塔依卜·萨利赫为最佳小说家。当年 76 岁的塔依卜很早就成名了，他的第一部小说《移居北方的季节》，一直被阿拉伯各国普遍看好，小说写知识分子的心路历程，刻画了一位接受西方文化的苏丹青年，由于东西方文化的冲突而产生的一系列矛盾思想等。

埃及抄书匠为什么这么火

前一时期，负责为记者站打扫卫生的，是一个来自埃及南部穷乡僻壤的半文盲。清洁工拿出一封信，问笔者能不能交给文化部部长。我一看，是请求找一份工作的自荐信，不但文从字顺、笔迹工整，而且用词洗练、简洁、达意，简直称得上才华横溢了。我诧异地看着那个清洁工，心想这肯定不是他写的。后来才终于弄明白，原来是请埃及的"抄书匠"代笔了。

抄书匠在埃及很火

在埃及不少法院、检察院、警察局、邮局、公证书或地方政府机构等门口，通常都会看到一些特殊的人，他们一个个文质彬彬，书生气很足，简单地支起一张破旧的小桌，桌上高高擎起一把遮阳伞，随意摆放着纸和笔，谦恭地等待着客户的光顾。他们，就是埃及的"抄书匠"一族。

一般来说，埃及的"抄书匠"们都有较好的文笔，能把平凡的事情讲得头头是道、入情入理。前来要求他们"代笔"的，以文盲居多，他们通常掏出一两埃镑，就可以立马拿到一份妙笔生花的状子。在农村"抄书匠"的生意更为红火，因为埃及农村的文盲占了三分之一甚至更高的比例。

除了无法读写的人外，一些文化水平不高，甚至文化水平较高但感觉自己文笔不太好的埃及人，也前来找"抄书匠"代笔。个中缘由，一是"抄书匠"可以化腐朽为神奇的文笔；二是这些"抄书匠"人头熟，可以给人当告状向导，甚至代递状子，从而极大地提高了案子的成功率；三是价格便宜公道，要是按照正常的途径，状子应由律师来写，但那样的话，价格就要高出数倍。

埃及"抄书匠"的服务种类五花八门、无所不有。举凡房产合同、财产遗嘱、告状信、反驳信、请愿书、夫妻离婚合同、未成年子女的赡养费安排等，"抄书匠"均可撰写，并可根据要求，或手写后交给客户，或电脑打印出来。

抄书匠是一个十分古老的职业

如果追溯历史，抄书匠早在几千年前的法老时期就存在了，他们的名称叫"书吏"。

在埃及历史上的大部分时间里，居民基本上分为下列几个等级：王室、僧侣、贵族、书吏、商人、工匠、农民和奴隶。所谓书吏，用现在的话讲，就是知识分子，特指知识分子中负责记录和抄写的这一特殊群体。书吏排在贵族之后，可见其地位非同寻常。据历史记载，一些大臣死后，竞相附庸风雅，把自己雕塑成书吏的模样，即手持书卷、目视前方、盘腿而坐。

在古埃及，象形文字不容易学，它是知识和学问的象征。社会上，以崇尚学问为荣。许多家庭都千方百计地想把自己的孩子培养成书吏，这样就可以高人一等、出人头地，过上幸福生活。因为当了书吏，既有社会地位，又能得到法老和贵族的赏赐。

据史料记载，培养书吏有专门的学校，采取全封闭式的教育，需要学 12 年，除了语文外，还学习历史、地理、天文、算术等。据记载，古埃及的课本里还有这样一则故事。父亲劝说儿子一定要成为一名书吏，强调这一职业的好处，他鼓励和教育儿子："总有一天，你会发现文字有多美，你爱它甚至超过爱你的妈妈。孩子，书吏是世上最好的职业，没有任何行当能超过它。"

现代社会的知识分子中坚

虽然基于古文明的遗韵，与法老时期的书吏一脉相承，但现代书吏还是有了很大的变化和发展。名字不叫书吏了，而叫"抄书匠"，最早出现在埃及的 19 世纪下叶。

一开始，"抄书匠"的水平并不是太高，常出现语法和书写等方面的错误，字迹也写得一般，乏善可陈。1894 年 7 月 26 日，埃及颁布了一个特别的法令，专门规范这一古老的行业。后来经过不断发展和探索实践，"抄书匠"这一职业渐渐形成气候，并走上正轨。19 世纪 60 年代之前，埃及不少"抄书匠"还是宗教学者，甚至是作家或者学富五车的学者，地位高且受人尊敬。他们为民代言，在老百姓与政府之间架起了一座沟通的桥梁。

即使现在，按照要求，吃"抄书匠"这碗饭，也都是要有正式执照的。不过，无营业许可证的"抄书匠"也不少。现在还出现了女"抄书匠"，多是一些刚毕业的大学生，她们在找到正式工作前靠替人抄写挣些钱，以权作过渡。但整体上，现在埃及"抄书匠"日渐式微，数量和影响都与以前无法同日而语了。

埃及的非物质文化遗产保护

阿拉伯国家有许多非物质文化遗产进入联合国保护之列，比如埃及的"希拉里亚叙事诗"、约旦佩特拉和维地拉姆的贝都人文化空间、巴勒斯坦希卡耶说书、伊拉克的木卡姆等，真是不胜枚举。

仅以埃及的"希拉里亚叙事诗"（也直接叫"希拉里亚"，又译作"希拉里亚史诗"等）为例，它是早期文学与音乐的表达形式，是阿拉伯民间艺术和文化奇葩。希拉里亚叙事诗讲述的是一个名叫巴尼·希拉尔的部落民族顽强拼搏的史诗故事，生动地刻画了他们如何征服外族，开疆掠地，进行了从阿拉伯半岛穿越北非的传奇般的大迁徙，以及最终走向悲剧的传奇经历。希拉里亚叙事诗全部用音乐的形式表现，据文献记载，从中世纪到 19 世纪期间，在 12 部关于阿拉伯民俗文化的经典史诗之中，希拉里亚是最后一部经过口口相传得以完好保存下来的艺术瑰宝。

演奏通常用打击乐器和两弦琴伴奏，边演奏边吟唱。一个专业演奏者必须从 5 岁就开始学艺，至少需要学习 10 年，不但要修炼唱功和乐器演奏，还要练就超强的记忆力，学会娴熟地吟唱史诗。传统上，"希拉里亚"只在婚礼、割礼仪式和私人聚会上表演。由于大众娱乐形式的广泛普及和不断冲击，希拉里亚这一古老的艺术濒于消逝的危险。为了挽救这一弥足珍贵的文化遗产，埃及做足了功夫，千方百计使它复活，如文化部把受过训练的为数不多的老人集中起来，让他们发挥余热，手把手地进行传、帮、带等。一些出版部门更是不断收集、整理，使它以出版物的形式与读者见面。

据统计，目前在埃及，受过专业训练、能够表演全部"希拉里亚叙事诗"的艺人都已经超过 70 岁。不过，在他们的教授下，年轻一些的人正在茁壮成长。除了文化部门的努力，埃及旅游部门也在积极配合，比如有意识地向外国游客加强这方面的宣传和推介，在一些饭店里组织艺人向游客表演，演奏"希拉里亚"的片段和主要段落等。

此外，埃及还把对本国物质文化遗产的保护经验移植到对本国非物质文化遗产的保护上来，取得了不小的成就。埃及作为世界文明古国和大国，物质方面的文化遗产和古迹数不胜数，并采取了"巧打世界牌""彰显文物价值""坚持人才培训"等行之有效的保护措施。现在，埃及也把相关的措施嫁接到对"希拉里亚史诗"等非物质文明的保护上来，并正在取得可观的成效。埃及专家说，如果不是政府的刻意保护，作为民族瑰宝的"希拉里亚史诗"可能早就烟消云散了。

百岁《阿依达》回归故里

　　星光璀璨的天幕下，金字塔和狮身人面像若隐若现。入夜后，沙漠褪去燠热，气温骤降，陷入孤寂。不远处临时搭建的剧场，却是一番热闹的景象：容纳 5000 人的剧场座无虚席，流光溢彩的舞台如梦如幻，高耸的宫殿，巍峨的廊柱，恢宏的城墙，震撼人心的管弦乐演奏，高亢悠扬的咏叹调，气势磅礴的合唱……都淋漓尽致地展现着经典的魅力。

　　这是 2018 年 3 月，著名歌剧《阿依达》在埃及演出的场景。从某种意义上说，《阿依达》堪称埃及版的《罗密欧与朱丽叶》，与中国家喻户晓的民间传说《梁山伯与祝英台》亦有着异曲同工之妙，堪称埃及姹紫嫣红的文化大花园中一朵盛开的鲜花。

　　《阿依达》讲的是一个什么样的故事呢？法老时代，战火频仍，狼烟四起。埃及军官拉达梅斯与阿依达是一对相爱的恋人。阿依达是未暴露身份的埃塞俄比亚公主，因埃塞俄比亚与埃及交战失败，她被俘成为埃及公主阿姆涅丽斯的女奴。两国战事再起，拉达梅斯奉命率军迎战埃塞俄比亚国王阿姆纳斯洛，他踌躇满志，期望得胜后能换得阿依达的自由。后方的阿依达一方面心忧恋人拉达梅斯，一方面又心系祖国，思念父亲，终日在矛盾中挣扎。

　　拉达梅斯凯旋，并俘虏了埃塞俄比亚国王阿姆纳斯洛。埃及法老大喜，决定将倾慕于拉达梅斯的公主阿姆涅丽斯许配给他。阿依达恳求拉达梅斯释放沦为阶下囚的父亲，并和自己一起逃走。妒火中烧的阿姆涅丽斯告发了拉达梅斯，法老以叛国罪下令将其封入金字塔石窟处死。原本可以逃脱的阿依达闻讯，毅然决然地率先进入石窟，与心上人一道赴死。拉达梅斯想把阿依达放出去，拼命推石门，但无济于事，石门岿然不动。阿依达凄婉地唱道："泪水的溪谷，暂短的梦境。再见吧，金色的云层里，呈现出新天宇，我们是太阳，光芒四射，霞光万道。"拉达梅斯与她合唱，两人紧紧依偎在一起。这时，公主阿姆涅丽斯身穿丧服急急赶来，她跪在石窟顶向神祈祷："为了永久的和平！"石窟里，阿依达和拉达梅斯已经窒息身亡，两人在幸福安详中羽化而登仙。这一场景酿成了这部歌剧浓郁的悲剧气氛，使气氛达到高潮，深深地感染了观众。

　　《阿依达》被认为是埃及的"艺术瑰宝"，1871 年 12 月 24 日在开罗总督歌剧院首演，即获得巨大成功。当时的埃及总督伊斯梅尔帕夏酷爱欧洲文化，他决定创作一部歌剧以纪念苏伊士运河和开罗歌剧院的建成。于是，他邀请法国古埃及学家奥古斯特·马里埃特根据考古发掘，创作了这部歌剧剧本。后来，埃及总督以 15 万法郎为酬劳，邀请意大利作曲家威尔第为歌剧作曲。

有趣的是，《阿依达》虽然讲述的是古埃及的历史故事，交织着变化多样的埃及旋律，充盈着浓郁的本土气息的历史、音乐和风土人情，却是以西方的歌剧作为表现形式。这种略显怪异的组合产生了奇妙的"化学反应"，契合了多元文化的潮流，以至于《阿依达》自面世后，150 年来一直经久不衰，成为脍炙人口的歌剧经典，在世界各地巡回演出数千场。

爱情、死亡和战争是人类社会永恒不变的三大主题。《阿依达》恰好将这些主题囊括其中。它不仅是一个缠绵悱恻的爱情故事，更是一部充满张力、反映人性冲突的杰作，讲述了埃及历史的一个重要阶段，同时也影射了世界各地的政治动荡和战争给人类造成的创伤。在残酷的战争背景下，主人公们不得不接受命运的安排和摆布，挣扎于浓烈的爱情与厚重的责任之间，时而身不由己，时而抉择两难，时而爱恨纠葛，时而生死冲突，最终阿依达选择坦然殉情。

随着故事情节跌宕起伏地展开，观众仿佛穿越时空，来到了数千年前的古埃及，亲眼见证那个遥远的时代。他们的情感不知不觉与主人公产生强烈的共鸣，直到歌剧落幕，人们才从那场玄幻的梦境中恍然惊醒，看着夜幕下那静穆的狮身人面像和金字塔黑魆魆的虚影，一时恍若隔世。

除了圣洁的爱情本身给人以强烈的情感共鸣，使观众为主人公神圣的爱情唏嘘感叹外，沧桑的历史背景、精致的舞美设计、绕梁三日的唱腔、优雅的表演、浓郁的异国风情、复杂人性的考问、生与死的冲突、爱与恨的纠葛、沙漠与水的对抗……也都是《阿依达》赖以成功的关键性因素。威尔第赋予了该剧强烈的戏剧性，并使音乐与剧情的大开大合、一波三折有机融为一体。其中，尤其是第二幕的《凯旋进行曲》，因其气势恢宏的震撼场面和震耳欲聋的音乐效果，而成为该剧的代表段落。同时，激越雄浑的合唱《光荣属于埃及》更是经典桥段；拉达梅斯的咏叹调《圣洁的阿依达》和阿依达的咏叹调《祝你胜利归来》《祖国蔚蓝的天空》也都是不朽的精品。

埃及社会各界对《阿依达》回"娘家"抱以极大的热情和期待。长期以来，旅游业被视为埃及不可或缺的"面包和黄油"，作为其经济支柱产业之一，旅游业在埃及国内生产总值中占比高达 12%，外汇收入贡献率超过 14%，从事旅游业的埃及人占全国劳动人口的 12.6%。但自 2011 年埃及陷入政治动荡以来，持续的恐怖主义袭击威胁以及一系列民航事故，使埃及旅游业坠入寒冬，原来熙熙攘攘的旅游景点游人稀少、门可罗雀。重振旅游业，是近年来埃及政府一直努力的目标。而《阿依达》的回归和上演，可以吸引外国游客，对埃及旅游业的复苏，功莫大焉。

《阿依达》的故事反映战争酿成的悲剧，引发人们对和平与爱情的向往。埃及方面将《阿依达》放在金字塔前上演，正是试图利用《阿依达》和金字塔这两张文化名片的叠加效应，高声向世界发出信号：眼下埃及局势是稳定和可控的，陌上花开，阿依达都在暌违 10 年之后翩翩回来，游客们也可缓缓归矣！

中阿共筑"文学丝路"

2018 年 6 月，一场别开生面的文学盛宴在尼罗河畔举行，这场盛宴弥漫着清雅、高洁的芳香，深受阿拉伯读者的喜欢和青睐。中国和阿拉伯国家顶尖作家齐聚一堂，就文学创作与当下生活、文学的传承与创新、文学作品的翻译与互鉴等，开怀畅谈、各抒己见、共同切磋。热烈的讨论，激烈的交锋，具有真知灼见的观点交流和灵感碰撞，仿佛为开罗骄阳似火的炎炎夏日送来了缕缕清风，使人甘之若饴、顿感清爽。

早该如此　相见恨晚

此次论坛由中国作家协会、阿拉伯作家联盟和埃及作家协会主办，中国作协外联部与开罗中国文化中心承办。来自中国的铁凝、刘震云、麦家、余华等 13 名著名作家，以及来自埃及、阿联酋、科威特、沙特阿拉伯、阿曼、苏丹、也门、巴勒斯坦等阿拉伯国家的 50 多名著名作家与会，并就相关议题展开激烈的研讨和辩论。

据了解，本次论坛是中国与阿拉伯国家举办的首个以文学为主题的多边论坛。一个重要主题便是用文学助力"一带一路"倡议，旨在与丝路沿线国家共同搭建平台，令双方作家了解彼此的文学特别是当代文学的发展现状和创作趋势，充分感知各自人民当下的情感和社会脉动。希望通过举办中阿文学论坛，扩大文学作品互译，不断推进有深度、可持续、更具体、更多领域的文学交流与合作，使中国和阿拉伯各国作家之间的交流更加密切、更加丰富、更有成效，续写中阿文学交流合作的美丽篇章。

中国作协主席铁凝在接受笔者采访时表示积极评价这次论坛成果。她说，从实际效果看，论坛达到了预期的目的。中阿双方作家都有相见恨晚之感，许多阿拉伯作家表示，这样好的论坛为什么到现在才开始举办。在一整天长达 10 小时的对话中，众多阿拉伯作家踊跃发言，一些人甚至发言两三次，表现出很大的热情和很高的积极性。

"如果一个人不知道他要驶向何方，那么任何风都不是顺风。"文学，恰恰是通过优美的文字、栩栩如生的人物形象塑造和艺术审美，带给人们心灵启迪和精神感悟，给人们指明要驶往的方向和路径。

中国作家余华与埃及作家阿拉·阿斯旺尼都曾经是牙医。他们既给人治疗牙疾，更以深刻的作品给读者带来精神上的慰藉。同样的经历，使余华对阿斯旺尼"惺惺相惜"。他深有感触地说，阿斯旺尼在从客户嘴里拔出牙齿的时候，也拔出了他们的故事。这一形象的比喻，得到与会者的阵阵掌声。

阿斯旺尼在发言中引述阿拉伯大文学家、诗人、哲学家阿巴斯·阿卡德的话说："人活在世上只有一次生命，对我来说这远不够，它不足以激发我内心的活力和动能，只有文学和阅读才可以赋予这有限的生命以新的生命，尽管它不能在数量上增加生命的长度，却可以拓展其宽度，加深其深度。"

精神食粮　历久弥香

苏丹知名作家卡马鲁丁·阿里说，"文学"一词的词源，派生于阿拉伯语的"晚宴"一词，指为宾馆提供的美味佳肴。如果说食物就如同空气和水，是生活的必需品，任何生物无论是人类还是动植物都须臾不可或缺，那么同样的道理，人的心灵和头脑也需要各式各样的文学来洗涤和激荡，才能滋养精神，净化灵魂，减轻生活的压力与求生的艰难，为内心带来平静、安逸和幸福。

不少与会者认为，此言可谓精辟，讲出了文学的真谛，这与中国对文学概念的理解也存在着相通之处。实际上，同为世界文明古国，中国和阿拉伯国家都孕育了灿烂辉煌的文学积淀。以"关关雎鸠，在河之洲，窈窕淑女，君子好逑"为代表的中国最早的诗歌集，与"停下来，朋友！让我们哭泣"为代表的阿拉伯最早的抒情诗歌——悬诗，在诗歌审美性、艺术性和情趣等诸多方面，都有着异曲同工之妙。

中国同阿拉伯国家的友谊源远流长，古代丝绸之路把中国与阿拉伯各国早已连接起来，不仅促进了贸易和人员的往来，也推动了文化和文学的交流。围绕共商共建共享的"一带一路"倡议，阿拉伯各国正在努力发展经济，改善人民福祉。举办"中国阿拉伯国家文学论坛"，旨在深化中国与阿拉伯各国的传统友谊，助力"一带一路"建设，推动同阿拉伯各国的文学交流，巩固和发展同阿拉伯各国文学组织之间的友好合作，从而促进文明互鉴、民心相通和人文互鉴。

铁凝认为，"一带一路"倡议的大背景给文学带来了更多的可能性、更大的机会和更加蓬勃的活力，希望通过文学对话和切磋，加深中阿人民之间的情感交流和心灵相通。这一想法与埃及作家协会主席阿拉·阿卜杜勒·哈迪的观点不谋而合。哈迪强调中阿之间的古代丝绸之路和今天"一带一路"倡议的延续性。他指出，古丝绸之路沿线的商人为了经商，需要学习其他国家的语言、了解他们的文化，因此语言文化是古代丝绸之路贸易交往的基础。

文学丝路　共同铸就

在论坛现场，笔者注意到，台下不少阿拉伯作家都在翻看《人民文学》的阿文版《路灯》。仿佛被优美的文字所吸引，许多人都是专心致志、十分陶醉的样子。来自阿曼的作家哈穆德·盖拉尼说，中国文学意境独特，想象绮丽，描写细腻，笔法精湛，所刻画的人物呼之欲出，值得阿拉伯作家学习借鉴，"双方要共同努力，携手筑就面向未来的'文学丝路'"。

阿拉伯作家联盟秘书长哈比卜·萨伊赫表示，他希望建立阿拉伯国家和中国之间的文化交流桥梁，不辜负传统和坚持，并指出该论坛旨在提出切实可行的方法和建议，以规划与"一带一路"完美结合的详细的路线图。

铁凝说，长期以来，中国的学者和翻译家们把众多阿拉伯国家文学作品翻译成了汉语和其他中国少数民族文字，使中国的作家和读者有机会领略文化内涵深厚、富有哲理，语言和修辞风格独特的优秀阿拉伯文学作品——大量优美的阿拉伯诗歌散文和小说，书写了阿拉伯各国社会的历史变迁，记载了阿拉伯各国人民的生活情感，给中国读者留下了深刻而美好的印象；同样，多年来，阿拉伯国家的翻译家们也把许多中国不同时期的文学作品和作家翻译介绍给了阿拉伯国家的读者，中国古代的《论语》《诗经》和许多当代中国作家的作品也由此为众多阿拉伯国家的读者所熟知。因此文化交流成为人类历史上重要的一环。

在埃及作协主席阿莱看来，对于中阿两大文明和中埃两个国家而言，文化特别是文学和语言的交流正当其时。他说，将不同的文化和人民联结起来，是古代丝绸之路留下来的重要历史遗产。语言间的交流和对彼此风俗习惯的了解，对于贸易往来十分重要，因此文化交流成为人类历史上重要的一环。不同文明体系在思想和文化上的交流促进了语言、宗教的发展和融合，"而离开这些交流和碰撞，很难想象现代的大型合作项目和日常经济往来不会遇到障碍"。

当今寰宇，乱象丛生，世界多地动荡频发，形势难宁。所以说，世界是残酷的。然而，世界同时又是美好的，因为心灵的安宁和幸福并不遥远。巴勒斯坦作家萨利赫认为，优秀的文学作品能抵御极端思想的蔓延，也能消弭仇恨和敌意。在萨利赫看来，推动文明对话和文化交流可以让我们生活的这个世界变得更好，可以少一些憎恨、仇隙和纷争，而这正是作家的崇高任务和光荣使命。

　　论坛期间，中国作家协会还同阿拉伯作家联盟签署了《开罗共识》，并分别同埃及和巴勒斯坦作协签署了《中埃文学交流合作协议》和《中巴文学交流合作协议》。根据相关协议，第二届"中国阿拉伯国家文学论坛"将于 2020 年在中国举行。可惜，由于 2020 年年初突然暴发世界范围内的新冠肺炎疫情，第二届论坛未能如期举行。人们都盼望着疫情早日结束，这样，双方就可以安心坐下来，面对面举行新一轮的文学交流和对话，共同建设惠及双方的"文学丝路"。

五 05

人物速写

埃及历史上的四大女政治家

哈谢普苏特——埃及的"慈禧太后"

哈谢普苏特是埃及历史上的第一位女法老，公元前1489年至公元前1469年在位。她是一位不折不扣的女强人，有"贵妇之王"之称，可以说，哈谢普苏特某种意义上就相当于埃及的"慈禧太后"。

打小，哈谢普苏特就聪明伶俐，智慧过人，而且长相和行为都像个男孩。父亲特哈特姆斯长年在外征战，并在叙利亚、努比亚（埃及南方及今天的苏丹北部地区）和两河流域等地频频取得胜利，这对哈谢普苏特影响很大，她多么希望自己是个男孩，这样长大后就可以成为像父亲那样有所作为的大人物。

然而，女性的身份并没有阻止哈谢普苏特成为一代伟人。30岁那年，丈夫图特摩斯二世去世，哈谢普苏特成了寡妇。继承王位的是丈夫与妾所生的图特摩斯三世，当时还不到12岁。这样，哈谢普苏特自然就成了事实上的"摄政王"，顺理成章地"垂帘听政"了3年后，她索性宣布自己是法老，一直统治了埃及20年。

哈谢普苏特在位的20年间，埃及社会稳定，经济发达，人民休养生息，安居乐业，是埃及历史上最好的年份之一。埃及历代法老都以征战四方让历史记住他们的名字，而哈谢普苏特却以出色的外交及发展与邻国的贸易使自己彪炳千古。哈谢普苏特还疏通了连接尼罗河和红海之间的古运河，然后派出庞大的舰队驶过苏伊士湾，驶过红海，劈波斩浪远赴世界各国。

在唱给法老的赞歌中，古埃及人称哈谢普苏特为"妇女保护神"，人们在她的名字后面故意加了一个表示阴性的符号，以显示她作为女性的伟大。虽然不是男的，但哈谢普苏特冲破了性别的限制，以自己的绝对权威达到了权力的顶峰。

哈谢普苏特与其他法老一样，生前就多次勘察自己死后的葬身之地，她还给自己建造了世界上最大、最豪华的神庙——代尔·巴哈利神庙，也叫"哈谢普苏特神庙"，其中有埃及最高的方尖碑。在神庙雕像的刻画上，哈谢普苏特把自己塑成男身，并故意装上胡子，以显示她作为法老的威严。

可惜的是，哈谢普苏特去世后，继任者图特摩斯三世把她神殿里竖立的法老石像都砸毁了。有人说，这可能是出于嫉妒。但哈谢普苏特作为一代伟人的光芒是遮挡不住的，她在历史上依然赫赫有名，至今仍被人所铭记。

纳芙蒂蒂——天生丽质的出水芙蓉

今天在埃及，纳芙蒂蒂似乎就是古埃及的形象代言人，首饰盒上、铜盘上、各类旅游书上，以纳芙蒂蒂为造型的美妙绝伦的雕像随处可见。正如这个名字的意思是"美女来了"一样，纳芙蒂蒂的确是古埃及历史上最美的女子之一。史载，她面容娟秀，身体窈窕，表情娴静优雅，尤其是她细长的脖子和戴着后冠的高昂头颅，是她区别于其他美女的地方。一些文学作品将纳芙蒂蒂描绘成"天生丽质的出水芙蓉"，并不为过。

纳芙蒂蒂是阿蒙霍特普三世国王最小的女儿，阿蒙霍特普三世去世后，他的儿子宣布为法老，称阿蒙霍特普四世，还迎娶了纳芙蒂蒂。纳芙蒂蒂从小就信仰太阳神阿顿，认为他的光芒是万物的来源。她向丈夫做工作，鼓励他也追随自己的信仰，把太阳上升到最高神的位置。后来，阿蒙霍特普采纳了妻子的建议，进行宗教改革，削弱僧侣的势力和影响，在全国推行一神教，宣布自己是太阳神的唯一圣子，并易名"阿肯那顿"。

阿肯那顿和纳芙蒂蒂每到一处，总会引起轰动，人们围得水泄不通，争相一睹美丽王后的芳容。据考古学者考证，纳芙蒂蒂不但长得美丽，而且端庄、贤惠而坚强，还帮助丈夫辅佐政务。阿肯那顿非常喜欢纳芙蒂蒂，他下令建的许多建筑物墙壁上都绘有歌颂纳芙蒂蒂的图画和诗歌，两人的爱情曾被人们传颂一时，直到今天，仍是文人学者创作的源泉。但是后来，阿肯那顿成了一个对爱情不忠的人，到了晚年还抛弃了纳芙蒂蒂，使她孤寂索居，郁郁寡欢。但即便这样，纳芙蒂蒂仍然对阿肯那顿保持着绝对的忠诚。

纳芙蒂蒂不但是个贤内助，而且她的名声甚至超过作为第18王朝法老之一的丈夫，在许多雕塑上，纳芙蒂蒂都与丈夫平起平坐，甚至一些石像上还雕着她戴着法老王冠的画面，埃及的一些史书称纳芙蒂蒂为"尼罗河的统治者""地中海女王"等。

克利奥帕特拉——悲情的埃及末代法老

克利奥帕特拉的名声很大，尤其是由著名影星伊丽莎白·泰勒出演的电影《埃及艳后》上映后，克利奥帕特拉作为"埃及末代艳后"的形象更是家喻户晓、闻名遐迩。其实，这是一个美丽的误解，克利奥帕特拉并不仅仅是王后，她更是一位实实在在的女王，是埃及托勒密王朝的末代法老。

克利奥帕特拉生活在公元前 69 年至公元前 30 年之间，她是托勒密 11 世之女，17 岁就开始执掌政权。为了政治、权力和国家利益，克利奥帕特拉不惜利用她的绝世美貌与罗马大将恺撒和安东尼打交道。公元前 49 年，被驱逐到叙利亚的克利奥帕特拉依靠恺撒的力量重返埃及，恺撒完全拜倒在这位貌美法老的石榴裙下，克利奥帕特拉和恺撒生有一子，叫恺撒里昂。

恺撒被杀后，克利奥帕特拉回到了亚历山大，亲自治理国家。她把权力归还埃及人，拒绝希腊马其顿人插手，同时她大力发展经济，重视农耕，整修河渠，发展水利，把国家治理得井井有条，深得人民的喜爱。

然而，克利奥帕特拉毕竟生活在末代王国，内忧外患，国力日衰，纵使她有不尽的智慧和才能，也阻挡不住埃及走下坡路并最终走向衰微的总体趋势。这是一个时代的悲剧。

公元前 37 年，克利奥帕特拉与安东尼结婚，助其同屋大维做斗争。公元前 31 年，屋大维进军埃及，安东尼与克利奥帕特拉为了不受屈辱，先后自杀。克利奥帕特拉在自己的胸前放了一条毒蛇，被蛇噬死。据说在古埃及人看来，这样的死法可以"流芳百世"。克利奥帕特拉因此也有了一个"尼罗河之蛇"的绰号。

克利奥帕特拉与恺撒和安东尼的骇世情缘和三角关系，成为历代作家、诗人、戏剧家、历史学家等取之不尽的创作素材。如但丁的诗歌《地狱》、莎士比亚的戏剧《安东尼与克利奥帕特拉》、萧伯纳的戏剧《恺撒与克利奥帕特拉》等都有所涉猎。

埃及人十分推崇和敬仰克利奥帕特拉，有人尊奉她为"女神"，或者简称她为"女王"。不过，也有人对克利奥帕特拉为了使国家富强而不惜使用美人计的做法颇有微词。这注定了克利奥巴特拉是一个有争议的女王。

舍哲尔·杜尔——开明的思想，敏锐的智慧

舍哲尔·杜尔生活在埃及的阿尤布王朝（1169—1250）。她本来是个侍女，后来凭着聪明和智慧嫁给了国王，在国王去世后成为女王。

舍哲尔·杜尔出生在亚美尼亚，原本是一个基督教徒，后来皈依了伊斯兰教，并随家人一路流浪辗转来到了开罗。她经人引介后，有幸到宫中当差，后来还以姣好容貌和聪明伶俐得到了苏丹（统治者，即国王）的宠幸，嫁给了苏丹萨利赫·纳吉姆丁·阿尤布。

当时，欧洲的十字军频频侵犯包括埃及在内的中东地区，遭到埃及民族英雄萨拉丁的顽强抵抗和打击。萨拉丁死后，阿尤布王朝陷入混乱。这时，萨利赫即位，得到舍哲尔·杜尔的大力辅佐。十字军不断向埃及进攻，占领了许多地方，而萨利赫却得了重病。舍哲尔·杜尔决定代表苏丹与敌人谈判，以解放埃及。在谈判期间，萨利赫去世了。

舍哲尔·杜尔表现得十分理智，她一直严守秘密，将萨利赫的死讯掩盖了3个多月，避免了引起军心涣散的不利局面。直到击败十字军，她的一个儿子回开罗后，才公开萨利赫的死讯。然而，那个儿子不是舍哲尔·杜尔亲生的，她对他不满意，便默许手下将他杀掉了，她自己则被民众拥戴为女王。

为了使自己国王的身份得以名正言顺，舍哲尔·杜尔自称"萨利赫的使女，哈里发的仆人"。舍哲尔·杜尔审时度势后，批准了与十字军首领路易王签订的协议，并结束了第六次十字军战争。她还对国政进行改革，大兴水利，发展农业，把开罗变成了"富庶的粮仓"。

舍哲尔·杜尔的行为虽然受到人民的欢迎，却遭到统治者的嫉恨，反对者派人杀害了她。而前前后后，舍哲尔·杜尔在位也就一年的时间。她遇害身亡后，一个年仅6岁的孩子被立为王，国家的实权旁落到马穆鲁克人（奴隶）的手中，埃及从阿尤布王朝进入马穆鲁克王朝时期。从这个意义上说，舍哲尔·杜尔也可视为阿尤布王朝的"末代女王"，而且是一个绝顶冷静与贤达的"智慧女王"。

埃及前总统萨达特

"当代金字塔"

埃及首都开罗，有一个叫纳赛尔城的地方。穿城而过的宽敞大街上，有一座看上去很像金字塔的建筑，那便是埃及前总统萨达特的墓地，也是埃及无名英雄纪念碑的所在地。

纪念碑本来是为了纪念在 1973 年第四次中东战争中阵亡的将士而建的。1975 年 10 月 6 日，也就是战争之后两周年之际，纪念碑正式竣工，萨达特亲自揭幕。他没想到，6 年后自己也被埋葬在了这个仿照古埃及法老陵墓、象征永恒与升华的金字塔型建筑之中……

整座纪念碑占地一万多平方米，由埃及著名设计师萨米·拉菲阿设计，奥斯曼·艾哈迈德·奥斯曼建筑公司负责施工。造型为四根空心斜柱交汇合成金字塔状，每根柱子上都用巨大的阿拉伯文字浮雕着第四次中东战争中为国捐躯的埃及将士名字，共 18 行，硕大的字体苍劲古雅，力透纸背。

这一建筑迄今已快半个世纪了，国内外对它的评价都很好，不但造型巧妙，与世人皆知的金字塔这一埃及古建筑一脉相承，而且与纪念和缅怀的主题也十分吻合，成了开罗的标志性建筑，有"当代金字塔"的雅称。访问埃及的外国元首和领导人，都要到这里拜谒一下萨达特墓，缅怀一代伟人的丰功伟绩。外国游客来开罗，这里更是必不可少的参观地。

敢为天下先的"和平鸽"

与纪念碑隔着一条大街的正对面，就是萨达特遇害的检阅台，后来经过几次修葺，已成为开罗的又一景观。

萨达特是埃及的民族英雄，是一位英勇善战的骁将，他亲自指挥了第四次中东战争，以雪洗前三次中东战争阿拉伯屡战屡败的耻辱。战争伊始，埃及军队便以犀利的攻势，把精锐勇猛的以色列军队打得措手不及、一败涂地。要不是以色列前总理，当时是战地指挥官的沙龙在西奈半岛率领部下拼命杀出一条血路，以色列军队甚至有全军覆没的危险。

战争后，萨达特意识到，战争给人民带来的灾难深重无比，战争绝不是解决问题的办法，只有走和解之路，才是正道。1977年11月，萨达特在埃及议会突然宣布，他决定亲自赴以色列访问，与这个世仇死敌的国家谋求和平。当时，埃及全体议员都惊得目瞪口呆，许多人甚至怀疑他是不是在讲胡话，有些人以为自己在做梦，或者是自己的耳朵出现了问题，一时间听错了。不少人在弄清萨达特并非有病，并非胡言乱语，而是在十分严肃认真地发言时，忍不住高呼："以色列乃罪恶的虎狼之国，千万不可去啊！"

但是，萨达特对议员们的话置若罔闻，因为他去意已决。面对众人的哗然，萨达特淡淡地说："为了和平，我将会走遍天涯海角，哪里都可以去，为什么要排除以色列呢？"11月19日，萨达特踏上了以色列的国土，并访问耶路撒冷，整个世界都难以置信。萨达特在以色列议会慷慨陈词，并戏剧性地会见了以色列领导人，向他们承诺"不再发动战争"，并给予以色列事实上的承认。直到这时，以色列总理贝京和许多部长才相信萨达特所说的与以色列实现和平并不是在开玩笑。1978年9月6日，在美国的调解下，萨达特和贝京签署了具有划时代意义的《戴维营协议》，他和贝京分享了当年的诺贝尔和平奖。又过了一年，埃及和以色列正式缔结和约，两国握手言和，历史从此翻开新的一页。

萨达特的行动，引起许多阿拉伯国家的极大愤怒，不少阿拉伯国家同埃及断交。同时，阿拉伯国家联盟总部也从埃及首都开罗迁移到其他国家。当时的利比亚总统卡扎菲甚至说要杀死萨达特。在埃及国内，伊斯兰极端势力认为萨达特是"走火入魔了"，是"不可饶恕的异教徒"。"穆斯林兄弟会"和"赎罪与迁移"等极端组织宣称：萨达特背叛了埃及和整个阿拉伯伊斯兰国家，必须以各种可能的方式干掉他。

美国竭力保护萨达特。美国中央情报局专门为萨达特安装了一套极为敏感和秘密的通信系统，确保他的电话不被窃听。只要萨达特出国访问，中情局都提供空中预警雷达飞机实施保护。中央情报局还拨出巨款训练萨达特的保镖，多次向埃及亲自提供保安人员，还建议在萨达特的几处住宅装设探测器和其他防止外人闯入的警报器。美国极力保护萨达特的原因是，当时的美国总统卡特太需要萨达特了，把他视为美国在中东地区的战略盟友，要倚重萨达特领导下的埃及的特殊地位和作用，与苏联进行冷战和抗衡。

埃及军队、警察和情报部门等，也明显加强了对萨达特的保卫工作，如安排他在几处不同地方的住宅没有规律地轮流居住，尽可能少地让总统离开开罗。如不得不离开，就乘坐直升机，或乘装甲防弹汽车，并建议萨达特尽量少去参加公众活动等。尽管如此，仿佛在所难免似的，厄运还是最终降临到了这位敢为天下先的"和平鸽"身上。

喋血检阅台

1981年10月6日，萨达特身着崭新的元帅服，肩佩"西奈之星"绿色绶带，在胜利广场的阅兵台举行盛大阅兵式，庆祝"十月战争"胜利八周年。他的右侧是副总统穆巴拉克，左侧是国防部部长艾布·加扎拉。

中午12时59分，正当人们翘首仰望米格-29战斗机低空飞行表演时，一辆受检阅的130炮车突然在检阅台前停下，从驾驶室跳下一名陆军中尉和三名士兵。萨达特以为他们在向自己敬礼，便站起来还礼。名叫卡里德的中尉先扔出一枚手榴弹，紧接着用冲锋枪向萨达特扫射，另三人兵分两路向检阅台发起袭击。

当时正在进行实况转播，播音员不相信这是真的，以哽咽的声音说道："刺客，叛徒，同胞们，埃及……"说到这里，电视屏幕上一团漆黑。卡里德这时已冲到了离检阅台近在咫尺的地方。一个记者拦住了他的去路，义正词严地吼道："你这个叛徒！"他想赤手空拳挡住刺客的去路，但被卡里德一枪撂倒在地。人们都吓傻了，一个个目瞪口呆、惊慌失措，纷纷本能地钻到桌椅底下。刚反应过来的总统警卫，这时才开枪还击，但一切都已经晚了，萨达特早已倒在了鲜红的血泊中……

谋杀事件在众目睽睽之下仅仅持续了大约两分钟，但就是这短短的两分钟改写了埃及和中东地区的历史。萨达特身中五弹，穿透肺部的两颗子弹使他流血过多，被送到医院时已经气绝身亡。卡里德是"赎罪与迁移"组织的骨干成员，这一组织千方百计刺杀萨达特的罪恶愿望终于得逞了。一代伟人倒在了极端伊斯兰教分子的枪口下，死在了庆祝战争胜利的不设防的检阅台上。

据萨达特的遗孀吉萨·萨达特后来回忆，萨达特事先知道有人要谋杀他，但他仍拒绝穿防弹衣，认为那不是男子汉应有的气派和行为。同时，检阅台前，尤其是他的前面本来坐着一名警卫保镖，萨达特嫌他的头高出台面，影响视线而下令把他撤走了。

萨达特遇刺后7个小时，副总统穆巴拉克在电视上发表讲话："我们受到千百万人爱戴的领袖，战争与和平的英雄不幸逝世了。真主命令萨达特在士兵、英雄和人民中间，在骄傲地庆祝阿拉伯世界赢得尊严和胜利的这一天体面地死去。"

10月10日，埃及为萨达特举行隆重的国葬。包括美国总统尼克松、福特、卡特和以色列总理贝京在内的许多国家领导人出席了葬礼，他们在萨达特的墓前静立、默哀，深切缅怀为中东和平做出巨大贡献的这位埃及前总统。

笔者曾多次瞻仰萨达特墓，为了写此稿，又来到萨达特的墓前待了很久。只见三名古埃及打扮的卫兵守护在墓前，墓碑上，几行娟秀的阿拉伯字十分醒目：

> 虔诚的总统
> 穆罕默德·安瓦尔·萨达特
> 战争与和平的英雄
> 为和平而生
> 为原则而死
> 伊斯兰历 1401 年 12 月 8 日
> 公元 1981 年 10 月 6 日

落日的余晖里，笔者怀着崇敬的心情，默默离开一代伟人的长眠地，回到喧闹的开罗闹市区，心情和思绪却依然在萨达特墓、萨达特的一生、萨达特为之奋斗的中东和平事业飘荡……

埃及肚皮舞皇后纳吉瓦

肚皮舞又叫东方舞，埃及是这一舞蹈的发源地和兴盛地，人们到埃及参观游览，肚皮舞是必看的项目，而能看到埃及第一舞后纳吉瓦·福阿德的表演，则是莫大的荣幸之事。因为纳吉瓦太有名了，在埃及，在阿拉伯国家，甚至在整个中东地区，她的名字几乎无人不晓。

辛酸的童年

纳吉瓦·福阿德 1943 年出生于埃及北部地中海畔城市亚历山大，她父亲是埃及人，母亲是来自约旦河西岸城市纳布卢斯的巴勒斯坦人。刚生下她不到几个月，纳吉瓦的母亲就撒手人寰了，父亲后来又娶了个巴勒斯坦妇女，并带着全家来到了当时属于巴勒斯坦领土的雅法，在那里，纳吉瓦度过了她最初的童年时光。

纳吉瓦视后妈如亲娘，而后娘也待纳吉瓦不赖。1948 年，纳吉瓦的家被犹太人摧毁了，父亲到埃及亚历山大安排未来的生计，刚走不久，整个雅法也被以色列占领了，于是，纳吉瓦和后母不得不像所有人那样乘船逃难，沦为难民。她们来到了埃及西奈半岛北部的阿里什，住在难民营的帐篷里，每天排着数小时的长队，等候分到粗陋的食物果腹。后来纳吉瓦回忆道，在那段苦难的岁月里，"记忆中唯一甜美的东西，就是难民营午餐提供的冒着泡沫的水果饭了"。

后来，纳吉瓦娘俩托人将她们的消息告诉了父亲，父亲把她们接到了埃及亚历山大。但不久，父亲就又结婚了，纳吉瓦母女只好相依为命地来到开罗，两人身无分文，又举目无亲，后母只得靠给人缝补浆洗衣服勉强维持两人的生活，后母没有生过孩子，却有一副善良的心肠，她把纳吉瓦当成自己的亲生女儿来养育，让童年的纳吉瓦感受到辛酸中的温馨、泪中的欢笑。

似乎有着某种天赋，纳吉瓦打小就对跳舞感兴趣，对音乐、旋律和节奏有着天生的敏感性和感悟力。每当音乐响起，她都会不自觉地跟着音乐的节奏跳起舞来。随着年龄的渐渐长大，这一特长更加明显。纳吉瓦发誓一定要跳好舞，好赚到钱，来报答后母的养育之恩。

夜总会 14 岁的舞女

纳吉瓦 14 岁那年，好不容易在明星经纪人奥拉比的办公室混上了一份负责转接电话的差使，并在奥拉比的帮助下，开始在金字塔附近一家夜总会跳舞。

后来纳吉瓦又来到了更有名气的饭店跳舞。当时，埃及规定肚皮舞演员的法定年龄须在 16 岁以上。由于不够这一条件，纳吉瓦遭到了警察的关押，在审讯时，她坚持说自己已经 16 岁了，并由饭店出具了担保，这才被放了出来。多少年以后，每当回忆起这一段不幸的经历，纳吉瓦总是忍不住露出苦涩的笑容。

出狱后，纳吉瓦又到著名的阿布丁赌场跳舞。在那里，她结识了后来对她一生有着决定性影响的艾哈迈德·福阿德·哈桑，这是一位音乐家和舞台设计师，他给了纳吉瓦在当时最为著名的"城市之光"节目登台亮相的机会，这是个诞生明星的特殊舞台，而也只有明星才可以置身其间。

艾哈迈德·哈桑后来成了纳吉瓦的丈夫，他教会了纳吉瓦更多的专业知识，送她上国家舞蹈剧团，并跟俄国老师学习民间舞蹈。1976 年，埃及著名的作曲家阿卜杜·瓦哈布专门为纳吉瓦谱写了一支叫作《满月》的曲子，纳吉瓦由此达到舞蹈造诣的顶峰，并使肚皮舞从娱乐休闲的不入流境地走向高雅的艺术圣殿，她的名气也更大了。

艺无止境，不断创新

纳吉瓦"6 岁就梦想成为受人尊敬的著名舞蹈演员"，是一个听到乐曲就忍不住要跳舞的人，她甚至"在任何时间任何地点都可以跳舞"。她的成绩就来自不断地手之舞之、足之蹈之。埃及媒体这样介绍纳吉瓦：纳吉瓦的事业心非常强，她说"紧张而光荣的一个小时，抵得上默默无闻的一生"。

纳吉瓦很好地吸收了前辈舞蹈家的长处和优点，并加入了许多自己的创新，形成了极强的个人风格，照她的话说就是"革新、发展、荣誉和特色"。

由于名声太大、舞技一流，纳吉瓦后来被电影导演看上，开始跻身影坛，先后拍摄过不下 100 部的电影，由于埃及电影在阿拉伯世界有着广泛的影响，因此纳吉瓦和她的肚皮舞便广为阿拉伯人所知晓。加之 20 世纪七八十年代埃及电影处于辉煌时期，大量出口，这样西方人也对纳吉瓦的名字耳熟能详。虽然有机会演电影，但纳吉瓦真正感兴趣的，仍然是她的舞蹈。

笔者曾看过几部根据纳吉瓦演的电影灌制的 VCD，有纳吉瓦出场的时候，总是欢快热烈，掌声雷动。只见浓妆艳抹的纳吉瓦身着薄如蝉翼的舞装，除了腰佩环铃，还戴着耳环、项链、手镯、脚铃等各种金属饰品。在以手鼓为主，辅以笛子、竖琴等乐器的强烈音乐伴奏下，纳吉瓦面露无限风情，恬然自若地亮相出场，她的胸部、臀部、腰部、腹部和胯部都在款款扭摆，仿佛会说话一样。她跳得时快时慢，快时全身的每一块肌肉都在有节奏地颤抖，金光闪闪的饰品发出悦耳的铿锵声；跳得慢时，则向四处环顾，真是"巧笑倩兮，美目盼兮"，仿佛与周遭的人们做眼神交流。

纳吉瓦与蒂娜、菲菲、露茜、苏菲·扎奇、汉蒂并列为埃及当代六大肚皮舞演员，但后面几个，要么只是脸蛋漂亮，要么只是身材火辣，要么人品欠佳，要么绯闻缠身。埃及文艺界认为，若论综合素质、舞蹈水平、创造性和影响力，纳吉瓦当之无愧地名列第一，是"国宝"级的人物。

结婚四次

纳吉瓦做了许多让肚皮舞被世人接受和喜欢的工作，因为肚皮舞在奥斯曼帝国时期曾融入了色情成分，而现在一些外国舞女在埃及跳的肚皮舞也是"挂羊头卖狗肉"，所以人们存在着许多偏见。

19世纪穆罕默德·阿里统治埃及时期，一度禁止在公共场所跳肚皮舞，所以肚皮舞曾一度衰落。几十年来，肚皮舞在埃及经历了种种争议，最后允许它存在并发扬光大的观点占了上风，这与纳吉瓦的据理力争和不懈努力是分不开的。纳吉瓦强调舞蹈的重要性，她说："你会从肚皮舞中感受到东方香水和一千零一夜的特殊味道。"

纳吉瓦先后4次离婚又结婚。在与第一任丈夫艾哈迈德·哈桑生活了6年后，两人分道扬镳，但仍保持着好朋友的关系。丈夫比她大17岁，但离婚并不是因为年龄原因，而是艾哈迈德提出要生孩子，而纳吉瓦整个心思都扑到事业上，根本顾不上生孩子的事，也压根不想生孩子。纳吉瓦创办了一个由12名舞蹈家、35名音乐家组成的舞队，在全国各地巡回演出，一点也顾不上照料家里。

纳吉瓦后来嫁给了开罗希尔顿五星饭店总经理萨米·祖革比，她认为这是"生命中最好的时光"。那是70年代，纳吉瓦已是红透阿拉伯世界的著名舞星。有一天，她丈夫祖革比接到一个电话，说让正在亚历山大演出的妻子赶快回来，祖革比问什么事，对方说正在埃及访问的美国国务卿基辛格明天就要回国，行前想看看纳吉瓦的表演。

纳吉瓦回忆道，她连夜赶回了希尔顿饭店表演，基辛格看得数次从座位上站起来热烈鼓掌。"那是1974年至1975年间，基辛格正在为促成埃及签署《戴维营协议》进行外交穿梭，访问了埃及 11 次。打那以后，每次来埃及，基辛格都要看我的表演。基辛格与南茜结婚后，带着她到埃及一起看，她对我说她丈夫很喜欢看我的演出。"

美国总统卡特和夫人访问埃及时，也特意提出要看纳吉瓦的表演。纳吉瓦说："卡特告诉我，基辛格说得没错，你确实很了不起。我最后一次看到卡特，是在伊斯梅利亚举行的协议签署仪式上。"

纳吉瓦与基辛格的关系一度也被渲染得沸沸扬扬。一家小报的标题就是《舞女与总统》，极尽捕风捉影、胡扯编排之能事。但纳吉瓦"身正不怕影子斜"，她说自己从未单独见过基辛格，也没邀请他到过自己的家里，没有什么见不得人的事情。

现在，纳吉瓦年事已高，早已不在夜总会和大饭店跳舞了，但还会时不时地在电视上露面，她是同代的埃及演员中表现力最强、最长、最旺盛的一位，是埃及人的骄傲。

"阿拉伯小说巨匠"马哈福兹

埃及著名作家、诺贝尔文学奖得主纳吉布·马哈福兹，在他的一部小说中这样写道："健忘是我们胡同的瘟疫。"尽管如此，埃及却没有忘记这位被誉为"阿拉伯小说巨匠"的大作家。在马哈福兹去世13年后，埃及于2019年终于为这位"文坛巨擘"辟出了一座专门的博物馆，以实际行动深切缅怀这位在胡同中长大、敢为民代言、一生精力都献给了文学创作的经典大家。

著名伊斯兰古迹成为博物馆

马哈福兹是迄今为止，在所有阿拉伯国家中唯一摘取诺贝尔文学奖桂冠的作家。在开罗车水马龙、热闹喧嚣的阿拉伯国家联盟大街上，携书持杖、深思前行的马哈福兹造型雕像已矗立了许多年，而由于种种原因，一直酝酿中的马哈福兹博物馆，却在人们充满期待的漫长等待中姗姗来迟。

埃及著名作家马哈福兹博物馆

马哈福兹博物馆位于毗邻爱资哈尔清真寺的塔布里塔街上，这里伊斯兰遗迹密布，历史文化底蕴丰厚。博物馆原本是一座名叫塔齐亚·阿布·达哈布的伊斯兰古老建筑，受到埃及政府和文化部门的悉心保护。有着两层楼的塔齐亚·阿布·达哈布建筑既位居小巷深处，在情感上与开罗当地民众"零距离接触"，颇接地气；又是古伊斯兰建筑和阿拉伯文化的一部分。因此，把这里辟为马哈福兹博物馆，很符合主人公的人生履历、成长背景、创作特征、情感脉络和心路历程。

博物馆所在的塔布里塔街，虽然叫街，但不长、不宽、不大，说它是巷子也许更准确一些。塔布里塔街两边商铺林立，各色人等熙来攘往，市井气息浓郁。笼罩在浓郁市井味中的博物馆外表普普通通，好不起眼，里面却出乎意料、别有洞天。一层布满了马哈福兹的照片，以及包括其幽默漫画在内的各类画像，墙壁上还张贴着马哈福兹创作的一些哲言警句，譬如有一句写道："生活可以概括为两个词：迎接和告别。尽管如此，这一过程却是无休止的。"

二层分好几个单独房间，分别展示马哈福兹大量文学作品的各种版本、手稿，用过的钢笔、笔记本、草稿纸、眼镜、衣服、帽子，写给亲友和同行等的信件等物品，以及他获得的包括诺贝尔文学奖奖章、证书在内的大量奖项的证书、证章等，还有几个房间是音像室，用来循环播放马哈福兹的生平事迹，以及根据其创作的小说改编而成的影视剧等。

市井小巷走出平民作家

"事情并非偶然。"在马哈福兹博物馆开馆典礼仪式上，埃及文化部部长伊娜斯·戴伊姆说，"之所以选择这里作为博物馆，是因为此处位于马哈福兹写得最多的地方，而且离他出生的房子也很近。"

马哈福兹是土生土长的埃及作家，或者说是正宗的开罗本土作家，他1911年12月11日出生于开罗一个中下层家庭，童年是在著名的爱资哈尔清真寺附近古老街区的小胡同里度过的，与那里平民百姓的孩子一起玩耍长大。1934年，马哈福兹从开罗大学前身——福阿德一世大学哲学系毕业后，先是留校任教，后来分别在宗教基金部、文化部、文学艺术部和社会最高理事会等部门就职，同时，他利用业余时间从事文学创作。退休后，马哈福兹成为《金字塔报》专栏作家，开始心无旁骛，埋首创作。

数十年笔耕不辍的文学生涯，使马哈福兹的创作结出硕果累累。他共有34部长篇小说、350多部短篇小说、几十部电影剧本和5部戏剧问世。其代表作是长篇小说"开罗三部曲"（《宫间街》《思宫街》《甘露街》）、《我们街区的孩子们》《平民史诗》，以及散文随笔集《自传的回声》《痊愈期间的梦》等。1988年，马哈福兹荣膺诺贝尔文学奖，获奖理由是"通过大量刻画入微的作品——显示了洞察一切的现实主义，唤起人们树立雄心——形成了全人类所欣赏的阿拉伯语言艺术风格"。

阿拉伯人把马哈福兹视同与英国的狄更斯、俄国的托尔斯泰、法国的巴尔扎克和雨果一样伟大的作家。《伦敦书评》甚至称，马哈福兹"不单是雨果和狄更斯，还是高尔斯华绥、托马斯·曼和左拉"。此言难免有夸饰的成分，但就其创作内容的思想性、时代性、政治性以及关注人生、人性、为民代言等方面所体现出的现实主义博大精深的内容、底蕴和风格而言，确实与上述作家多有一脉相承之处。难怪，诺贝尔文学奖评委会在马哈福兹的颁奖词中指出：他的作品"总体上是对人生的烛照"。

马哈福兹是一位富有良心、责任感和担当精神的作家，虽然他的早期作品取材历史，从历史事件、历史人物和历史典籍中汲取灵感，但贯穿其中的，依然是埃及知识分子应有的家国情怀和历史责任心，作品与民族命运和祖国的前途息息相关。从第一部长篇历史小说《命运的嘲弄》，到接踵而至的《拉杜比斯》（又译《名妓与法老》）和《底比斯之战》，莫不如此。这些历史小说采取"曲笔"的手法，或者说巧妙地借用"春秋笔法"，含沙射影，针砭时弊，借古讽今，将抨击的矛头直指当时英国殖民统治者，以及此前奥斯曼帝国对埃及的入侵和占领，表现出追求民族独立、致力于国家解放以及反对外来压迫和对自由、幸福、美好生活的憧憬与向往，具有一定的浪漫主义情怀和倾向。

从1945年起，马哈福兹的创作路径和风格发生变化，他正式开始现实主义小说创作，并以一年一部新作的惊人速度，连续发表了《新开罗》《汗哈利利市场》《梅达格胡同》《始末记》等小说。这些小说剑指埃及社会的不公和矛盾，呼吁社会变革、人民当家做主。在歇笔近10年后，更具深刻思想意义、更具丰富社会内涵、具有更宽时间跨度的宏大叙事小说问世，这便是皇皇巨著"开罗三部曲"。"开罗三部曲"描写了一个埃及商人家庭三代人的不同际遇，浓墨重彩地绘就了埃及现实生活的历史画卷，史诗般地概括了埃及20世纪上半叶的风云变幻和政治、社会现实，是一部百科全书式的经典之作，一经问世，即因其博杂的内容、深邃的精神价值和游刃有余的写实主义创作手法而大受欢迎，一时间好评如潮，喝彩不断，并于1957年获得埃及"国家文学奖"。

在艺术探索中不断创新和超越

"他以毕生的创作，将阿拉伯小说推上了现实主义的巅峰，而他的现实主义又极为独特和艺术性地把现实的沧桑与难以言明的永恒化为一体。"阿拉伯著名学者赛义德在评价马哈福兹的创作时如是说。此言颇为深刻，可谓一语中的。

在创作上，马哈福兹一直坚持认为："小说是一种艺术形式，它是一种无与伦比的艺术，值得坚持不懈地积极探索，并不断跨越前人、超越自我。"纵观马哈福兹一生的小说创作，他用持之以恒、孜孜以求的勤奋行动，身体力行地践行了自己的这一艺术主张。

在完成以"开罗三部曲"为代表的一系列现实主义长篇小说后，马哈福兹在阿拉伯世界的名声如日中天，他被许多媒体评论为"开创了阿拉伯小说创作的先河""开启了中东、非洲文学的新时代"，甚至被不少文学评论家视为"阿拉伯语小说之父""阿拉伯文学旗手和小说巨匠"。除了被广泛认可的思想深度和社会高度外，在基于现实主义风格和基调的精湛艺术性上的高度，也是马哈福兹备受阿拉伯读者追捧和大力点赞的重要缘由。然而，马哈福兹并不满足于此，而是在艺术风格、写作手法、构思技巧、创作体裁等方面不断拓展和探索，他的作品频频以"新面孔"出现在读者面前，每每给人以面目一新甚至隔膜之感。

《小偷与狗》《道路》《乞丐》《尼罗河上的絮语》《千夜之夜》《平民史诗》等，是马哈福兹在"开罗三部曲"扛鼎之作后的一系列作品。这些作品驾轻就熟，信手拈来，或呈现新写实主义的特征，或吸取结构主义的营养，或借鉴魔幻现实主义的笔法。意识流、象征、隐喻、荒诞等技法交替运用，真是"你方唱罢我登场"，风格灵活，入笔题材和艺术手法灵活多变，使人目不暇接，甚至感到一个与以往迥然有别的陌生的马哈福兹。南非女作家、1991年诺贝尔文学奖得主纳丁·戈迪默，因此夸赞马哈福兹是"全世界最具创造力、最有才华、最伟大的小说家之一"。

仅以《千夜之夜》为例，小说借用魔幻主义的艺术风格，以超凡的想象力和曼妙生花的文笔，大胆续写了阿拉伯名著《一千零一夜》。在马哈福兹的笔下，山鲁佐德、国王、神怪、妖兽、阿拉丁神灯和辛迪巴德等依然都在，但他们的故事却是全新、多变和诱人的，读者熟悉的旧瓶子，装进了新药。

马哈福兹取得的巨大艺术成就，是他对东西方文化兼容并蓄的结果。开罗的伊斯兰和阿拉伯传统文化培育了作家深厚的文学底蕴，他遍读历史上和当代的阿拉伯文学作品，尽可能多地丰富自己的营养；同时，马哈福兹对西方文学和艺术名著也广为涉猎，并有甄别性地汲取其精髓，摈弃其糟粕。此外，马哈福兹年轻时还曾读过中国的《论语》、老舍的《骆驼祥子》以及鲁迅的作品，并对鲁迅敬佩有加。多种文化的融合，造就了一代经典文学大家，使马哈福兹作为"阿拉伯文学旗手和小说巨匠"的地位至今巍然屹立，无人撼动。2006 年 8 月 30 日，因心肌梗死，马哈福兹以 94 岁的高龄辞世，但在人们的心目中，"阿拉伯文学旗手"并没有倒下。

"他是一道文化的光辉，是他让阿拉伯文学走向世界。他的创造力带给众人的价值标准，充满了启迪精神和宽容品格。他将永久被人铭记和怀念，他的文学和小说创作将永远闪烁着璀璨的光芒。"埃及媒体对马哈福兹这样评论道。

金字塔边的养蛇人

在距离埃及首都开罗吉萨金字塔西南 16 多公里的地方，有一个名叫"阿布·拉瓦什"的村庄，村庄上一个名叫"吐尔巴"的家族很有名，这个家族是埃及最有名的"捕蛇世家"，也是公认的养蛇专业户。只要在这个地区提到"捕蛇"两个字，马上就会有人把你领到吐尔巴家去。

蛇庄很气派

在阿斯阿德·吐尔巴家喝过茶后，主人带笔者到他的蛇庄去。蛇庄其实就是阿斯阿德·吐尔巴饲养两栖动物的动物园，离他家仅 8 分钟的车程。吐尔巴说："我父亲是个很富有的人，他去世前留下了许多房产，而我选择了这一处蛇庄。"

蛇庄里有许多动物，除了蛇，还有狼、狐狸、蜥蜴、野猫、猫头鹰、鬣狗、鸵鸟，以及用来喂蛇的老鼠。吐尔巴怡然自若地坐在草棚的摇椅上，细细地品着放了新鲜薄荷叶的又甜又浓的阿拉伯红茶，目光缓缓地投向他深爱的农庄。他皮肤白皙，声调柔和，不时发出咯咯咯的轻笑，颇有乡间绅士的风度和气派。地毯上，吐尔巴的几个兄弟和农夫席地而坐，或喝着冰镇可乐，或像吐尔巴那样啜饮着阿拉伯红茶，相互之间用阿拉伯语自由自在地聊天调侃。小孩子们在大人中间穿梭奔跑，游玩嬉戏，草棚里一派其乐融融的和谐气氛。

时值盛夏，酷热难耐。虽然外面骄阳似火，但四面通透的草棚里却微风习习，人并不觉得怎么热。阳光透过椰枣树叶搭建的棚顶，洒下斑驳的光影。环绕着草棚的，是大片的绿油油的果林。正是杧果成熟的季节，枝头果实累累，硕大的杧果沉甸甸地压弯了树枝，散发着诱人的香气。果林外围，五颜六色的鲜花恣意绽放，绿藤爬满高高的篱笆墙。院墙内椰枣树参差不齐，错落有致，一棵棵粗壮挺拔，直插云霄，英勇顽强地抵抗着炙热的太阳，慷慨地把阴凉带给人们。

吐尔巴指着一棵椰枣树，深情地说："这树是我曾祖父种的，算来已经有一百多岁了。"提起前辈，吐尔巴的话语里由衷洋溢着自豪感。"曾祖父十分热爱动物，开罗吉萨动物园 1891 年成立之初，他就在那里工作了。开罗吉萨动物园是世界上最美的动物园之一，位于尼罗河西岸，北端毗邻著名的开罗大学。动物园里集中了大量非洲野生动物。后来，曾祖父离开了开罗吉萨动物园，开始专心从事捕蛇和养蛇行业，我们家族就是从那时开始捕蛇、养蛇的，而我自己干这一行也有 30 多年了。"

"捕蛇养蛇是独特的人生体验"

"安拉至大，不要伤害我，我也不会伤害你。"在每次捕蛇前，吐尔巴都要平心静气，虔诚地念一下这个祝福语。吐尔巴从一个用纱网封得密密实实的箱子里，用铁钳夹出了一条有剧毒的眼镜蛇，然后小心翼翼地把它放在地上。获得自由的毒蛇舒展着身体，在地上扭曲着，盘绕着，突然竖起了三角形的头，咝咝地吐着信，做出扑击的姿态。笔者忐忑不安地闪到一旁，生怕这条不听话的毒物窜到我身上。

这时，只见吐尔巴开始不慌不忙地蹲下身子，在距离眼镜蛇一尺开外的地方，有节奏地拍打地面，嘴里大声吆喝着，好像在与蛇进行对话。说来蹊跷，在吐尔巴一番拍打和一阵吆喝之后，刚才还桀骜不驯、几乎要向人们发起进攻的眼镜蛇好像听到特殊命令似的，抬起吓人的头颅，随着主人拍打地面的节拍有节奏地舞动起来。

在展示了与蛇共舞的绝技后，吐尔巴解释道，他们还是最喜欢捕蛇。如何追踪、引出和诱捕蛇，能反映出捕蛇者的个性、技巧和能力。他说："我有各种蛇类的百科全书。我从未停止了解不同的蛇类，这对我诱捕蛇很有帮助。但除了必要的技术外，捕蛇者更需要的，还有信心、勇气和大无畏精神。捕蛇、养蛇是一种独特的人生体验。"

13 岁那年，小吐尔巴开始利用暑假向父亲学习捕蛇的技艺，他的小妹妹们也不甘示弱。"捕蛇是吐尔巴家族从事了许多代的职业。父母从祖辈那里继承了捕蛇这一特殊行当，我又从父母那里接过了传承这传统行业的接力棒，孩子们也将从我这里学到捕蛇的技能，这样代代相传，直到永远。好的，可能是从小受到环境的影响，耳濡目染的结果吧，我们所有的孩子都对捕蛇很感兴趣，但是根据家规和习惯性的做法，只有年满 18 岁，他们才被允许捕猎毒蛇。"吞尔巴向笔者介绍道。

不少亲人为捕蛇而丧生

吐尔巴家族在几个特定的地点活动，这是他们一直以来的捕蛇范围和领地：阿斯旺南部、卢克索、埃及西北部的马特鲁以及西奈半岛等地。吞尔巴说，尤其是在崇山峻岭、林木茂密的埃及南部卢克索等地区，经常有蛇虫出没，是他们捕蛇的好地方。

捕蛇的季节从 4 月 1 日持续到 9 月 30 日，这是蛇类最活跃的时期。凌晨 2 点到早上 7 点是捕蛇者出动的最佳时间，因为蛇大多在晚上出动，一旦太阳升起，蛇迹就很难寻觅了。吐尔巴说："看到蛇经过的地方后，我就能了解许多关于这条蛇的情况：它的种类、年龄、爬行速度和方向，以及可能藏身的地点。如果蛇经过的地方呈狭窄的锯齿形，说明蛇处在疲惫状态，爬行速度较慢，容易捕猎。"

吐尔巴说，蛇一般不会主动攻击其他动物，除非它感觉受到了来自对方的威胁。在沙漠里，蛇可能在你露营的时候爬过你的身体，而不会对你造成伤害，如果你在熟睡中，它一般是不会咬你的。但如果你动了，让蛇感觉受到威胁的话，那就另当别论了。吐尔巴认为蛇是人类的伙伴，尽管有一些吐尔巴家族的人后来由于种种原因选择了当律师或医生，但即使这样，他们也会捕蛇，因为他们打小就受过专业的训练。

吐尔巴说，和他一起工作的捕蛇者还没有死于毒蛇咬伤的。虽然在捕蛇过程中曾经发生过令人悲伤的事故，但不是蛇造成的。"事故发生在 1987 年，当时在苏伊士，我们分成两组，一组包括我哥哥、姐夫、堂兄和叔叔。他们跟着一条蛇找到一个洞口，在检查洞口的时候，一颗战争期间被遗弃在那里的地雷突然意外爆炸，瞬间，一声巨响，黑烟蹿上了天空，这一组的捕蛇者无一幸免。这是一场无法预料的灾难，但与捕蛇行动本身并无关联。"

收益很丰厚

在伊曼·沙菲叶附近的星期五市场，许多小贩在出售各类动物，包括蛇。这些蛇大都是周围地区农民抓到的无毒蛇。

对吐尔巴而言，星期五市场的卖蛇者都是"入侵者"和"搅局者"。他气愤地说："他们当然不属于我们家族。如果我们在市场像他们那样卖蛇，那将是一个莫大的耻辱。"

许多农民每周能捉到 100 多条无毒蛇，每条的价格仅约 10 埃镑。吐尔巴说："市场小贩们对待蛇的方式是很残酷的。蛇应该生活在自然的环境中，或与其相似的环境里。如果几个小时一直抓着蛇，将它缠在手上，或放在口袋里，就会损坏蛇的中枢神经，导致这些可怜的动物很快窒息死亡。专业的养蛇者会将蛇养在玻璃温室中，在冬天还会在里面装上灯，以提高室内的温度，好让蛇不被冻着。"

"捕蛇是一门艺术和科学，不是业余者的游戏。"吐尔巴有些愤愤地说。在他看来，捕蛇是一份收益相当丰厚的行当。吐尔巴说："这份工作在经济上是有保障的，同时它也是一项有风险的行当，但除了有时遇到危险，我从未对选择这一职业感到后悔。"黑眼镜蛇价值 1000 埃镑，是吐尔巴家族出售的最贵的蛇类，其他毒蛇价格从 300 到 600 埃镑不等，无毒蛇价格则从 10 到 25 埃镑不等。

现在，吐尔巴家族赚的钱越来越多了，因为世界各地成立了许多研究中心，不少研究者都需要两栖动物。它们成为了吐尔巴最大的客户。"我们的工作是给研究中心提供两栖动物，不管是蛇、蜥蜴，还是其他野生动物，它们都需要。"世界上有 2700 多种蛇类，吐尔巴捕猎其中的 40 种，以及 51 种蜥蜴和壁虎。

随着业务的不断增多，吐尔巴说他准备扩大捕蛇的范围和种类，以把这个独特的行业发扬光大，做得更好、更加出色。

走进 "东方侏儒咖啡馆"

恍若置身矮人国的童话世界

埃及首都开罗有一家中东地区乃至世界上唯一的 "侏儒咖啡馆"，笔者早已听说，却一直没去。不久前，笔者特意跑了两趟，算是开了眼界。

咖啡馆的全名叫 "东方侏儒咖啡馆"，位于开罗卫星城纳赛尔城的马哈茂德·哈伊里街 40 号，距该城繁华而著名的阿巴斯·阿卡德大街近在咫尺。这是一个绿树环绕的僻静地方，半露天，有顶篷，四周却是透风的。

笔者刚进去，便有两个女侏儒热情地迎上前来。她们的个头看上去比国内的侏儒还小，远远地，还有一个男侏儒礼貌友好地站着，向我们投以热情的目光。再看咖啡馆里的摆设，全部是 "迷你" 型的：竹子藤椅狭小极了，刚够一般人勉强坐下身子；餐桌低矮，低着头够东西才觉着方便。一时间，我恍若置身一个矮人国的童话世界里。

在侏儒服务员的殷勤带领下，笔者在一个靠墙的地方落座。小小的餐桌上摆着几束迎宾花，迎宾花旁是菜单。笔者拿来看，只见封面上写着 "祝您度过最愉快的时光"，落款是 "东方侏儒咖啡馆"。翻开内容，见菜单上罗列的内容分为开胃品、饮料、凉拌沙拉、甜点、肉类、什锦水果等几大类。这时，侏儒服务生送上一瓶矿泉水，矿泉水也要比正常的小一号；接着又摆上了一盘迎宾果盘，里面有花生、炒南瓜籽、炒西瓜籽三样东西。果盘的大小和三样干货的个头，倒都跟正常的没有什么区别。

侏儒服务员动作利索，落落大方

整个咖啡馆环境很幽雅，整齐而干净，令人感到赏心悦目。几个侏儒跑进跑出，紧张地前前后后忙碌着。有的端盘子上菜，有的撤盘子、擦桌子，有的在打扫卫生，一个个都动作娴熟，十分利索。只是由于个头矮小，手、脚也都非常小，所以他们的动作看上去有些频繁和夸张。

负责我们桌的女侏儒名叫穆娜，穆娜头戴白头巾，上身穿橘黄色的衬衫，下身穿酱色裙子。和她交谈，发现她十分聪明、思维敏捷、伶牙俐齿、善于表达。她说她今年 22 岁，一个月可以挣 1500 多埃镑，这在埃及算是不错的收入了。

旁边还有一个女侏儒，她说自己叫黑白。黑白上身也是橘黄色的衬衫，头巾是棕黑色的，下面则穿黑色的裤子。她和穆娜的个头几乎一般高，顶多1米出头的样子，两人都充满活力，双目炯炯有神，还都有着热情的服务态度，对顾客极为友好，对工作勤勤恳恳、恪尽职守。

在埃及，一般的餐馆里几乎是见不到女招待的身影的，而在这个东方侏儒咖啡馆，却活跃着侏儒女服务员，真是难得。笔者问穆娜能拍照吗，她落落大方地说当然可以啊。这也出乎我的意料，因为埃及女子通常都不大愿意让人照相，尤其是在餐馆、咖啡厅等这样的公共场合，拍照更是难上加难。你要是拍照，她们仿佛是有武器对着她们，连忙躲开镜头，甚至用两手遮挡住脸部和眼睛。没想到，侏儒咖啡馆的女招待却不反对外人给她们拍照。

咖啡很有特色

店老板这时出来了，他热情地递上名片，介绍道自己叫哈尼·基拉尼。基拉尼倒是一个一般身高的人。谈起当初开侏儒咖啡店的想法，基拉尼说，他有一个朋友，因为是侏儒找不到工作。于是，他就萌发了帮助他们找工作的想法，开了这家侏儒咖啡店。除了他本人以外，店员全由侏儒担任。最开始，一共有15名店员，8男7女，全是侏儒，现在还有12人，男女各半。基拉尼自豪地向笔者介绍，由于他家的咖啡馆富有特色，是埃及和整个中东地区，也有可能是世界上仅有的一家侏儒咖啡馆，所以前来品尝咖啡的人趋之若鹜，咖啡馆前门庭若市，生意很是红火。

笔者发现，整个咖啡馆坐了有三分之二的人，而这个时间段是早上，不是埃及人光顾咖啡馆和餐馆的时间，他们总是要到每天的下午才去咖啡馆或者餐馆，而光顾的高峰时段是晚上。由此看来，东方侏儒咖啡馆还真是受埃及民众的欢迎和青睐。笔者注意到，眼前的顾客以年轻人居多，不少还是恋人或年轻的夫妻。一个名叫穆罕默德的酒店管理人员，带着当幼儿园老师的妻子一起来喝咖啡。他说他们差不多每个星期都要来一次，因为这里气氛很好，环境和服务方式独特，办得有创意、有特色，使人很是感兴趣，而且来了还想再来。

除了服务生的外貌长相和他们热情友好的服务态度以外，还有什么特色鲜明的地方呢？可能就是他们的咖啡了。当穆娜问我们"糖是多放些，还是中等数量，或者少量"时，我们说，把糖拿来我们自己放吧。这是埃及一般咖啡馆的习惯性做法，侍者把装有白糖的小罐子放在顾客面前的桌子上，由顾客自己掌握往杯子中放糖量的多少。穆娜笑笑，却没有给我们拿糖罐来。她解释道，这里经营的不是埃及和阿拉伯普遍的咖啡，而是风味独特的土耳其咖啡，糖是和咖啡放在一起熬的，不是后来加进去的。她说这样熬出来的咖啡味道纯正、地道。原来如此。

　　当热气腾腾的土耳其咖啡送到跟前时，香喷喷的味道扑入鼻中，令人垂涎。但最令人过目不忘的，还是那咖啡杯子的个头，实在太小了，完全是"侏儒型"的，倒是与侏儒咖啡店的名字很匹配。最有意思的是结账时，笔者发现，账单居然也比正常的纸张小了一大圈。你说逗吧！

探秘"埃及艳后"墓

找了半天才找到

克利奥帕特拉的名气太大了，几乎无人不知。但丁的《地狱》、莎士比亚的《恺撒大帝》和《安东尼与克利奥帕特拉》等，都把这位埃及末代女王描绘成天仙般的美人，说她是"旷世的肉感妖妇"，萧伯纳称克利奥帕特拉为"一个任性而不专情的女性"，著名国际影星伊丽莎白·泰勒曾在美国福克斯公司斥巨资拍摄的影片《埃及艳后》中饰演克利奥帕特拉，红透国际影坛的索菲娅·罗兰和费雯丽也都饰演过这位风流女王，她们都把电影上的这位主角演绎成年轻貌美而手腕毒辣的女人。

2008年5月，埃及宣布，埃及和多米尼加联合考古队发现了克利奥帕特拉的墓地，于是这位响当当的埃及艳后进一步为人所知，更加引起人们的普遍关注和兴趣。笔者闻讯，便第一时间驱车由埃及首都开罗出发，到克利奥帕特拉墓穴被发现的所在地——塔波西里斯·马格纳神庙探访。埃及朋友告诉笔者，塔波西里斯·马格纳神庙位于亚历山大以西46公里的阿布·西尔。于是，笔者先开车200多公里来到亚历山大，再沿着地中海西行，寻找阿布·西尔。

车的右边，湛蓝的地中海水波不惊，闪着粼粼波光，不时映出视野的一幢幢别墅和度假村令人心旷神怡；左边，则是大片的戈壁大漠，间或也有一些农田和果树之类。由于没有路标，笔者在一个检查站不得不问埃及警察阿布·西尔怎么走，几个人居然面面相觑，终于还是不知所以然，连连摇头表示歉意。笔者一直往前开，结果感觉不对，早过了46公里，向当地的老百姓一打听，还真是开过了，得往回返。结果，在用阿拉伯语写有"阿拉伯塔村"的标志处附近，就是阿布·西尔了，心中为费了半天劲终于有了结果而感到兴奋。

钻进埃及艳后的墓道

就在离公路不远的沙漠中，一座看上去破破烂烂的寺庙和一个显得有些完好的城堡映入眼帘。城堡不知是什么年代的古迹，而破庙却是笔者要找的地方。

把车拐进右边停稳，那里是沙漠中的一户人家，女主人倚门而立，男子则在四周仅有的一棵树下躺着乘凉。笔者问他这里是不是阿布·西尔，对方答是；

是不是刚发现克利奥帕特拉墓的地方，回答是。男子问笔者有没有文物部门的采访许可证，我心中犯虚，因为来得匆忙，根本没有考虑申请采访证之类的事情。于是我含含糊糊地回答说有，结果，不等对方回过味站起来检查，我便径直朝着庙宇走去。

寺庙坐落在一个山坡上，正对着笔者行走方向的，是寺庙的一面高大墙体，还算保存得比较完整。进庙得右行，那里的门已经破坏得很严重，门外面堆积了不少的土方，是刚挖掘出来的。看得出来，这里刚刚进行过一场大规模的翻土施工作业，那可能是考古工作的一部分内容吧。

进入庙内，是一块空旷的大场地，四周的墙壁虽然有破损部分，不过基本上都保存了下来。只是院内到处是断垣残迹，一片废墟，其荒芜和被遗弃的程度让人感到触目惊心。笔者径直来到发现埃及艳后的墓穴，发现这是一个通往地下深处的坑道，坑道深50米，有一层层的阶梯通下来，走了半天才终于来到底部。接着，笔者不得不在黑暗中直行，只有借着微弱的手电筒光亮才可以辨认方向，除了眼皮底下的一点范围，再远一些就什么都看不见了。气氛有些恐怖和诡异，有什么窸窸窣窣的声音传来，该不会是女王的幽灵出没，在怪罪笔者擅闯她的安息之地，打扰了她老人家的安息吧。我赶紧在胸前画着十字请求女王在天之灵的宽恕和原宥。这时我突然想到，克利奥帕特拉也不知道信不信基督教。于是，笔者又改成双手合十求菩萨保佑状，情急之中也顾不得那么多了，手忙脚乱，一阵狼狈，后来稳了稳神才发现，那窸窸窣窣的声音原来是自己的脚步声。唉，闹了半天是自己吓自己。

笔者特别注意寻找克利奥帕特拉的半身雕像和安东尼雕像，因为据新闻消息报道，埃及文物最高委员会主席哈瓦斯在这条墓道里发现这两人的雕像，还发现了20枚刻有克利奥帕特拉头像的硬币。结果，笔者并没有看到，因为四周实在太黑了，简直伸手不见五指，就算有幸发现，拍照效果也好不到哪儿去。这样一边安慰着自己，一边继续前行，突然前面出现一扇铁门，铁门上挂着一把重重的大铁锁！

"这里就是克利奥帕特拉的长眠之地"

没有前行的路，笔者只好半途而废，从散发着潮湿气息和发霉味道的墓道出来。

刚一出来，正站在满院的废墟上发呆，这时一个穿着雪白长袍的阿拉伯小伙子走了过来。笔者心想八成是坏事了，没准是刚才那个树荫下的老者叫来了人，要阻止笔者在这里未经许可的探幽访古活动，正疑惑之间，小伙子主动向笔者打招呼问好。

原来，这小伙子才是这里正儿八经的管理员，名叫穆尔迪。他见笔者对这里很感兴趣，问这问那的，便对我如数家珍般地介绍起来。塔波西里斯·马格纳神庙原来是埃及女神伊西斯的庙宇，建在这里已经有好几千年的历史，当初与比她晚几千年的克利奥帕特拉没有任何关系。托勒密时代的克利奥帕特拉靠罗马的势力支撑起她的统治，后来她和情人安东尼兵败之后，被屋大维所逼，不得不双双自杀，便选择了伊西斯的这座塔波西里斯·马格纳神庙作为他们的殉情地。"为什么选择在这里？因为伊西斯是埃及历史上有名的女神，不但地位崇高，而且深受人们爱戴，克利奥帕特拉生性好强，她自称是她那个时代的伊西斯，所以特意在伊西斯神庙结束她的生涯。"

穆尔迪说，这只是他的想法和猜测，不过这一想法得到了科学的印证。他指着庙门前的土堆说，这是新挖出来的，前不久，这里一直在进行考古挖掘，最后终于找到了克利奥帕特拉的墓地。笔者说我刚下去了，可是并没有发现艳后的雕像、安东尼的半身雕像以及硬币，穆尔迪说，是在长 122 米的墓道深处发现的，你走了有三分之二，那里上了锁，封存和保护起来了，外人根本无法看到。"其实，墓穴本身也不是任何人都可以随便进入的，我刚才是没有看见你，你下去就下去吧。"穆尔迪说，话语里并没有怪罪我的意思，看来还是非常友好的。

他说，这次考古发掘由哈瓦斯亲自带队，由 12 个考古学家和 70 名发掘人员组成，可以说是规模庞大、浩浩荡荡。他们在墓道深处发现的雕像栩栩如生，硬币上镂刻的克利奥帕特拉的头像也很生动，这些都是按照克利奥帕特拉和安东尼两人的真人原样雕凿和刻制的。不过，现在夏天来了，室外 40 多度的气温已使人没法再继续考古工作，挖掘作业便暂时告一段落。从 11 月开始，准备恢复发掘工作，届时哈瓦斯将用探测设备寻找地下是否藏有暗室等。

穆尔迪说虽然目前哈瓦斯还没有找到克利奥帕特拉的木乃伊，但他相信，这里就是克利奥帕特拉和她情人的合葬处。他说，进一步的考古会证明他的猜测和推断。

一代王后成千古之谜

这次考古发掘如果真能得到国际学术界的一致认可，将是继英国考古学家霍华德·卡特 1922 年发现英年早逝的少年法老王图坦卡蒙的陵墓以来埃及最大的考古发现。不过，现在包括牛津大学在内的学者对这一结果持怀疑态度。虽然这样，有关埃及艳后这个人，则再一次引起了人们的关注和评价。

埃及人对一代艳后持不同的立场。一种人认为，克利奥帕特拉是伟大的，她靠着自己的聪明智慧和超人美貌征服了罗马帝国的统帅，并让他们帮助自己治理国家，这种做法是值得肯定的。另一种观点认为，克利奥帕特拉是靠色相引诱恺撒大帝，助其击溃亲生胞弟而出掌王位的，这种做法"令人不齿"。埃及用不着异族的插手和干涉，克利奥帕特拉却引狼入室，把一个好端端的国家给糟蹋了。

对于克利奥帕特拉的爱情生活，则是不少电影、小说和戏剧作品等从中汲取灵感的不竭创作源泉。恺撒遇刺后，克利奥帕特拉又迷倒了安东尼，引发屋大维发动讨伐埃及的战争。安东尼兵败，克利奥帕特拉也遭到软禁。安东尼以为克利奥帕特拉已被杀，于是举剑自刎，克利奥帕特拉见状，也悲恸地用毒蛇噬胸自尽，以此走完了她 38 岁的人生，令人唏嘘不已，慨叹万分。

雅拉·密斯里

——"中华图书特殊贡献奖"青年成就奖获得者

"通过翻译中国文学作品，我相信我以某种方式借由其文学独特的创造力来传播中国文化，尤其是文学反映了中国社会的价值观、传统和习俗。""中国文化是人类文明中最伟大的文化之一，就像埃及文化、美索不达米亚文化和希腊文化一样，阿拉伯读者对中国文化越来越热爱，对我翻译的中国文学作品也越来越感兴趣、越来越喜欢……"

2020年6月初，开罗火红娇美的凤凰花纵情绽放的时节，第十三届"中华图书特殊贡献奖"青年成就奖获得者、埃及青年翻译家雅拉·密斯里欣然接受了笔者的采访。浓郁的花香中，谈获奖体会、谈翻译心得、谈学习中文的经历、谈对中国社会和文化的感受等，雅拉无不表现出对中国深深的喜爱之情。

"奖励是对我学习中文和中国文化的极大肯定"

时光回到2019年8月20日，雅拉来到盛夏时节美丽的北京，参加第十三届"中华图书特殊贡献奖"颁奖仪式。设立于2005年的中华图书特殊贡献奖，是中国政府面向海外设立的出版最高奖项，授予在介绍中国、推广中华文化和中国出版物等方面贡献突出的外国作家、翻译家和出版家。2019年度获奖者共有15人，包括12名中华图书特殊贡献奖获得者和3名青年成就奖获得者。

"任何领域的任何奖项都是对一个人在该领域所做努力的赞赏，当然，获奖者会为有人看到他所做的努力而感到高兴和赞赏。这就是我获得中华图书特殊贡献奖——青年成就奖的感受。"在回答当时获奖有什么感受的提问时，雅拉深有感触地说。

雅拉说："虽然这个奖项是对我从2012年开始从事翻译工作的奖励，但我认为这也是对我学习中文和中国文化的极大肯定，我曾从2006年开始先后在艾因·夏姆斯大学和山东师范大学学习中文。同时，我也认为这个奖项是对年轻翻译人员的褒奖和鼓励。作为年轻人，我们必须有很强的自信，有奉献和完成工作的能力。"

至今，作为青年翻译家的雅拉走过了7年的翻译路程，却获得了如此大的荣誉，成就来之不易，也足见其水平之高。"中华图书特殊贡献奖"迄今已成功举办了12届，奖励了英国、法国、俄罗斯、德国、美国等49个国家的123位获奖人，在国际社会产生了广泛影响，成为推动中华文化走向世界的重要品牌活动和有效手段。在雅拉看来，能够置身世界著名的翻译家和汉学家之列，是一种莫大的荣幸，也是对她7年翻译成果的最好总结、鼓励和鞭策，为她在译介中国文学作品、向阿拉伯民众传播中国文化的道路上行稳致远和硕果累累，提供了强大的动力支撑和力量源泉。

"汉语是21世纪新兴大国的语言"

1988年，雅拉出生在埃及北部地中海海滨的秀美城市亚历山大。说起学习中文的缘起，那还得回溯到雅拉的中学时代。

"高中毕业后，我本想在理工学院学习地质学，或者在艺术学院学习英语文学。经过和家里讨论，我父亲建议我学习汉语。其一，因为我已经掌握了阿拉伯语和英语；其二，因为汉语是21世纪新兴大国的语言，前景无量，因为中国在地区和世界上都是有着重要影响力的国家，所以我选择在艾因·夏姆斯大学语言学院学习中文，然后又赴中国山东师范大学留学了一年。"

雅拉说，她对中国文学的热情是从不断学习开始的："当我在学习中对中国语言有了一些认识时，我便在中文的网站上阅读故事、诗歌和短文。在那之前，我在家里父亲的书房读过一些中文翻译成阿拉伯语的作品。2012年，我开始把翻译作为生活中一个严肃而重要的方向，翻译了许多短篇小说，阅读了更多的中国文学作品，于是原本的热爱就变成了一个职业——翻译。"

采访期间，恰逢中国两会圆满结束，对于两会关注的生态建设、美丽中华、中国对全球可持续发展做出的重要贡献等议题，雅拉感同身受。在中国学习期间，雅拉不但对她的所在地山东济南喜爱有加，而且还去过曲阜、山海关、上海、北京和贵阳等地。每到一个地方，她总是被那里山清水秀、幽静怡人的自然景观所感动，中国以生态优先、绿色发展为导向的高质量发展新理念、新路径、新模式，给雅拉留下了难以忘怀的深刻印象。

"中国积极深度参与全球环境治理，共谋全球生态文明建设，中国绿色发展理念传向全世界，中国作为全球生态文明建设重要实践者、贡献者和引领者的地位，越发凸显和令人赞赏。中国作为世界最大的发展中国家，全面加强环境保护，努力改善环境质量，留住蓝天、绿水、青山，留住美丽乡愁和接地气的袅袅炊烟，成绩卓著，得到了国际社会的广泛认可和积极评价，为全球生态治理做出了重要贡献"。对此，雅拉在中国不同地方学习、参观和游览时，都有着切身的体会。而通过对中国各地的实地探访，雅拉对中国有了更多的接触、了解和认识，她的中文水平也得到了进一步的提升，她更喜欢中国、中国社会和中国人民了。

2011年6月，雅拉以优异的成绩结束了在山东师范大学国际交流学院汉语言专业的学习。这之前，雅拉翻译的第一篇小说《我的父亲母亲》在《读者》杂志上发表，为她的中国留学生活画上了一个圆满的句号，同时也开启了雅拉的中国文学翻译之路。从此，翻译、出版和传播中国文化，尤其是中国当代文学，成为雅拉孜孜以求、不解奋斗的崇高事业。

"中国文学、中国文化的魅力实在太大了"

"埃及青年翻译家雅拉·密斯里已出版中国图书译作近10部，译作涉及中国散文、诗歌、小说等不同体裁，为促进中阿文学沟通对话做出了一定贡献。代表译作有《西川诗选》《美食家》等。"

这是第十三届"中华图书特殊贡献奖"颁奖新闻稿中对雅拉的相关介绍。"自2012年到2019年的7年间，我翻译了9部短篇小说、散文和诗歌集，还有其他文学翻译，发表在埃及和其他阿拉伯有关国家的文化报纸和杂志上，或者在我的个人网站上，我还发表了自己精选的中国文学作品翻译。"雅拉在接受笔者采访时进一步具体地说，"我现在正在校对3部已经翻译完成的中国文学作品，它们将很快付梓，分别是《格非短中篇小说集》《余华短中篇小说集》和《残雪：新世纪爱情故事》。我还要翻译宁肯的一本书《北京：城与年》，翻译计划还包括翻译中国作家的文学和写作讲座等。"

翻译中国文学作品，为雅拉更多地接触、认识和感悟中国文化、中国社会，打开了一扇敞亮的窗子。在采访中，雅拉深有感触地说："如果我们审视任何语言的文学，无论是古代的还是现代的，我们都会看到它承载着人类的共同价值观，表达着人类的关切、梦想和抱负。我之所以选择文学翻译，是因为我坚信这些共同的人性和价值观，而且，我是一个热爱文学的读者。我们都知道，中国文学是世界上伟大的文学之一，和任何一种人类语言的文学一样，中国文学蕴含着人们的价值观和创造力。"

与一些西方汉学家喜欢中国古代文化、古代文学不同的是，雅拉更青睐中国当代文学，因为在她看来，后者更接地气，更有时代气息，透过它，更能使阿拉伯读者近距离地感受到当下中国的节律和脉动。雅拉直言不讳地说："我的翻译集中在20世纪80年代至今这段时期，以突出中国小说家和诗人的创造力。在我看来，这一时期有力地反映了中国当代的内部发展和社会的巨大变革，以及中国作为影响世界和人类未来的全球力量的崛起历程。"显然，琳琅满目的中国当代文学作品，为雅拉搭建起了一座瞭望中国现实社会景观、深度窥视和理解时下中国的最佳平台。

"当今世界正在发生重大变化，中国是一个经济、技术和文化都走在世界前列的大国，对中文、中国文化和中国创造力的兴趣是恢复与人类历史上已建立的文明交流的一个组成部分。世界正以某种方式向东方、向中国和亚洲瞩目，我们必须对这些社会的文化和创造力非常感兴趣、非常了解，特别是中国文化，它的古老源泉对阿拉伯文明也有影响。我也认为我们需要互相了解，随着汉语教学在阿拉伯国家和全世界的逐渐普及，中国参与了阿拉伯世界的许多经济和文化项目，还有'一带一路'倡议，这一倡议旨在以现代方式寻求复兴古代丝绸之路，这是商业、经济和文化交流的渠道。"在提供给笔者的补充书面材料中，雅拉这样认真地写道。

对于作品的选择以及翻译的标准等，雅拉也有着自己严格的要求。她说："我之所以选择从中国文学直接翻译成阿拉伯语，首先是因为我喜欢中国文学，其次是因为与西方文学翻译相比，翻译成阿拉伯语的中国文学作品数量稍显不足。我对翻译作品的选择标准是，首先是我对所读作品的热情和兴趣，或者它可能给阿拉伯读者留下的影响程度，以及作品在中国文学界的地位、重要性和影响力等。我相信，同为东方社会，我们有许多共同的价值观，无论是人性的、创造性的还是历史层面的。在整个历史上，翻译是世界各国人民和各种语言之间最伟大的和解手段，翻译对文化交流的影响至今仍然存在。"

"无论如何，从汉语到阿拉伯语，或者从世界上的任何一种语言到另一种语言的翻译，都是一个开放的、不断递进的视域，无论是在译者的个人层面上，还是在人类层面上，在知识、创造力和智力的交流上，都是一项永无止境的工作。就我个人而言，我想成为一名翻译中国文学的译者，一直致力于将中国的创造力转化为阿拉伯语，特别是我刚才说的'当代文学'。我们所知道的中国当代文学，和古代文学一样，是丰富多彩的，无论是用原语还是用阿拉伯语，抑或用其他不同的世界语言，都值得一读，因为中国文学、中国文化的魅力实在太大了。"

由于采访是在疫情肆虐的特殊时期进行的，所以在采访的过程中，便不可避免地谈到了全球的疫情。雅拉说："自从去年年底出现新冠病毒以来，中国在控制这一新的流行病方面表现出了很高的效率，直到武汉成功恢复正常生活。我们可以从中国应对流行病的经验中受益，中国也向包括我的祖国埃及在内的世界许多国家提供了医疗援助，我们对此表示感谢。在我看来，世界共同合作研发防御这种病毒的疫苗非常重要，我们希望中国的医疗和科研机构能为研发这种疫苗做出更大的贡献。"

采访自始至终都用汉语进行，雅拉的汉语堪称精湛，她对中国文学、中国文化的理解比笔者还深刻。结束采访，恰是正午时分，红彤彤的凤凰花开得愈加热烈了。笔者感到，热衷于文学翻译的雅拉，正像这热情奔放的开罗凤凰花一样，认真而不知疲倦地把中国文化、中国文学的美丽和芬芳，源源不断地传播给越来越多的阿拉伯读者……

六

06

古代文明

古埃及人把屎壳郎当护身符

"蜣螂第一次被人们谈到，是在六七千年以前。古代埃及的农民，在春天灌溉农田的时候，常常看见一种肥肥的黑色的昆虫从他们身边经过，忙碌地向后推着一个圆球似的东西。他们当然很惊讶地注意到了这个奇形怪状的旋转物体，像今日布罗温司的农民那样。"

——摘自法国著名昆虫学家、文学家法布尔的名著《昆虫记》

蜣螂就是俗称的屎壳郎。在埃及，屎壳郎的造型非常多，壁画上有，雕塑里有，甚至妇女佩戴项链的挂坠也有许多是屎壳郎的造型，而现在不少埃及人手上的大戒指，乍一看，整个就是一只活脱脱的屎壳郎。

好长一段时间，笔者不知道埃及人怎么如此喜欢屎壳郎，屎壳郎这玩意儿到底象征着什么。现在身居开罗，天天与埃及人接触，听他们讲，又翻阅了大量阿拉伯书籍文献、报刊，总算弄明白了其所以然。原来，这种看上去其貌不扬甚至脏兮兮的甲虫，竟然是古埃及人的吉祥物和护身符，今天的埃及人也继承了这一传统审美取向，所以才对屎壳郎情有独钟、喜爱有加。

屎壳郎除了学名叫蜣螂外，又被称作金龟子、粪金龟等。法国著名的昆虫学家法布尔在他的名著《昆虫记》中这样写道："从前埃及人想象这个圆球是地球的模型，蜣螂的动作与天上星球的运转相合。他们以为这种甲虫具有这样多的天文学知识，因而是很神圣的，所以他们叫它'神圣的甲虫'。"

在古埃及人看来，屎壳郎每天迎着东方的第一缕阳光从土里钻出来，在动物的粪便里爬来爬去，四处觅食，不断滚动粪便小球，然后孵化出小屎壳郎。他们从中得到启示，认为屎壳郎是太阳神的化身，是灵魂的代表，象征着复活和永生，可以保护人们免遭邪恶和各种疾病，因而将屎壳郎作为自己的"护身符"，纷纷拿它的造型来当配饰、印章和挂件等。古埃及人认为，不论生前或死后，屎壳郎都可以帮助他们逢凶化吉、遇难呈祥，只要戴上这一屎壳郎"护身符"，就能拥有健康，就会好运连连、幸福如意，就能得到神的庇佑和呵护，从而使自己远离痛苦灾难等。

古埃及人生前和死后，都要佩戴屎壳郎造型的护身符，而且专为葬礼所佩戴的护身符还具有特殊的目的，即它可以护送死者前往冥界，使死者在前往来世的旅途上一路平安、一切顺利。他们认为，尼罗河水既然可以落潮又涨潮，季节既然可以轮回，世间万物既然可以交替，收割了的植物都可以到了来年再次生长，人当然也可以不朽，人的生与死也是一个轮回。不过，在他们的观念中，不朽和轮回是要附加一定条件的。古埃及葬仪中的圣甲虫常常结合鹰的翅膀，还有一种"心脏圣金龟"，这些都是使人得到永生、轮回和超脱的"佑助物"。因为在古埃及人看来，最后审判时，逝者的心脏要被放在天平上接受"玛特"的检验，很多人担心自己过不了这一关，于是用石雕的圣金龟来代替自己的心，放在木乃伊内，到时可以"压秤"，使自己心脏的重量能够达标，从而借以"蒙混过关"。

今天，开罗的大街小巷，一家挨着一家的金银首饰店里，有屎壳郎造型的首饰琳琅满目、应有尽有。有一次，笔者故意问一位正在往脖子上比试屎壳郎形状项链的年轻漂亮女子："怎么这个项链的坠子是屎壳郎啊，有什么讲究吗？"没想到，那女子高兴地给笔者介绍了许多内容，与上面说得差不多，最后还说"这样我还可以与爱人白头偕老呢"。屎壳郎护身符的这最后一个功能，我却还不知道。

可以说，屎壳郎是古埃及人的图腾，是在特定的生存环境中产生、演化和发展的。古埃及人的护身符多达 275 种，圣甲虫只是其中之一，但十分重要，象征着创造力和生命力。因为它滚动着炙热的太阳，呈现着生命的斑斓轨迹，永不停息且充满活力光彩，所以直到今天，这一寓意仍被当代的埃及人所喜欢，正如埃及一位作家在作品中写的那样：

> 圣甲虫托起的太阳的光辉，
> 照耀在金碧辉煌的沙漠宫殿上，
> 映叠出法老的圣日生命权杖，
> 也给芸芸众生带来幸福、吉祥和安康。

用现代科技，破译"法老的诅咒"

埃及政府决定借助现代科技手段，加强对本国文物的管理、保存和研究。埃及政府还与美国等公司签署了协议，"依靠当代的信息技术，让法老讲话"，即由美国公司提供科技支持，通过声光和声音拷贝等，让埃及的几个法老能够在游客面前讲述自己的故事和历史。第一批入选的，就是图坦卡蒙法老。这样一来，有关图坦卡蒙及与他相关的"法老诅咒"话题，再度成为人们关注的焦点和热议对象。

CT 解开图坦卡蒙的死因

在开罗南部大约 700 公里的尼罗河西岸，有一个世界闻名的"帝王谷"，那里埋葬着 30 多个法老。

图坦卡蒙是古埃及第 18 王朝的第 12 位法老，他于公元前 1361 年接过太阳神阿蒙的权杖，年仅 8 岁就登上了法老的宝座。图坦卡蒙在 19 岁时突然死亡，有人认为他是死于宫廷某一次篡位阴谋。

图坦卡蒙的陵墓在地下沉睡了几千年，直到 1922 年 11 月 26 日才第一次被打开。为了揭开图坦卡蒙的死因，英国考古学家霍华德·卡特在卡纳冯勋爵的资助之下，花了整整 19 年的时间。当他的考古队打开古墓，这一未遭受任何盗掘的古墓中出土的大批珍宝，一时间震惊和轰动了世界，被认为是埃及考古史乃至 20 世纪世界考古史上"最伟大的发现"。图坦卡蒙的陵墓也因为其文物无可比拟的宝贵历史价值和所蕴含大量难以解开的谜团，被排在世界十大宝藏的第一位。

1968 年，考古学家再次对图坦卡蒙进行了"X 光"透视，结果发现这位年轻法老脑颅骨遗骸上有一块阴影，这表明年轻的图坦卡蒙国王可能死于严重的头部撞击。这也仅仅是个猜测，打那以后，再也没有人亲眼见过图坦卡蒙的木乃伊。不过，图坦卡蒙墓中的 5000 多件宝藏已被全部取出，一直在位于开罗的埃及博物馆展出。尤其是他巨大的金色面具熠熠生辉，成了埃及博物馆不二的"镇馆之宝"，甚至是整个埃及的"国宝"。

直到 2005 年年初，埃及在德国、美国专家的协助下，使用这些国家提供的先进仪器，对图坦卡蒙法老的木乃伊再次进行了 CT 扫描、X 射线三维透视和

DNA 检测，获取了 1800 多张高解析度照片。接着，埃及科学家又与意大利和瑞士的专家合作，分析照片，试图弄清图坦卡蒙的真正死因。

随后，埃及最高文物委员会发表声明，图坦卡蒙法老死前左腿曾发生骨折，创口很快腐烂和感染，最终导致了这位年纪轻轻的法老过早地离开了人世。由此，推翻了死于某一次朝廷谋杀的说法，一代法老的不名死因终于大白于天下。

同时，埃及、美国、法国等国家的有关专家还组成 3 个研制小组，复制了图坦卡蒙的原头像，发现他的头部和脸部特征，与 1922 年英国考古学家霍华德·卡特在法老墓穴内发现的图坦卡蒙黄金面具在外形上有许多相似之处。

什么是"法老的诅咒"

当初，人们在图坦卡蒙的水晶石棺上看到赫然写着他的名言："我看见了昨天；我知道明天。"墓中还发现了几处图坦卡蒙的诅咒铭文，有一处写道："谁扰乱了法老的安眠，死神将张开翅膀降临他的头上。"还有一处写着："任何怀有不纯之心进这坟墓的，我要像扼死一只鸟儿一样扼住他的脖子。"

在发掘图坦卡蒙法老古墓时，卡纳冯勋爵也在场。没有人会把这些诅咒当回事。结果，4 个月后，卡纳冯勋爵突然得了病，被送回开罗，很快他就莫名其妙地死了，死因据说是遭到了一只毒蚊子的叮咬，被叮咬部位正是图坦卡蒙脸上那块伤疤的位置。临终前，卡纳冯勋爵念念有词地说："完了，我已经听到了召唤，我准备好了！"然后一命呜呼。

陪同卡纳冯勋爵的儿子在回忆录中说："父亲死时，开罗全城的灯火一下子全熄灭了，不知为什么，我们都不停地祷告。"在勋爵的老家英格兰，卡纳冯的一条爱犬也于同一天猝死。但是事情并未结束，1929 年，卡纳冯勋爵的妻子也倒下了，死因据称也是左脸颊被蚊虫叮蜇。此后，参与发掘的 20 多人在不太长的时间都先后去世，死因均不明。

于是，一些迷信的人就开始纷纷议论，说这是冥冥之中对不敬神者的报应，是"法老的诅咒"灵验了等。一系列怪事轰动了西方，甚至一些西方科学家也信以为真。法国、英国等报刊上开始出现"法老们复仇了"一类的标题，副标题则是"图坦卡蒙的诅咒又害死了一个人"等危言耸听的词眼。

对此，德国著名的埃及学家乔治·斯丹道尔夫教授发表文章称，"法老的诅咒"是根本不存在的。在他看来，古代埃及铭文中似乎也没有类似的记载。

埃及也在炒作

埃及媒体也大量报道了有关"法老的诅咒"问题，甚至搞得有些神乎其神、故弄玄虚。

比如，2005年9月底，当埃及文物最高委员会主席哈瓦斯得到文化部部长法鲁克的授权，决定在帝王谷的图坦卡蒙墓给木乃伊做CT的检查时，竟出现了一系列不可思议的事情。据埃及著名的《消息报》2005年10月1日的报道，先是帝王谷狂风大作，天气骤变，致使刚刚从美国购买的先进仪器竟无端失灵了一个半小时。

报道称，哈瓦斯是不信"法老的诅咒"的，但他身边的工作人员却一个个面面相觑，都带着恐惧的表情和惴惴不安的眼神看着他。哈瓦斯说："大家不要害怕，不会是法老的诅咒，也没有法老的诅咒，放心吧。"这时，哈瓦斯的手机铃声突然响了，是他妹妹打来的："我丈夫突然去世了！"哈瓦斯只得临时停止对图坦卡蒙法老木乃伊的检查工作，从帝王谷返回开罗，帮助妹妹处理她丈夫的后事。因为在埃及，亲人离世是大事，大家都要相互帮忙料理，没有特殊的理由一般推脱不掉。当哈瓦斯打电话向文化部部长法鲁克请假时，是部长的秘书接的，秘书告诉他："部长突然感到不适，心律不齐，已被送到医院了。"

在埃及，《消息报》是一家严肃的主流媒体，发行量甚至比《金字塔报》还大。看了《消息报》这些离奇的报道，人们顿觉不可思议，甚至有些头皮发麻。难道真的是"法老的诅咒"不成？也有人认为，埃及报纸如此大肆报道，意在鼓励旅游业发展，因为新闻越神奇、越神秘，就越吸引人，会吸引对此感兴趣的大量外国游客纷至沓来，一探究竟。

霍华德·卡特本人也不相信"法老的诅咒"。他说，所谓图坦卡蒙复仇等"荒谬报道"不过是一种"文字游戏"。他强调："埃及人的宗教传统根本不容许这种诅咒存在，相反，埃及人却很虔诚地希望，我们对死去的人表示善良的祝愿。"

埃及新年考古发掘"开门红"

　　2021 年新年伊始，埃及考古便收获满满。1 月 17 日，埃及文物部宣布，在对萨卡拉地区的考古中，科学家发掘出了一座由 50 多具彩绘棺木组成的皇家墓地遗迹，包括大量的木乃伊、面具、雕像、石像、玩具以及古埃及《亡灵书》中的章节等珍贵宝藏。其中，尤其令人震撼的，是一位名不见经传的新王后的"重新问世"。埃及最高文物委员会秘书长穆斯塔法·瓦齐里说，这是近年来埃及最伟大的考古发掘，它"足以改变埃及的历史"。

　　萨卡拉又译塞加拉，位于埃及首都开罗南部约 30 公里，那里有比著名的吉萨大金字塔还要早的萨卡拉金字塔群，其中最有名的是"阶梯金字塔"。它是古埃及第三王朝国王左塞尔的陵墓，约建于公元前 2700 年，被认为是埃及境内现有金字塔中年代最久的，也是世界上最早用石块修建的陵墓。萨卡拉事实上是古埃及的皇家大型墓地，地下宝物很多，那里的考古工作时断时续，不时就会取得进展。2020 年 10 月 3 日，考古队曾在那里的一个单独墓穴中发掘出 59 具距今约 2500 年的木棺。2020 年 11 月 14 日，埃及又在萨卡拉出土了 100 具保存完好、大约 2500 年前的彩绘木棺，以及雕像、面具等 40 多件文物，被视为"2000 年度最大的考古发现"。

　　仅仅过去了两个月，埃及就又在同一地区收获了新的、更大的考古发掘，迎来新年考古"开门红"，创下了出土文物重要性的"新高"。2021 年 1 月 17 日，在埃及文物部官宣的同时，埃及一支联合考古队对媒体称，他们在萨卡拉发掘出 4300 年前古埃及第六王朝开国法老朱塞尔·泰提一名王后的陵庙。考古队领队、埃及考古界大咖扎希·哈瓦斯介绍道："这一发现改写了萨卡拉的历史，特别展示了古埃及新王国 18 和 19 王朝的传奇故事。"

　　埃及开罗大学著名考古专家艾哈迈德·巴德朗在接受笔者采访时说，在古埃及的史书记载中，朱塞尔·泰提国王只有两个妻子，没有第三个妻子的任何只言片语的描述。现在，被历史尘埃蒙尘已久的新王后进入人们的视野，王后的名字叫"娜瑞特"，这个名字被刻在神庙的墙上，以及位于墓穴入口处的一座倒下的方尖碑上，十分醒目。"这一发现，有助于确立古埃及王族族谱，说它重新改写埃及历史，并不为过。"巴德朗说。

　　这次考古还发掘出其他大量文物，包括数百件面具、鸭嘴斧、奥西里斯雕像、石像、陶器、小太阳船以及分别被叫作"20"和"塞内特"的两种古埃及玩具等。同时，还在52口深12米至15米的埋葬竖井中发现了54具棺椁，它们的年代可以追溯到古埃及的新王国时期。瓦齐里告诉笔者，一些陶器来自克里特岛、叙利亚和巴勒斯坦等地，折射出古埃及与外界文化交往的频繁以及贸易的多元特性。

此外，尤值得一提的是，首次发现了写在长4米、宽1米的莎草纸上的《亡灵书》第17章的内容，对此，哈瓦斯兴奋地说，这是第一次在一个墓穴内发现如此巨幅的莎草纸书。莎草纸是古埃及人用当时盛产于尼罗河三角洲的纸莎草的茎制成的，据说是人类历史上最早的纸张，比中国的造纸术还要历史悠久。《亡灵书》是古埃及祭司为死者所作的宗教经文，它教导死者在前往阴间的途中如何保护自己，如何避免路上妖魔的危害，如何求得冥界幸福、来生得度的技巧和方法。《亡灵书》由经文、颂诗、咒语、歌谣和神话传说等组成，内容极为庞杂博大，不但宗教价值很高，而且辞藻华美、想象丰富，堪称古埃及文学的经典，也是世界最早的文学作品之一。

2021年4月8日，埃及考古学家哈瓦斯发表声明，在埃及南部城市卢克索发现了距今3000多年的古埃及重要都城遗址，被称为"失落的黄金城市"。声明指出，该遗址位于卢克索西岸，是当时最大的具有行政和产业功能的城市，其历史可追溯到古埃及新王国时期第十八王朝法老阿蒙霍特普三世执政时期，并由法老图坦卡蒙与阿伊继续使用。

对此，美国约翰斯·霍普金斯大学考古学教授贝齐·布莱恩指出，这一发现堪称自20世纪20年代发掘图坦卡蒙陵墓以来"第二大重要的考古发现"，将不仅"给我们难得的机会一窥古埃及人在帝国最富饶昌盛时期的生活，而且还将帮助我们解开历史上最大谜团之一"，即阿蒙霍特普三世的儿子阿肯那顿继任后为何迁都。美国古埃及遗产保护与考古学基金负责人彼得·拉科瓦拉强调，从遗址保存状态及出土的日用品数量来看，有点像"古埃及版庞贝古城"。据哈瓦斯透露，许多外国考古团队"先前寻找这座古城，但从未发现踪迹"。哈瓦斯指出，考古队有望发现充满宝藏且先前无人触碰过的大陵墓，埃及文明的更多神秘面纱将被揭开。

埃及高调向外界宣示此次重大考古发掘，意在吸引游客、提振旅游业、助力经济发展、加强其文化大国的地位、扩大其在中东乃至世界舞台上的作用和影响力。仅以旅游业为例，旅游业一向是埃及经济的支柱产业和国家的主要收入来源之一，旅游业产值占埃及GDP的比重达15%，直接或间接地创造了全国12%的就业岗位。埃及旅游和文物部部长阿纳尼说，埃及旅游部门受到新冠肺炎疫情的冲击巨大，2020 年埃及旅游业收入仅为 40 亿美元，较 2019 年超 130 亿美元的旅游收入骤降近 70%。游客量从 2019 年的 1310 万陡降至 2020 年的 350 万，2020 年埃及酒店的外国人入住率只占 2019 年水平的 10%～15%。哈瓦斯说："这些发现非常重要，将使萨卡拉成为一个更重要的旅游目的地。"巴德朗也告诉笔者，萨卡拉的考古新发掘将吸引世人目光，使越来越多的外国人对古埃及历史文化产生浓厚兴趣，从而来埃及进行实地探访。游客的增多，既有助于使埃及旅游业和经济早日走出疫情的阴霾，也会把埃及的文化影响力带向世界各地。"可喜的是，现在，萨卡拉顶多才挖掘出了 10%～15% 的文物，里面还埋藏着大量弥足珍贵的宝物，因此考古价值很大，令人充满期待。"巴德朗说。

帝王谷——法老们的最后安息地

2006 年 2 月 10 日，埃及最高文物委员会主席哈瓦斯宣布，美国和埃及考古学家最近又在帝王谷发现了一处新墓室，顿时，笼罩着神秘色彩的帝王谷再一次受到人们的关注。

帝王谷位于埃及南部著名的旅游胜地卢克索，那里距离首都开罗大约 700 公里。卢克索有"世界上最大的露天博物馆"之美誉，这主要是因为它有著名的卡纳克神庙、卢克索神庙以及帝王谷和王后谷。

顾名思义，所谓帝王谷和王后谷，就是指安葬古埃及法老、法老的妻子、女法老以及贤达贵人等的地方，因为那里山峦叠嶂，四周都是高耸的山体，故而得名。帝王谷和王后谷互为毗邻，位于卢克索城尼罗河的西岸 7 公里处，因为古埃及人认为东方象征着生，而西方则是死亡的标志，所以墓地通常都建在尼罗河的西岸。

在一般读者的想象中，既然是帝王法老们的"长眠地"，帝王谷和王后谷一定是难得的"风水宝地"，应该有树、有草、有水，甚至有葱茏的绿色园林等，实则不然。出乎人们的意料，帝王谷和王后谷居然连一棵树、一根草都没有，甚至不见一丝绿色，更没有潺潺小溪和悠悠碧水。有山倒是不假，但山上寸草不生，贫瘠荒凉，山的不远处全是茫茫沙漠和黄褐色的戈壁。笔者在多年前第一次去那里时，简直不敢相信眼前看到的一切，如此重视来世的古埃及国王们，竟会把这样苍茫荒芜的地方当作他们的永恒归所！

原来，这是法老们故意选择的。最早的时候，他们的祖先把墓地建成金字塔形状，高高地耸立在地面，越高越好，越高越显示自己权位的重要和所在王朝的昌盛。然而，这样做也存在着种种弊端。虽然在金字塔里事先埋设了不少机关和暗道，曲径通幽，神秘莫测，但毕竟是矗立在明处的高大建筑，很容易引起盗墓贼的注意，他们在破解机关后很容易得手。而事实上，建在地表，状若高大金字塔的陵墓，最后都没能逃脱被盗窃的厄运。

从第 17 王朝开始，法老们吸取了先辈们的教训，将他们的归所建在不易被人发现的地方，而且不再是巍峨高耸的金字塔，而是建在不易被人察觉的地下，越隐蔽越好。于是，他们在远离开罗、人烟稀少的卢克索选择墓址，并且选中偏僻荒凉的山谷，把墓地建在悬崖峭壁上，或大山底下，以避人耳目。

　　帝王谷位于岩石山的北边，隔尼罗河与赫赫有名的卡纳克神庙相望，埋藏着第 17、18、19、20 王朝的法老们和王室贵胄等，现发现的共有 64 座。墓穴分布在山谷两旁，均依山势而建，墓口故意用乱石堵住，不露一丝痕迹，不仔细看根本看不出。墓道浅者几十米，深的数百米。但这些法老的墓还是被盗墓贼盗了，他们的木乃伊和随葬品都不翼而飞了，里面已经空空如也。只有少年时即位不久就去世的图坦卡蒙法老的墓，因为太不起眼了，压在另外一个墓的下面，处在一个犄角旮旯的位置，这才没被盗墓贼发现，侥幸逃过劫难。

　　最大的一座是第 19 王朝法老的墓。墓穴入口开在半山腰，有细小通道通向墓穴深处。入口墓室的水平距离长达 200 多米，垂直下降的距离是 45 米，墙壁和天花板上绘满了各种栩栩如生的壁画，装饰华丽，字迹现在还异常清晰，令人难以想象。可惜的是，埃及现在对外开放的法老墓穴只有 10 来座，其余的都被保护起来了，不让游客入内参观。

　　王后谷位于岩石山的南边，是埋葬同一历史时期的女法老、王后、王妃和公主等的，数量有 70 多座。墓的规模虽然表面看不及国王墓宏大，但内部壁画与国王墓完全不同，表现得自由奔放，反映了当时埃及人的生活习俗。其中最有名的，是埃及最具盛名的美女王后、拉美西斯二世妻子纳芙塔丽，以及女法老哈谢普苏特。

　　帝王谷和王后谷的一座座墓室，实际上就是巧夺天工的自然博物馆和美术馆，是埃及古文化的精华所在。自从 1922 年英国考古学家卡特在帝王谷发现图坦卡蒙墓后，至今再没有什么发现。而现在又发现了新的墓室，哈瓦斯说这是自 1922 年以来最大的考古发现，说明帝王谷仍隐藏着大量秘密。

　　新发现的墓室也在地下，墓室只有 20 平方米，里面有 5 具木乃伊，他们在那里已静静躺了 3000 多年。哈瓦斯说，他们可能是法老妻子、贵族，或者王室重要成员，"否则，不可能埋在帝王谷里"。

埃及是考古新科技的实验场

用现代科技手段证实女法老身份

最近，埃及官方宣布，经过多年的考古研究和 CT 扫描、DNA 检测等证实，埃及考古工作者确认了古埃及最著名女法老哈谢普苏特的木乃伊。这是继 1922 年发现图坦卡蒙法老墓以来埃及又一最重大的考古发现。美国探索频道曾向全球首播有关这位女法老的身世和遭遇之谜的纪录片，这样，全球再次掀起古埃及文化热潮。

1903 年，英国考古学家霍华德·卡特在埃及南部卢克索的帝王谷一处坟墓中发现两具木乃伊。经考证，其中的一具属于女法老哈谢普苏特的奶妈，另一具研究人员猜测属于哈谢普苏特本人，但一直没有证据。埃及古文物最高管理委员会在美国探索传播公司赞助下，大规模地开展寻找哈谢普苏特木乃伊的研究。来自美国、加拿大、德国、英国、法国等国家的考古工作者对这一课题的研究和考证一直没有中断过，一些学者甚至很有把握地说，另一具木乃伊就是哈谢普苏特本人的。

然而，证据不足，难获定论。尤其是，以前埃及有过错认一具木乃伊法老身份的经历，当时他们以为出土的木乃伊是图特摩斯一世法老的，结果后来证实主人其实是一位死于箭伤的年轻人。这样一来，埃及在确认木乃伊的身份时就格外小心谨慎。据报道，存放着埃及博物馆的 40 多具王室木乃伊都要重新进行身份鉴定和再确认。

判断和确定哈谢普苏特木乃伊的身份，是现代科技在考古中应用的结果。2005 年，埃及博物馆从西方国家引进了先进的 CT 扫描设备，年轻的法老图坦卡蒙成为第一批接受 CT 检查的木乃伊之一，随后，埃及又建立了第一个专门用来检查王室木乃伊的 DNA 实验室。这些高科技设备和实验室的加盟，使本来就比较发达的埃及考古学如虎添翼。

据埃及考古专家伊斯梅尔介绍，他也参加了对哈谢普苏特木乃伊身份的认定工作，这是一项审慎的科研工作，来不得半点马虎。考古小组分工合作，有负责 CT 的，有负责 DNA 的，他们还对木乃伊的牙齿和身体某些部位特征进行了非常仔细的特殊扫描和研究，经过 CT 扫描技术鉴定，考古学家发现有一颗牙齿与棺材中那具木乃伊口中缺失的臼齿基本吻合。同时，他们又对这具木乃伊和女法老父亲和丈夫等家族的其他木乃伊进行了 DNA 检测对比。最终，专家们得出结论，一致认为这具木乃伊就属于哈谢普苏特女法老。

伊斯梅尔告诉笔者，根据最新的考古研究发现，哈谢普苏特晚年得了肥胖症，并患有糖尿病，后来不幸被糖尿病和身体肥胖引起的并发症夺去了生命，只活了 50 岁，并不像以前人们认为的那样活得更长。

埃及是考古者的"乐园"

埃及是不折不扣的考古天堂和乐园，因为这里是人类最初文明的发祥地之一，有大量可以发掘和考古的东西。

现在，在埃及，常年都有来自世界各地的考古队在进行发掘和考古工作。他们中有高校的，有国家研究机构的，有博物馆的。分布的范围也很广，几乎遍及埃及南北，举凡古迹所在的地方，差不多都有他们的身影。笔者到一些景点参观，总能看到一些专业的考古工作者在作业。有一次去埃及和利比亚交界的锡瓦沙漠绿洲，没想到在那样偏僻的地方，也能碰上来自德国的一支考古队。

如此多的考古工作者，解决了不少问题，如对金字塔的探索已经得出基本肯定的结论，即金字塔不是外星人所造，而是古埃及人建的。又如 20 世纪初图坦卡蒙墓的发掘震惊了世界，由此弄清了这位年轻国王以前不为人知的许多秘密等。

然而，仍有大量的谜团等待着考古学者破译，如金字塔到底是怎样建的，有许多与金字塔有关的数字至今仍困扰着科学家们，如金字塔的高度乘以 10 亿，恰好等于地球到太阳的距离；金字塔底周长乘以 2，则等于地球赤道的时分度；用 2 倍塔高除以塔底面积，等于圆周率 3.14159，而金字塔建造完成 3000 年后，人们才把圆周率算到了这个精度。此外，穿过胡夫金字塔的子午线正好把地球上的陆地和海洋分成相等的两半，这实在是不可思议。难怪西方有研究者说，金字塔里暗藏着种种神奇的数字和未解谜团，甚至隐藏着人类的全部历史和未来秘籍。

笔者有一次开车在胡夫金字塔前转，突然，仪表盘上的温度指示仪持续上升，在不到 3 分钟的时间内，由正常温度上升到了 100 度以上，当时简直把笔者吓坏了，新车怎么会发生这种事情？而且当时是冬天，室外的气温并不高啊。

我把车停在路边，过了一会儿再发动，温度仪上的显示数字却又正常了。真是不可思议。

　　据埃及媒体报道，金字塔里面可能有一种神奇的能力，因为里面温度很高，可是生物的遗体却不会腐烂，反而会脱水变干。笔者常钻进金字塔，在里面手机没有信号，电子仪器都会失灵。时间待长了，人会意识模糊。但把牛奶放进去，过几天后仍新鲜无比。这些都是尚未解开的谜，而这，还仅仅是涉及金字塔的谜，有关埃及其他古迹令人困惑的谜团还有很多。而这些，都等待着考古学家和科学工作者们破译和解开。因此，埃及媒体慨叹，埃及真是考古者的"乐园"。

狮身人面像
——斯芬克斯见证历史

著名的狮身人面像，其背后是金字塔

狮身人面像蹲伏在哈夫拉金字塔前，从西朝东，这尊传奇的雕像有着狮子的身躯和男人的面孔，威严肃穆地俯瞰着吉萨高地下面的一切，狮身人面像和近在咫尺的三座金字塔一起，被列入古代世界七大奇迹之一，是古埃及文明的象征和标志。

整座狮身人面石像除了两只前爪是用岩石堆成的以外，其余部分，尤其是身躯，全部是用一块完整的巨石雕刻而成的。石像长73米、高20米，脸宽达5米，光一只耳朵就长2米，比人还高。原来的石像头戴皇冠，额套圣蛇浮雕，脖子上围着项圈，现在皇冠和项圈早没了踪影，圣蛇浮雕于1818年被一个英国籍的意大利人偷走并卖给了英国大不列颠博物馆。狮身人面像的鼻子也被打掉了，到底是18世纪末进军埃及的拿破仑军队的炮火炸掉的，还是13世纪统治埃及的马穆鲁克王朝的士兵将它当作射击靶子打没的，恐怕只有狮身人面像自己才知道真相了。

　　古埃及人认为狮子是力量的化身，狮身人面像是智慧和权力的象征，法老常把狮身人面像放在墓外当守护神。埃及学者认为狮身人面像的面孔与国王哈夫拉非常相似。在英语中，狮身人面像叫"斯芬克斯"，因为它形如希腊神话中的人面怪兽斯芬克斯而得名。在阿拉伯语里，狮身人面像叫"恐怖之父"，其实它并没有什么恐怖的，用"恐怖之父"来为它命名，更多的则是意指其威严和法老的权势罢了。

　　狮身人面像历史上曾长期被淹埋在漫漫黄沙之下，后来黄沙才被清理，露出真容。它的前面还有一个"记梦碑"，记载着这样的故事：公元前 1400 年，图特摩斯四世法老在年轻时做了一个梦，梦见狮身人面像对他说："我被压在黄沙之下，十分难受，如果谁能去掉我身上的黄土，让我重获自由，我就让他当上国王。"当时还没当上国王的图特摩斯四世从梦中醒来后，对刚才的一切将信将疑，但还是依梦而行，遵嘱挖去黄沙，果然发现了埋在下面的狮身人面像，而他本人，也果然如梦中所言，在日后登上了国王的宝座。

　　今天，你若是到埃及旅游，狮身人面像是必"打卡"景点。除了或远或近地从不同角度进行拍摄，以及与狮身人面像进行某种"亲密接触"外，那里还有现场的"声光表演"。每当夜晚降临，华灯初放之时，这尊从历史中走来的石像，便会在变幻莫测的光线和如梦一般的音乐的伴奏下，通过扩音喇叭，操着不同的语言，用沧桑浑厚的声音，向你讲述着有关它更多的过往经历和独特故事。一瞬间，时光仿佛倒流，你宛若坐上了时光回溯机，穿越到几千年前的古埃及时代，与眼前的狮身人面像进行交谈，听它徐缓而深情地倾诉着历史、岁月和光阴的故事……

埃及居然还有狮身羊面像

开罗近郊吉萨高地三大金字塔畔的狮身人面像举世闻名，简直成了古埃及文化的标志和埃及标志性的旅游景点。然而，鲜为人知的是，在埃及，除了狮身人面像以外，还有狮身羊面像。

狮身羊面像最集中的地方，莫过于埃及南部城市卢克索的卡纳克神庙了。从尼罗河游船上甫一上岸，隔着滨河大道不远，就是卡纳克神庙了。要进入卡纳克神庙的大门，必须走过一条长长的甬道，甬道的两旁，赫然在目的全是看上去有些滑稽的狮身羊面像。它们整齐地排列着，像值岗的卫兵一样威严地排成两排，很是壮观。仔细观瞧，只见前爪伏地卧着的雄狮上面，一例是羊头、羊脸、羊耳，一头头栩栩如生，十分逼真。

这条甬道叫"公羊之路"，又称"斯芬克斯道"，全长大约300多米，而狮身羊面像却多达90来座。这还不是最多的。在卡纳克神庙与它相距3公里远的卢克索神庙之间，还有一条类似的"公羊之路"相连，路上有数百座狮身羊面像，只是现在已经不对外开放了。

有一次笔者陪一个代表团来这里参观，其中一人看到狮身羊面像后忍不住颇为惊讶地说："有没有搞错呀，怎么会有狮身羊面像？"也难怪，因为此前，代表团一行在开罗等地看到的都是狮身人面像，乍一看到眼前的狮身羊面像，有些疑惑。

在人们的认知和观念中，传统的狮身人面像比较容易理解。法老们常常将狮身人面像放在他们的墓穴外作为"守护神"，因为狮子是力量的化身、勇气的代表和威严的象征，古埃及人崇拜狮子，狮身人面像寓意权力和力量。人面一般以法老的形象为基准，如三座金字塔前的狮身人面像，就是依照古埃及第四王朝的法老哈夫拉的模样精心雕造的。也就是说，法老希望自己能够长在狮子身上，这样才能拥有智慧，力大无比，向臣民显示威力和至高无上的权力，并在死后受到保护。可羊面怎样解释呢，难道法老们希望自己成为一只温顺柔弱的小绵羊不成？

不是的。原来，在这里，狮子依然象征威严、力量和王权，而羊头则代表着"阿蒙神"。据埃及史书记载，"狮为百兽之王，象征统御的力量；公羊接受阿蒙神之神力，威力无比"，两者合在一起，则标志着神明的最高权力，寓意法老的强大力量和生命力等。

其实，卡纳克神庙就是献给阿蒙神的。在古埃及的象形文字中，阿蒙的意思是"无形之物"。阿蒙神本来是卢克索的地方神，到了古埃及中王国时期，卢克索形成了一个崇拜阿蒙神的中心，阿蒙神与北方的太阳神——拉（Ra）神一起受到人们的崇拜，称为"阿蒙-拉神"。后来，到古埃及新王国第 18 王朝时，阿蒙神的地位超过了其他众神，成为埃及的第一神祇。这期间，人们便在卡纳克为阿蒙神建造了一座气势恢宏的神殿。

古埃及人在建造神庙时，往往在通往神庙的大道两侧雕刻出两行狮身人面像。但由于阿蒙神被描绘成"头戴两片羽毛，手持一根权杖，他把公羊和雌鹅作为自己的神兽"，所以，在建筑过程中，法老们就下令用狮身羊面像代替了习以为常的狮身人面像。

为什么法老不再坚持在狮子身上雕上他们自己的头像了呢？原来，阿蒙神作为古埃及全国最高神的地位确立以后，被视为"万物的创造者"，任何法老都必须依靠他的庇护和佑助才能使江山永固、国运长久，否则将社稷难保、灾难降临，甚至生命堪虞。正因为如此，为了讨阿蒙神的欢喜，法老不再将自己的形象雕刻在狮子身上了，而是代之以阿蒙神青睐的动物——羊的造型。而且，卡纳克神庙自打建成后，历代法老竞相为它增砖添瓦，不间断地扩大建筑，扩建碑像等，扩建活动一直到公元前 30 年才结束，前后历经了大约 2000 年的时间。

不过，法老们还是做了相应的变通，他们把自己的形象挪了一个地方，即把他们的模样雕刻在了公羊头前的脖子下面、狮子的两个前爪之间。这样一来，他们就可以得到阿蒙神的庇护了。但相比之下，法老们的个头儿可就小多了，这表明他们以自己卑微的身躯，表达对阿蒙神的敬畏和敬意。

"飞来"的神庙

埃及唯一一座不在陆地的神庙

埃及的神庙太多了，但需要乘船涉水才能到达的，则只有菲莱神庙一座。

菲莱是英语"Philae"的音译，在古埃及语中，本义是"最尽头的岛屿"，起初的时候，菲莱岛位于埃及最南部阿斯旺城尼罗河东岸一个小河湾的一侧，建在上面的神庙即以岛的名字命名。

我们坐着庞大的游船，在水中央远远地看着菲莱神庙，但见蓝天白云之下，神庙被四面清澈的碧水包围着，仿佛真的是张开翅膀，要从天边凌空"飞来"一样。用谐音"飞来"称谓这座庙宇，真是传神。既然是约定俗成叫"菲莱"，咱也就不好改变了。

下船后，只见岸边芦苇丛生，芳草萋萋，真是一块风水宝地，这与不少神庙地处空旷、干旱的沙漠的恶劣环境形成强烈对比。岛很小，上岸后很快就来到神庙前，巨大的石头、石柱、石碑、石墙，有力量感。造型奇特的建筑，生动宏伟的石雕，栩栩如生的壁画，精美无比的浮雕等，直逼人眼，简直让人有一种喘不过气来的感觉，实在是太恢宏了。

神庙是献给"伊西斯"女神的

菲莱神庙也叫伊西斯神庙，伊西斯是古埃及司掌博爱、快乐、音乐和生育的女神，受人爱戴。公元前4世纪至公元前3世纪，托勒密二世在古法老神庙的废墟上修建了这座神庙，作为礼物献给女神伊西斯。这是现存最完好的三座托勒密王朝的庙宇之一，被称为"法老宝座上的明珠"，也被称为"尼罗河的明珠"。

菲莱神庙也是文化碰撞和交流的产物，它融合了埃及法老时代建筑风格和"希腊—罗马"建筑风格。神庙长460米、宽146米，主体建筑由前后塔楼、前后厅、产房及托勒密二世神庙组成。进入塔楼就是神庙的前厅，两侧各有8根高大的立柱，这是当年举行祭祀礼仪的地方。神庙的第一塔门上还刻有托勒密一世将奴隶供给伊西斯女神的图像。中心则雕刻着伊西斯女神的浮雕像，浮雕精致无比，美轮美奂。

　　与菲莱神庙和伊西斯有关的，还有一个凄婉动人甚至充满恐怖气息的旷世爱情故事。伊西斯的丈夫奥西里斯被嫉妒他才能的孪生兄弟塞特杀死，尸体被切为16块抛到埃及各地，头颅就被扔在菲莱岛上。伊西斯悲恸不已，伤心欲绝，历尽千难万险找回了丈夫的尸体碎块，并用爱心使其复活，然后生下儿子，取名荷鲁斯。荷鲁斯长大后，把叔叔塞特杀掉了，替父报了仇。后来，为了纪念对爱情忠贞不渝的伊西斯，人们在曾经抛掷伊西斯丈夫奥西里斯头颅的菲莱岛上建起了这座神殿。

　　如今，神庙里的"产房"，即是寓意伊西斯之子荷鲁斯诞生的地方，位于前后厅交界处，是一个石砌的建筑。产房的石壁上，有根据历史传说雕刻的故事，即伊西斯在尼罗河三角洲的芦苇中为初生的荷鲁斯哺乳。伊西斯表情刚毅、坚贞，又流露出温柔、慈祥，把古埃及女性的美德表现得淋漓尽致。

埃及的"另类"金字塔

　　金字塔是古埃及国王的陵墓，更是璀璨和扑朔迷离的古埃及文化的集大成者。在埃及，除了人们耳熟能详的吉萨高地胡夫国王及其儿孙的三座金字塔外，还有大大小小 100 多座金字塔。其中尤其值得一提的，是一些在造型和颜色上都显得有些"另类"的金字塔，比如形状上显得怪异的，有阶梯金字塔、弯曲金字塔、方形金字塔；颜色上有些特别的，有红色金字塔、黑色金字塔等。

阶梯金字塔：埃及最早的金字塔

　　阶梯金字塔位于开罗南部 30 多公里的萨卡拉。这其实是由多个金字塔和庙宇组成的大型建筑群，现在已经毁坏得差不多了。阶梯金字塔是其中最有名，也是相对保存得最完好的。

　　阶梯金字塔的主人，是古埃及第三王朝国王（那时还不叫法老，法老是中王朝以后埃及人对国王的称呼）左塞尔。阶梯金字塔约建于公元前 2700 年，是整个埃及最早的一座金字塔，也是世界上最早用石块修建的陵墓。此外，也有学者称，阶梯金字塔是人类史上第一座大型的石制建筑物。

　　所谓"阶梯"，是因为这座金字塔的三角斜坡的外观造型不是直的，而是呈阶梯状。当时负责建筑设计的，是宰相伊孟霍泰普，他甚至比左塞尔王还有名。伊孟霍泰普先让工人们在地面上修建了基座，东西长 140 米、南北长 128 米。然后将石头切割成块状，一层层地往上堆放，即把原来的坟墓小土墩一再加高，并以石灰岩装饰外表。最后，一共堆了六层，呈阶梯塔状，共高大约 60 米。主墓室则深入地底，里面躺着左塞尔王和他的五位家庭成员。

　　严格意义上说，阶梯金字塔只能算是金字塔的雏形，不过，以后的国王，都是根据阶梯金字塔的形状和建筑方法为自己修建陵墓的，它成为埃及所有金字塔的前身和老祖宗。由于伊孟霍泰普天才的设计，他被称为"智慧之神"。伊孟霍泰普除了把国王的陵墓建成一层层高大的"天梯"外，还将其内部设计得异常复杂，曲径通幽，犹如迷宫一般，非知情者根本无法知道国王的木乃伊到底存放在什么地方。

　　古埃及第五王朝最后一位国王乌纳斯的金字塔也位于萨卡拉，周围还修建了不少神庙和通往神庙的走廊。虽然这座金字塔在拉美西斯二世时修复过，现在却已经坍塌得不成样子了，让人在为废墟徒生慨叹的同时，更感到左塞尔王梯形金字塔历经 5000 多年的历史，仍然完全、坚固地矗立着，真是难能可贵。

弯曲金字塔

由萨卡拉驱车往南行，再走大约 15 公里，就到了一个名叫"达哈述尔"的地方。那里，有两个金字塔格外引人注目，一个是弯曲金字塔，另一个是红色金字塔。

第一眼看到弯曲金字塔，感到十分奇特，仿佛是沙漠里耸立着的一块特大的馒头。不过，这也更接近中国传统概念上的陵墓形象，只是它的个头可比土地上鼓起的土包大多了。想想，一个底部边长 188 米、高约 110 米的正方形，岂是一般意义上的小坟墓所能比拟的？

弯曲金字塔也叫"折角金字塔"，因为整个金字塔显得发白，仍保持着原来的白色石灰岩外层，所以也有人管它叫"白色金字塔"。弯曲金字塔的奇特之处是，每面都具有两个坡度。考古学家发现，原来施工时，人们先以 55 度的倾角修建，修到 105 米的高度时修不下去了，因为再修的话金字塔就有可能因为无法承受石头的重量而发生坍塌，于是，建筑师只好将角度变缓，从 55 度改为 43 度，直至竣工。

这样一改，这座金字塔从四面看上去便都是弯曲状的，成了埃及金字塔中独一无二的一座。从中不难看出，当时古埃及的力学、建筑学都有了相当高的造诣。

红色金字塔、黑色金字塔

红色金字塔和黑色金字塔也都在达哈述尔，相距也不远，一红一黑，相得益彰，颜色与周遭沙漠的黄色构成鲜明的视觉反差。

与弯曲金字塔一样，红色金字塔的主人也是胡夫国王的父亲、第四王朝的斯尼弗鲁国王。红色金字塔是在总结弯曲金字塔经验的基础上建成的，这是真正意义上的金字塔，即它不是阶梯形的，也不是弯曲的，而是我们习以为常的正宗"金"字形状。

红色金字塔仰角一开始就设计为 43 度、边长 220 米、高 104 米，规模仅次于最大的胡夫金字塔（原高 146 米，现高 136 米）。因为所用的建筑材料为颜色发红的石灰石，因此它被称为"红色金字塔"或"玫瑰色金字塔"。即使到今天，它的颜色依然有别于其他金字塔，呈淡淡的红色。而且，经过数千年的风雨侵蚀，阳光照晒，依然保存得相当完好。

红色金字塔可以爬。在三分之一高的位置，有一条坑道可直达墓室。顺着与地面呈45度角、高度顶多1米的坑道，笔者哈着腰、屈着膝，步履艰难地下到红色金字塔的底部。这段坑道长达百米，到达底部后，是两个相连的墓室，只是里面已空无一物，弥漫其中的唯有积淀了数千年的空气，污浊得令人有些窒息。

待了还不到一分钟，便再也无法忍受了，急急忙忙顺原路往上爬。爬了不到一半，腿部开始发酸、发胀、发麻，好不容易以极大的毅力返回入口处，强烈的阳光铺天盖地地照过来，笔者大口大口地喘着气，尽情地将墓室里的浊气排出。这时，我的腿都不受控制地颤抖起来，全身发软，双手紧紧扶着栏杆，生怕一个倒栽葱滚下去。

相比于红色金字塔的壮观，黑色金字塔可就差多了，也风化了不少，远远看去，仿佛是一堆不规则的黑土堆耸立着。学者们对黑色金字塔的研究还不多，只知道它最初也是由白色石灰石建造的，后来被人们有意将石灰层削掉了。究竟是什么原因谁也解释不清，甚至连它的主人是谁，以及具体建于哪个年代，不同的历史学家都众说纷纭，莫衷一是。这倒是为考古工作者增加了"用武之地"。

方形金字塔

方形金字塔坐落在达哈述尔南面约30公里处的美杜姆，是另类金字塔中最远的一个了。

远远看去，美杜姆的金字塔像是一座残破的方形城堡，静静地伫立在午后的骄阳里。事实上它现在只剩一半的建筑，由于年代久远，岁月的沧桑已经使它表层的石块剥落殆尽，只剩三个台阶。个中原因，一说是内侧的金字塔壁建得不规范，太光滑了，与外部装饰岩石间的黏着度失调，造成不断脱落；另一说是它的地基建在不牢固的沙石上，后来导致了崩塌等，不一而足。

具体是哪一年崩塌的，人们也不清楚。不过，据说建造者就是在这座方形金字塔崩塌后，总结了教训，为避免重蹈覆辙而中途改变弯曲金字塔的倾斜度的。

对于方形金字塔最初是由谁建的，学者们还在进行各种考证。一个确切的线索是，胡夫国王对它进行了改建。其实关于方形金字塔，甚至关于其他金字塔，仍有无穷的谜团和疑惑之处，等待着人们揭开其庐山真面目。

众神纷呈的古埃及

古埃及是神的世界。在古埃及人的观念中，天是神，地是神，物是神，甚至人也是神，可谓时时处处皆有神。绵延近三千年的法老时代，大多是政教合一的神权统治，法老本人被认为是统治江山社稷和掌管天下平民百姓的神，也是众神的最高祭司。法老自命为"神"或"神之子"，因神而尊贵和至高无上。法老可以以神的名义号令天下，神则因为与法老同体，或者是法老之父，从而备受臣民的尊崇和敬畏。

在古埃及 30 个法老王朝中，大多时期里太阳神"拉"（或者译为"瑞"）是主神。在古埃及人眼里，太阳不仅带来了光与热，更是生命之源，是一切生物的基础。太阳神以多种形式出现，如巨大的金屎壳郎——圣甲虫，它推动着浑圆灼热的太阳东起西落，"拉"是天牛拂晓生的，在白天长大成为孟菲斯公牛，公牛与母牛交媾，第二天早上又生出太阳。

在有着"太阳城"之称的赫里奥波利斯，"拉"（瑞）为九神之首，可以自我复制，创造了空气之神"苏"——将天穹从地面撑了上去，还创造了水汽女神苔芙努特——将湿润充满天空。苔芙努特女神与其兄苏结合，生下地神贾布和天神努特，努特与贾布结合生下奥西里斯、伊西斯、塞特和纳芙蒂斯。奥西里斯与伊西比、纳芙蒂斯先后婚配。奥西里斯代表明君，伊西斯代表贤妻良母。传说奥西里斯当上国王，圣明贤达，深受臣民爱戴，却招来弟弟塞特的嫉妒。塞特想方设法夺取哥哥的王位，从而达到取而代之的罪恶目的。于是，塞特将哥哥奥西里斯骗入金柜当中，然后突然盖上盖子，用钉子钉死，把金柜投进尼罗河，任其随意漂流和游荡。奥西里斯的两个妹妹（皆为其妻）四处寻觅，终于在腓尼基的比布鲁斯找回奥西里斯的遗体。塞特听闻恼羞成怒，将奥西里斯的尸体肢解成十多块，投入上、下尼罗河。悲伤欲绝的伊西斯在妹妹的陪伴下终于找到了丈夫的尸块，把十几块尸块拼成原身。然后，她化身鸟神，扇动翅膀送入精气，使奥西里斯复活。随后，伊西斯飞到奥西里斯身上，采撷其精受孕，生下鹰头人身的荷鲁斯。荷鲁斯代表上天，一目为日，另一目为月，展翅可触及天边。他击败其叔父塞特，替父报了仇，夺回了王位。奥西里斯后来被众神拥戴为冥王，成为主宰人间地狱的复活之神，是与尼罗河最密切的主神，他的死亡和复生关系到大地是否丰收。

众多埃及神起初并不出名，这主要是因为他们只是埃及某个部落的地方神。一旦这个部落有人当上了大祭司或者法老，神以人贵，很可能就上升为埃及的举国之神。譬如，获得政权的古埃及第 11 王朝，将本地的阿蒙神——代表潜能神力，作为重新统一国家的主神，并专为阿蒙神修建了卡纳克神庙。到了第 18 王朝，更将阿蒙神与其他大神嫁接起来，如"阿蒙-拉"神。法老可成为"众神之王"，埃及最大的吉萨金字塔的塔主胡夫即是如此。法老阿蒙霍特普四世迁都改教，以一神"阿顿"（又译"阿吞"）取代阿蒙神和多神，阿顿的形象就是太阳射下无数光线的末端皆为人手，赐万物以生命与安康。阿蒙霍特普四世本人自命为"阿肯那顿"，即阿顿神的监护人。

新石器时期的埃及人把周围的一切都奉为神灵，笃信天地之间充满精灵，从太阳、月亮、星辰、天空到大地、空气、海洋、草地、平原等无不为神，它们寄托于人间，或动植物上，或奇形怪状的物体上。被选为寄主的可以是驯服有益的兽类，如母牛、公羊、猫、狗；或是凶残的动物，如河马、鳄鱼、眼镜蛇和鹰隼。此外，诸如抽象的动作与现象也有神，如歌舞愉悦之神哈特胡尔，狩猎之神尼特，创造之神哈努姆。连尼罗河、尼罗河泛滥时的洪水、瀑布等，也有对应的神。尼罗河之神和洪水之神是"哈皮"，它是富庶、殷实的象征。瀑布之神"克那姆"，是一头公羊，是洪水进入埃及之处的守护神。

女神在古埃及的宗教中也发挥着重要作用，但数目有限，总共不超过 12 个，如哈苏、伊西斯、娜丝、芭斯塔特等。娜丝是史前三角洲都城的庇护女神，芭斯塔特即猫女神，是在第二王朝后下埃及第 18 州普遍受崇拜的神。

埃及神庙、方尖碑和人物、动物石雕多如牛毛，因为历代法老和信众坚信，只要虔诚地为神修庙、树碑、立像，就可以成为神的同伴，活在世上就能得到幸福，死去时就会进入天堂，得到轮回，重新做人。值得注意的是，古埃及神庙的功能不同于当今的庙宇、教堂和清真寺等，那是法老和祭司专用的神圣场所，是神的驻地，属于彻里彻外的禁地。如今，连平民百姓和普通游客都可以遍览任何古埃及神庙，可见昔日的禁地早已历尽沧海桑田，物是人非了。

埃及古迹遍世界

　　由于历史、殖民统治等原因，埃及有大量的珍贵文物和古迹流散到了国外。仅以方尖碑为例，世界上著名的方尖碑，譬如在巴黎的协和广场、罗马的圣彼得大教堂广场、美国的华盛顿广场等，都有来自埃及的文物，有的是从埃及抢劫的，有的是盗掠走的，有的属于情愿或者不情愿的赠品。虽然来源不一，但它们的故乡都在尼罗河畔，都在遥远的埃及。这些方尖碑似乎比埃及本土的方尖碑更常出现在报纸、杂志的图片上，或者影视作品的画面中，更为人们所熟知。

　　然而，埃及国内的方尖碑到处都是，尤其在埃及南方的卢克索和阿斯旺一带，除了矗立在神庙和宫殿里的方尖碑，埃及还有一座这个世界上最大的方尖碑，它静静地躺卧在阿斯旺采石场的花岗石中，被称为"未完成的方尖碑"。这座巨大的"未完成的方尖碑"长41米、重1267吨，原本是著名女法老哈谢普苏特修建的，与人们在古埃及神殿、庙宇所见的其他方尖碑不同的是，这座方尖碑只完成了切割石材的程序，尚未进行雕刻，也没有在上面进行绘画，只是一个仅有方尖碑形状的粗略模样，简单中蕴含着古朴的风韵。碑身已有几处形成了裂缝，历史似乎像这块巨石一样沉重，让创造历史的人类自身也不堪负荷。

　　除了方尖碑，在世界各国的埃及其他古迹更是比比皆是。意大利都灵的埃及博物馆，收藏的埃及历史上法老时代文物之多仅次于开罗，其中有著名的卡纳克神庙中的巨大石雕，以及一座18王朝陵墓里的全部随葬物品。比开罗埃及博物馆早13年建立的德国柏林埃及博物馆收藏着古埃及一批最珍贵的文物，如已有3350年历史之久的纳芙蒂蒂的彩绘头雕。这件文物是1912年外国的一支考古队从埃及偷运出去的。

　　英国伦敦大英博物馆里的"罗塞塔碑"，更是举世闻名的珍品，甚至有人称它是大英博物馆的"镇馆之宝"。"罗塞塔碑"被公认是破解古埃及象形文字的"金钥匙"，大英博物馆还收藏着埃及大量而重要的莎草纸文件、木乃伊和石棺。纽约的大都会艺术博物馆里有一座完整的神庙，这是埃及赠送的礼物，以答谢20世纪70年代美国人对埃及南部努比亚地区拉美西斯二世神庙等一系列珍贵文物的挽救，使其不至于被人工修建的阿斯旺水坝持续上涨的水势所淹没。此外，法国的卢浮宫也有大量的古埃及文物。

埃及政府一直在努力追讨流失海外的古文物。2007 年 12 月 27 日，埃及时任总理纳齐夫签署法令，成立"追回文物联合委员会"，决定通过谈判、外交、参加竞拍（卖会）、法律等手段，千方百计地收回流失国外的古迹。实际上，埃及此前已有类似的机构，如成立于 2002 年的"归还文物总局"等，并成功地追回了一些古迹。这一次成立新的委员会，职责范围扩大了，分工也更明确了，"追回文物联合委员会"由文化部、内政部、外交部、安全部、国际合作部、司法部等单位组成，意欲通过"协同作战"，通过合力一致对外，共同达到把流失海外的宝贝文物收归埃及本土的目的。

据埃及媒体报道，目前仍有 10 多万件文物古迹流散在法国、德国、英国、美国等地，包括一位著名法老的胡子，埃及媒体因此还用"胡子的战争"来形容政府收回古迹的行动和决心。2008 年 10 月 16 日，埃及从英国伦敦皮特里埃及考古博物馆接收了 71 件文物，被认为是追回文物阶段性的收获。

埃及人如何看待中华文明

开罗大学考古系教授阿伊曼在接受笔者采访时认为，作为人类迎来的第一缕文明曙光，中华文明和古埃及文明一样，都是辉煌和灿烂的文明，都是历史文化中的瑰宝和精华。现在在全世界，人们一提起埃及和中国，首先浮现在人们脑子里的，就是金字塔和长城，金字塔和长城已经当之无愧地演绎成了埃及和中国的形象化身和精神象征。

阿伊曼坦率地说，论起悠久，古埃及和古巴比伦文明都要比中华文明更早、更悠久，起码早两千多年吧，但这些文明之火都已经熄灭了。古埃及的象形文字只有个别专家才能读懂，而标志着两河流域文明发达程度的楔形文字，更是几乎早已成了天书。然而，反观中国的文字，今天仍在广泛地使用着，今天中国人写的汉字仍是几千年前中国祖先们使用的汉字。"中国的家当没有丢掉，中国的根保住了，中国文化的精粹得到了一代代的呵护和很好的继承，这不但说明中国文明的薪火得到了成功的传承、延续和发扬光大，而且，这本身也是对世界文明的巨大贡献"。

埃及"十月六日城大学"历史教授阿吉勒说，他更喜欢中华文明，因为中华文明经历了几千年岁月的沧桑洗礼，仍然生机勃勃、活力四射、风姿绰约。阿吉勒推心置腹地告诉笔者，埃及文明由于太古老了，民族性格都是骄傲和自尊的，这自然是好事，但也难免有一种追怀过去、满足过去、一味躺在过去辉煌的功劳簿上而对今天产生失望和不思进取情绪的一面。相较而言，中国就没有什么负担，过去是那样的辉煌，现在也没有因此而背上包袱，没有不思进取的怀旧，而是照样轻松上阵，不断创造着成绩，谱写着辉煌，续写着中国文明的华章。阿吉勒形象地说，埃及文明是老人，暮气沉沉；中华文明则是朝气蓬勃的中年人，甚至是青年，浑身上下都是力量，洋溢着青春的活力和对前途信心满满的希望。

埃及考古发掘进入"收获季"

2018 年下半年，埃及的考古工作进入"收获季"。当年 9 月底，埃及国家文物部公布了一组照片，显示在位于开罗南部 20 公里处米特·拉希纳村的考古新发现：这里出土了一个大型的房屋建筑古迹遗址，里面有大量的出土文物，还包括一个巨大的罗马浴室，以及祭祀用的密室等遗迹。而稍早，埃及文物部宣布，埃及与法国的联合考古队在尼罗河三角洲的一个小村庄，发现了迄今埃及最古老的定居点之一，其历史可追溯到 7000 年前的新石器时代，这一时间比埃及第一任法老统治时期还早了大约 2000 年。

《今日埃及》杂志报道，最古老定居点的发掘地点，位于开罗北部尼罗河三角洲达喀里亚省萨马拉丘陵地区的一个小村庄。来自埃及和法国的考古专家说，通过几个月的不懈努力，他们在现场发现了几口储藏竖井，里面有多个谷仓、陶器和石器的碎片，以及动物骨骼和植物残骸等。埃及文物部指出，根据这些发现，考古专家们把这个小村的历史追溯到约公元前 5000 年，这意味着它在闻名世界的吉萨大金字塔开始建造之前约 2500 年，就已经存在了。

考古队负责人、法国考古专家弗雷德里克·吉奥在一份声明中说："匪夷所思的是，在埃及第一个王朝出现之前，就已经有人在这里生活了数千年之久。"声明指出，自 2015 年以来，萨马拉地区遗址的挖掘工作一直在不间断地进行，而本次的发现收获最大，它将使专家们能够更多地了解这个古老的社区，更多地了解埃及的古老历史文化。

古埃及文物部门的负责人艾曼·阿什马维对笔者说："埃及和法国联合考古队的这次发现意义重大。以前，在这个地区（尼罗河三角洲），诸如储藏竖井等这些新石器时代的建筑从未被发现过，此前只是在加比亚省的塞易斯发现过类似的遗迹。"埃及媒体报道称，阿什马维所说的"类似的遗迹"，指的是埃及考古人员在塞易斯遗址发现的一座巨型红砖建筑的一部分。此外，他们还发现了一枚托勒密四世时期（公元前 221 年至公元前 204 年）的金币。由此可见，此次在萨马拉地区发现的竖井，在时间上要比塞易斯遗址早了数千年。

事实上，埃及作为历史悠久的四大文明古国之一，政府十分重视各类考古工作，并时常联合来自世界重要国家的同行进行考古发掘。幸运的是，得益于埃及深厚的历史积淀和得天独厚的条件，考古工作常有发现甚至不断取得突破。

从此次萨马拉的发掘情况看，取得令人激动的收获并非偶然。萨马拉地区所属的尼罗河三角洲位于埃及北部，由尼罗河携带的泥沙和腐殖质冲积而成。尼罗河三角洲面积达 2.4 万平方公里，那里土壤肥沃，河渠纵横，人口密集，农业发达，是古埃及文明的发祥地，堪称考古的"风水宝地"。萨马拉村虽然在当代籍籍无名，但异常富庶，历史遗存甚多，这为考古工作的顺利进展乃至实现突破奠定了坚实的基础。

萨马拉丘陵地区小村庄的考古发现，再次证明尼罗河三角洲与埃及古文明之间存在着紧密的联系，它为人们识别和了解更多关于尼罗河三角洲的史前状况提供了珍贵的依据。埃及媒体称，以雨水为灌溉基础的新石器时代农业，可能掌握尼罗河沿岸及三角洲地带灌溉农业技术成熟发达的重要线索。对此，埃及文物部负责地中海沿岸埃及、希腊和罗马古迹的专家纳迪亚·哈德尔说："对发掘的生物材料进行分析，能够使我们更加清楚地了解尼罗河三角洲首批定居部落的状况和历史风貌，更好地了解和揭示埃及农业的起源及农业灌溉技术，进而更好地了解古埃及历史和文明的辉煌过去。"

破解古埃及文字的钥匙

——拉希德（罗塞塔）石碑

历史学家考证，两千多年前，古埃及的象形文字就已经失传了。先是波斯入侵并统治了埃及 140 年；接着是希腊和罗马成了埃及的主人，他们分别统治了埃及 300 年和 670 年；随后是阿拉伯人进入埃及并使埃及伊斯兰化至今。近代，到了拿破仑 1798 年入侵时，世界上竟再没有一个人能够读懂古埃及的象形文字了。雕刻在石碑和壁画上的大量古埃及象形文字，如同一部部天书，使人们不知其意。

事有凑巧，1799 年 5 月，拿破仑的军队在尼罗河东支流入海口的拉希德（英语叫罗塞塔）挖掘工事时，发现了一块刻有三种文体的玄武岩残碑，上部为埃及象形文字，中间为埃及通俗文字，下侧为古希腊文。拿破仑得知石碑的消息甚感兴趣，命令将石碑运到开罗，做了一些拓片，分发给欧洲学者，还专门从巴黎召来学者进行解读。

1801 年，法军被英国和奥斯曼联军击败，按照英法协议，法国将大部分埃及文物包括拉希德（罗塞塔）石碑交给英方（石碑迄今还存放在大英博物馆内）。翌年，石碑上的古希腊文被译成英文，原来这是一块歌功颂德的石碑。说的是公元前 196 年的春天，教会发布公告，颂扬 9 岁的托勒密五世登基一周年以来的丰功伟绩，包括修葺神庙，对百姓减税免债，开仓济贫，对囚犯减刑甚至进行大赦，对敌人海陆两面予以夹攻，直到击退其来犯等。为感恩戴德，祭司们决定在全国各庙宇竖立"托勒密救世主"雕像，举国同庆国王生日与加冕日，将此以三种文字勒碑，立于托勒密雕像之前。

而最终破译古埃及象形文字的，是法国著名学者商博良。商博良自幼成长在埃及考古热的氛围之中，其兄长就是他的第一位启蒙老师。商博良看到拉希德拓本后，立志成为首个破译古埃及象形文字的人。自 13 岁开始，商博良就先后学习了拉丁文、希腊文、希伯来文、阿拉伯文和阿拉米文，17 岁时又掌握了波斯文和科普特文，他认为科普特文是以希腊字母表述的古埃及语。经过反复研究，商博良确认了古埃及文字既表意又表音，遂从拉希德石碑和其他埃及古碑拓片上，释读出亚历山大大帝、克利奥帕特拉女王以及拉美西斯二世和泰胡塔姆斯等法老的名字。由此，商博良识别的古埃及文字与日俱增，最终于 1824

年成功列出了"古埃及象形文字字母表"。

掌握了象形文字后，古埃及石刻和壁画的秘密从此被彻底揭开了，西方掀起了空前的埃及热，大批学者和考古学家围绕埃及古文明旁征博引、著书立说，从而形成人类历史上一个新的学科——埃及学。直到今天，埃及学在西方，仍然是一门方兴未艾、高大精深的学问。

七 07

游踪处处

长河入海流

　　流入埃及境内后，奔放不羁的尼罗河渐渐放慢了前行的脚步。也许是跋涉了6000多公里，她有些疲倦了，需要缓缓劲儿，歇口气儿；也许是终于快要结束长途旅行，此时的尼罗河竟感到有些恋恋不舍，开始顾盼流连起来。

　　在埃及首都开罗短暂逗留，为这座历史文化名城撒下令人惊艳不绝的青翠、富庶和美丽之后，尼罗河继续徐徐北上，只是她越发从容淡定，波澜不惊，举手投足间都透着母亲般的温柔、敦厚、典雅和从容不迫。她轻轻地舒展开双臂，构成一个大大的"V"字形，又深情地拥抱这块炽热和厚爱着的土地后，开始无声地做着依依惜别，而后，向着她心中的神圣目标——地中海迤逦流去。

　　开罗以北尼罗河的两条支流，一条朝东北方向曲折进发，另一条向西北方向蜿蜒而行。两条支河分道扬镳，渐行渐远，前者的终点是杜姆亚特，后者的终点是拉希德，两座都位于地中海海滨的城市彼此相距两个小时的车程。两条支流冲积成面积达2.6万平方公里的尼罗河三角洲，是尼罗河母亲给埃及人的伟大馈赠，是埃及人口最稠密、最富庶、最绿色的地带，仅仅可耕地面积就占全国耕地面积的2/3，堪称埃及全国的"黄金粮仓"。这里河渠纵横，水网交织，清净澄澈的河水倒映着岸边茂密的芦苇和伟岸挺拔的椰枣树，大片大片的麦田、玉米地和果园飘溢着芬芳的气息。渔夫们摇着一叶叶扁舟忙着撒网捕鱼，农妇在长绒棉地里辛勤地采摘棉花，半大不小的孩子骑着毛驴走在乡间小道上，羊群、牛群在绿油油的草地上悠然自得地慢慢踱步，见了汽车也不惊慌，好一派迷人的田园风光。

　　尼罗河三角洲看上去像一朵盛开的莲花，埃及人管它叫"尼罗河之花"。埃及的国花就是莲花，莲花是古埃及的象征，古埃及人认为掌管古埃及的尼罗河河神头上戴着莲花；莲花同时还寓意神圣和忠诚。每年7月开始，当第一拨红鹤飞临碧波荡漾的尼罗河时，整个河面都会被灿烂无比的莲花映得通红。这时，尼罗河开始陆续泛滥，河水漫过河床，洗去土壤的盐分，将从上游带来的大量有机物质和腐殖质沉淀淤积在两岸的田野里，给大地施一层天然的上好肥料。泛滥的大水一直持续到11月才渐渐退去，两岸边的土壤成了肥沃的良田。

　　越往前走，河水越发沉静，越发无声，连款款的流姿也令人难以察觉。为了与遥远的地中海相会，尼罗河像一位痴情的女子，她不辞山高路远，历经艰险沧桑，为心中的理想和爱人执着地踽踽而行。这之前，她曾经是激流，是险滩，是漩涡，是飞泻的瀑布，就像一只翩跹起舞的凤凰。而这时，尼罗河长大了，变得成熟起来，她那曾经跳荡躁动的情怀，开始归于平淡和从容。在渐近终点的尼罗河身上，她焕发出母亲般圣洁慈爱的光辉，她慷慨地用甘甜的乳汁，哺育着千千万万的埃及儿女。

终于，尼罗河的两条支流分别走到了尽头。相比之下，杜姆亚特入海口更为壮观和恢宏。河水在经过漫长的流程后，依然保持纯净的本色，那样湛蓝，那样纯洁，那样清澈见底。没有喧哗，不事张扬，一切都显得如此安详和大气，尼罗河粼粼的波光投入向往已久的地中海的怀抱，只泛起微微的涟漪，便十分自然地融为一体，分不清哪里是海，哪里是河了。

埃及政府在杜姆亚特的尼罗河入海处立了一块纪念碑，碑文的两面，分别用英语和阿拉伯语写着："这里，世界第一长河，长达6695公里的尼罗河，结束了旅程，与地中海相会而注入海水。"

读着这平淡而深刻的文字，令人不禁为尼罗河的伟大而感慨，心中陡生豪迈之情。

探寻埃及法老新的安息地

2021 年 4 月 4 日，埃及国家文明博物馆正式对外开放。作为法老们新的安息地——埃及国家文明博物馆所在地要绿色、宜居和清静得多，博物馆本身更是宽大敞亮、现代设施具备。埃及媒体戏称，这下，长期居住在闹市中心的法老们，经过一个世纪的憋屈，总算可以轻松地喘口气，享受一下难得的安宁，在舒适、安逸的环境中安眠了。在法老新的安息地、埃及国家文明博物馆开放的第一时间，笔者赴实地进行了探访。

位于开罗文韵丰厚的老城区

驱车由开罗市中心的解放广场向东南行驶，大约半个小时，来到一个名叫福斯塔特的城区。福斯塔特区波光潋滟的阿因·西拉湖畔，便是刚刚对外开放的埃及国家文明博物馆，也是法老们入住的新的永久居所。

福斯塔特是埃及伊斯兰化之后建造起来的第一座城市，是开罗的雏形，今天的开罗城是在福斯塔特的基础上扩建的。641 年，阿拉伯著名将领阿穆尔·本·阿斯占领埃及后，命令军队修建了福斯塔特，并在这里建立了以他的名字命名的阿穆尔·本·阿斯清真寺，简称"阿穆尔清真寺"，这一清真寺是埃及第一和整个非洲大陆最早的清真寺，声名赫赫。今天，福斯塔特除了完美继承和保存了伊斯兰文化的特色外，还有许多科普特古迹和基督教遗址等，堪称多元文明的聚居之地。

关于福斯塔特，阿拉伯的历史典籍中多有记述。早在 10 世纪，当时著名的阿拉伯旅行家伊本·哈瓦克就在他的书中写道："福斯塔特是一个非常美丽的城市，它人口稠密、物产丰饶、人杰地灵，而它的面积相当于伊拉克巴格达的三分之一。""这里拥有难以描述的辉煌市容、鲜花盛开的花园和一年四季常青的公园。""福斯塔特是马格里布和阿拉伯领土的交会处，它使巴格达黯然失色，它是伊斯兰世纪发达的商业中心，比巴格达更宏伟壮观，是东方的中心。"

难怪，在埃及文化部的官方介绍中，称埃及国家文明博物馆落户福斯塔特是"一个合理的选择"，因为该地区位于埃及历史的"十字路口"，它包括大量伊斯兰遗产、许多科普特教堂、科普特博物馆和修道院，从博物馆的户外空间还可以看到著名的萨拉丁城堡，可以俯瞰开罗最后一个自然湖——阿因·西拉湖。看来，独特的地理位置、优美的自然风光和底蕴丰厚的多元文化等，是埃及政府在福斯塔特建立国家文明博物馆的要因。

笔者注意到，埃及国家文明博物馆后面就是一大片湛蓝的湖水，景色宜人、美不胜收。碧空、蓝天、清水、绿树、芳草……在这样亲切友善的优美环境中，法老们肯定会感到满意，肯定会过得舒坦和称心遂意。

跨越整个埃及文明史的博物馆

埃及国家文明博物馆占地面积可不小，除了庞大的主楼外，外面的空间也偌大无比，十分空旷。通向主楼的走道两旁，一字排开，分别竖立着刚刚搬家到此的 18 位国王、1 位女王和 3 位王后的巨幅画像。四周，还有"法老金色大游行"活动的图案、标语等浓重痕迹。一些当地人和外国游客在写有硕大的"埃及国家文明博物馆"字样的门前拍照留念。

博物馆由埃及建筑师加扎利·科西巴设计，内部的展览空间由日本建筑师帮助设计。博物馆大气、现代、宽敞。埃及文化部称，埃及国家文明博物馆展示埃及的全部文明，采用多学科方法，突出埃及的有形和非物质文化遗产，是"跨越整个埃及文明史的博物馆"。据这里的工作人员介绍，主展厅的永久展区分为两个独立的区域，一个按时间顺序排列，另一个按主题排列。按时间顺序排列的区域主要展出史前时期、古埃及法老时期、希腊罗马时期、科普特时期直至现代埃及等各个时期的文物。按主题分类则包括文明、尼罗河、写作、国家和社会、物质文化、信仰和思想以及皇家木乃伊专区等主题。目前，该馆藏有各类埃及珍贵文物 6.5 万件，其中 1600 件对外展出。

笔者在明亮、宽敞、高大的博物馆主展厅沿着逆时针方向走，依次是史前文明一直到现代埃及的文明展品。在史前文明展区，一具标注距今约 3.5 万年的人体骨架被小心翼翼地摆放在特制的玻璃橱柜里，看上去十分抢眼。根据文字介绍得知，主人来自埃及苏哈杰省的一个村庄，去世之前，曾经是一个壮硕的年轻人。古埃及文明区陈列着大量埃及古雕塑和石棺，包括一些法老的雕像和石棺。希腊罗马区矗立着许多高大而结实的罗马廊柱和石雕，气势不凡。伊斯兰文明区展有穆斯林的各类经典、书籍、建筑、音乐、雕刻等，还通过生动的文字以及声音和视频的方式，详细介绍伊斯兰教的发展进程、阿拉伯文化历史流变和繁荣昌盛，以及穆斯林日常生活起居等行为特征等。

工作人员告诉笔者，木乃伊将被存放在一个专门的区域展出。"可惜的是，由于刚刚搬迁到这里，还没有来得及收拾停当，这些木乃伊现在还被格外小心地放在博物馆的实验室里，接受各种技术检查和分析，以辨别他们是否在搬移过程中出现这样那样的损伤或者途中不慎遭到了破坏等。等到结束这一进程，万事就绪，确保一切都无恙之后，木乃伊展便正式对观众开放。"

事实上，此前，笔者在位于解放广场的埃及博物馆已经多次瞻仰过这些木乃伊，搬到新家之前，他们已经在那里待了上百年的时间。埃及博物馆的木乃伊陈列室分南区和北区两个地区，两地都很小，只是普普通通的两间屋子罢了。这些木乃伊面容枯槁，皮肤看上去都已经风干了。由于地处喧嚣的闹市中心，他们天天受到噪声环境的打扰，而狭小、逼仄的空间，也使他们睡得不舒服。埃及文物专家说，在新搬入的埃及国家文明博物馆这个新家，法老木乃伊们将被放置在先进的无菌玻璃展柜中，恒温、恒湿和空气流通等设备和条件都将更加完善，同时，新家的空间也要宽敞多了，法老们将不会再感觉到憋屈。

法老谱写埃及辉煌历史

在这次搬家的法老中，除了大名鼎鼎的拉美西斯二世和被称为"埃及的慈禧太后"的哈谢普苏特女王外，还有众多其他的法老，他们都生活在古埃及新王国第17至第20王朝之间，这些王朝是埃及历史上相对兴盛和强大的王朝，尤其是第18王朝，代表了古埃及辉煌历史的顶峰。

其中的"佼佼者"，当数图特摩斯三世，他就生活在第18王朝，被认为是"最杰出的政治家、军事家，埃及帝国的缔造者"，甚至有"古代世界的拿破仑"之称。据史料记载，在古埃及的31个（一说30个）王朝中，第18王朝的版图最大、国力最强盛、延续时间最久，而图特摩斯三世则是这个王朝的"集大成者"。据说，他似乎是专门为了打仗而活，每天要么在打仗，要么在构思怎样打仗、怎样克敌制胜。图特摩斯三世发动了大规模的扩张战争，使努比亚（今苏丹）、利比亚以及地中海东岸的迦南（今天的巴勒斯坦、以色列一带）和叙利亚等大片地区都臣服于他的统治之下。许多历史学家评论，图特摩斯三世把埃及从一个地域性的王国变成了一个洲际性的大帝国，从而使埃及的势力范围和影响力如日中天。

在搬迁的法老中，另一个值得提及的是塞提一世。他是拉美西斯二世的父亲。上台后，塞提一世制定了科学、周密的内外政策，重振埃及军队，以图收复阿蒙霍特普四世统治时期埃及在叙利亚和迦南一带丧失的土地。塞提一世擅长谋略，曾率大军与赫梯人进行交战，后来订立了和平条约。虽然比不上他的二儿子拉美西斯二世那样有雄才大略，但塞提一世仍然不失为一个"伟大的法老"。他在位时还重视发展艺术和文化，修建了包括卢克索卡纳克神庙的伊波斯蒂尔大厅在内的许多宏伟、优雅的建筑，至今还保存完好，活灵活现。

今天，在埃及人的心目中，塞提一世拥有崇高的威望。记者站附近有一家旅行社，名字就叫"塞提一世国际旅行社"，生意颇为红火。问询何以使然，老板自豪地说，这可能得益于"塞提一世国际旅行社"这个名字取得响亮。看来，法老们不但创造了古代埃及灿烂辉煌的文化，时至今日，依然在冥冥之中继续佑助着他们的后代。

到沙姆沙伊赫去

汽车在荒凉的西奈半岛上颠簸，幸好有秀丽的红海一路相伴而行，聊解沿途无处不在的漫漫黄沙带来的单调感。红海真是明媚可人，名字虽叫红海，水的颜色却是清澈的海蓝色，很能慰藉人们因无边黄沙入侵而频感倦怠的双眼。到了西奈半岛南端的沙姆沙伊赫小城，红海更是把它的温婉可爱发挥到了极致，只见碧水浩渺，微澜不惊，仿佛平铺开来的一幅偌大的湛蓝色水彩画，把沙姆沙伊赫这座旅游胜城映衬得分外婀娜多姿。

在开罗住惯了，乍到沙姆沙伊赫，顿有耳目一新之感，让人不自觉地把两个城市做比较。2月的开罗，是全年最冷的时节，赶上气温偏低的年份，穿着羊毛衫和棉毛裤都还忍不住瑟瑟发抖。这时的沙姆沙伊赫却温暖宜人，犹如春天一般。虽然不是夏季，各家饭店的露天游泳池里已不乏勇敢的试水者；许多爱美的女子更是迫不及待，争先恐后地袒肩露背，骄傲地展示她们迷人的细腰和身段。

开罗是国际化大都市，无论在哪个方面都透着大气。市区面积铺得很大，人口密度也大得很，2000多万居民把城市塞得满满的，似乎让人喘不过气来。开罗的大街小巷人头攒动、车水马龙、噪声不断、破旧脏乱，加之污染严重，整个城市的色调是灰蒙蒙的。开罗的出租车颜色现在出现了多样化的趋势，但传统上，以黑白相间的居多，破旧的程度也更是令人慨叹。尤其令人沮丧的是，不少出租车已经旧得不能再旧，吭哧吭哧地勉强在路面上移动，可开着开着就无端地闹起"罢工"来。倘若街上哪个地段发生交通拥堵，你就知道，十有八九是前面又有出租车或者几乎老掉牙的哪辆私家车坏在路上了。

相比之下，沙姆沙伊赫则完全是一座休闲型的旅游城市，城市虽小却很有秩序，而且绿意盎然、生机勃勃。环绕城市巨大的半圆形海滩上，是细细柔柔的沙子，沙子的质量好极了，人赤脚走在上面，觉得软软的、绵绵的、柔柔的，像是踩在厚厚的绵软羊毛地毯上，凉爽而惬意。海岸边停泊着各式各样供人游海和嬉水的小船，一艘艘装饰得花花绿绿的，很是炫目。街道两旁，多是饭店、咖啡馆和纪念品店。也许还不到旅游旺季吧，这时的行人并不多，车流也比较少。大约是为了与红海的颜色相匹配，沙姆沙伊赫城里的出租车全是蓝色的，显得透明亮丽，清爽悦目，比开罗的出租车颜色让人感觉舒服多了。

233

信步来到小城的苏丹卡布斯大街，发现两边的咖啡店布局别具匠心。有的设计成淳朴的农家小院状，有的刻意营造出阿拉伯名著《一千零一夜》故事里的浓郁氛围，还在门口摆放几个《一千零一夜》故事里的人物雕塑。更有趣的是，一家饭店居然取名"回到苏联去"，饭店正门的左上方是马克思、恩格斯和列宁三大伟人的巨幅头像和苏联的国徽，右上方画着莫斯科红场南边的圣瓦西里升天大教堂和苏联的红旗。听说，沙姆沙伊赫城里的俄罗斯人不少，看来这个饭店是特意面向俄罗斯人开放的，同时也吸引着喜欢怀旧的人们前来驻足、下榻。

夜晚的沙姆沙伊赫是一阕迷幻的朦胧诗，闪着霓虹般变幻不定的色彩，并不合辙押韵，却散发出朦胧诗特有的魅力。人在街上行走，宛若漫步在诗行里，不经意间自己也成了诗歌的主人。在苍茫的月色下，不经意间脑海里竟冒出朱自清散文名篇《荷塘月色》里的句子："路上只我一个人，背着手踱着。这一片天地好像是我的；我也像超出了平常的自己，到了另一个世界。"

沙姆沙伊赫不但旅游资源得天独厚，更因为这里曾多次举办过重要的国际和平会议而使它闻名遐迩。为表彰沙姆沙伊赫在中东和平进程中发挥的特殊作用，联合国教科文组织还在 2002 年年初，决定将"2000—2001 年度和平城市奖"颁发给这座小城。是啊，沙姆沙伊赫本身就是和平的象征。你看，纵贯市中心的主要街道，冠名为"和平大道"，与这里的氛围多么吻合。在海滨大道的马里奥特（万豪）饭店旁，还竖立着一根木柱，上面刻有一排排醒目的文字，分别用英语、阿拉伯语和日语等写着"让全世界都实现和平"，寓意深刻，看了让人激动不已。

回到下榻的饭店，独自到二楼露台拍些照片。一群正在阳台上休憩的鸽子，见到有人靠近，猛地扑棱棱一齐飞向天空。它们展翅高翔，那么自由自在，姿态优美极了。笔者赶紧按下快门，抓拍群鸽凌空奋飞的瞬间，心中也在默默祈祷，祝愿和平和安宁，能够像这些美丽的鸽子一样，早日降临中东大地。

阿拉曼随笔

西去埃及海滨城市亚历山大 100 来公里，就是著名的阿拉曼，那里是第二次世界大战北非地区的主战场。相比之下，虽然北非这一主战场战争的整体惨烈程度不及"二战"的发源地欧洲本土，但阿拉曼上演了人类有史以来规模最大的坦克战之一，阿拉曼战役是盟军在北非战局走向好转的标志性转折点，而战争给人类带来的灾难，更是触目惊心，令人深思。

1940 年 9 月，意大利侵入埃及等北非国家，开辟了"二战"的北非战场。以英国为主的联军在埃及、利比亚、突尼斯一带与意大利军队展开拉锯战。1941 年 2 月，隆美尔率德国非洲军团增援意大利军队，而英军主力此前奉调前往增援希腊战场。结果，在德意军队的凌厉攻势下，英军节节败退。到翌年 6 月，英国退到了在埃及的最后一道防线阿拉曼。

阿拉曼位于地中海和卡塔拉盆地之间的一条狭长地带，地势易守难攻。英国首相丘吉尔下令"不惜一切代价守住埃及"，并亲自到开罗视察和督战，他还根据实际战况改组了中东司令部。一个代号为"捷足"的作战方案出台了，蒙哥马利元帅率领的英国第 8 集团军 20 万兵力投入战斗，作战坦克超过 1200 辆，火炮 2300 门，作战飞机 750 架，与隆美尔的 10 万军队、550 辆坦克、1300 门火炮、675 架作战飞机进行对峙和相互攻防。

1942 年 10 月 23 日深夜，战斗打响。英国虽占人数和装备上的优势，但一开始却处于被动的局面，战斗进行得异常艰难。后来，蒙哥马利调整了作战策略，在代号为"增压"的战役中，重点进攻德、意军队接合部的薄弱环节，从此一举扭转了战机。11 月 3 日，兵力空虚和油料耗尽的德军战败，"沙漠之狐"隆美尔为不使全军覆没，来了个历史上著名的"千里大撤退"。

虽然英军慑于隆美尔的威名，没有贸然追击，坐失全歼德军的良机，但毕竟取得了辉煌的胜利，为日后英美联军彻底消灭德意在北非战场上的 30 万军队打下了坚实的基础。

时光已经过去了半个多世纪，今天的阿拉曼已经成为一个旅游胜地。但这里的战争痕迹依然存在，路边锈迹斑斑的坦克和大炮残体，似乎在向人们诉说着阿拉曼历史上曾经燃起的浓浓硝烟和战火。位于城中的阿拉曼军事博物馆，展出那场战争中使用过的各种武器和装备，照片、沙盘和作战地图等都是当年的原物，以其逼真感和岁月沧桑感，把参观者拉回到那段血与火的历史，令人驻足缅怀，不胜唏嘘。

离博物馆不是太远的地方，有三块偌大的墓地，分别是以英国为主的同盟国墓地、德国墓地和意大利墓地，安葬着不同国家的上万名阵亡将士。这些墓一排排、一行行，整齐划一，仿佛是正在等候检阅的战阵，保持着军人固有的特色，很有气势。每块墓上都刻有军人真实的姓名、出卒年月以及军衔军职等，有的还有亲人撰写的墓志铭，如"在世界上，你不过是一个普通的士兵，但对我，你却是整个世界""亲爱的丈夫，我们在记忆的天堂里日夜相会"等。累累黄泉下，有出于正义事业为国捐躯的英烈，也有替法西斯卖命的炮灰，甚至有忠心追随希特勒的败类。

墓地都是埃及政府免费提供的，埃及纪念这场鏖战的用意不言自明。其实，埃及作为阿拉曼战役的发生地，饱尝战火之苦。在那场战争中，为了反对法西斯军队，埃及派出了沙漠军队协同英军作战，并负责提供英军的后勤服务保障等，有不少人献出了宝贵的生命。对此，博物馆里还辟有专门的介绍。

时至今日，埃及仍在受到这场战争的殃及，而饱尝痛苦。在意大利墓旁边，有两块牌子触目惊心："前面是英国雷区！""前面是轴心国雷区！"据不完全统计，当年作战的双方军队在阿拉曼面积近 1000 平方公里的地带，共布下了 1000 多万枚地雷和其他爆炸物。这些地雷和爆炸物不但范围广、密度大，而且种类繁多。英军撤走时，只留给埃及一些布雷简图，德国则销毁了全部的布雷图和相关资料。这样，就给埃及政府的排雷工作带来了巨大的障碍和困难。半个世纪以来，埃及自己动手，已清除了近一半的地雷，付出了上千人触雷伤亡的沉重代价。然而，仍有大量地雷埋在地下不知什么地方，而且随着时间的变化，这些地雷的位置也在发生移动和变化，甚至"游走"到了更远的地方，给埃及民众的生命和财产安全带来极大的潜在隐患。

20 世纪 60 年代，埃及在阿拉曼发掘到了石油和金属矿产，加之阿拉曼风景独特，埃及制定了这一地区宏伟的石油开采和旅游发展计划，然而，不知何时就会突然响起的地雷声，严重阻碍了这一计划的顺利实现。埃及的报纸上，不时会有阿拉曼当地的牧羊人不慎触雷的消息，轻者手脚被炸伤炸断，重者则当场一命呜呼。

任何战争都是毁灭性的，战争给人类带来的灾难也是持久和漫长的，在人们不断总结、反思"二战"、纪念反法西战争胜利的今天，重温阿拉曼战役及其给人们带来的伤害和不幸，对了解那段残酷岁月和历史，了解战争这个吞噬人类生命、给全世界带来无尽伤痛的怪兽的本质，都有着很强的现实意义。

塞法杰的蓝天碧海

在埃及众多的旅游胜地中，塞法杰的名气实在不大，以至于当驻开罗的外国记者协会组织成员到这个地方进行参观时，笔者竟不知道它在什么地方。摊开地图找了半天，才发现原来这是红海之滨的一个港口小城，位于埃及的中东部，红海边上著名旅游城市赫尔格达再往南60公里处。

名气不大并不意味着历史不悠久。史料上说，塞法杰作为天然良港的地位早在法老时期就确立了。当时，这一带是从埃及越过红海到阿拉伯半岛的必经之路。古埃及第五王朝时期，航海家开始考察红海，古埃及人管红海叫"大海"或"伟大的绿海"，红海是希腊时期才改的名，以当时海里遍布的红色为主的珊瑚而得名。在法老的重视下，航海家们对红海岸边的地质情况、航船在不同水域和季节的航速等进行了实地测算和考证，以便据此选定港址，好进军"大海"。结果，他们发现塞法杰是再理想不过的地方了，那里一年四季很少刮北风，同时不受导致海面波涛汹涌的东南风的影响。法老对这一勘探结果十分满意，遂决定将港口选在塞法杰，于是大兴土木，一个良港出现在红海岸边。

希腊时期，塞法杰港经历了鼎盛的辉煌时期，与东方的贸易从也门的亚丁港通过埃及的塞法杰，再运到地中海的诸港口，然后运往欧洲。后来，随着南非好望角的发现，经过红海的贸易才日渐萧条。苏伊士运河的开通使红海贸易再度兴盛，但却没能挽救塞法杰日薄西山的命运。事实上，苏伊士运河沿岸的塞得港和苏伊士港都成了塞法杰的"克星"，它们双双遮蔽了塞法杰灿烂的光辉。从此，塞法杰这个早在法老时期就有的港口，不得不在厄运面前低下头颅，无可奈何地倾听着红海阵阵沉寂的涛声，仿佛在叹息自己不幸的遭遇和变迁。

然而，今天的塞法杰却不可小瞧。小城没什么太多可看的，我们径直来到下榻的"米那维拉"，其实就是一个度假村。刺目的阳光下，白得耀眼的一座座别墅在碧蓝的海边一字排开，别墅都是整齐划一的两层结构，房前屋后，种满了翠绿的树、草和各种颜色的鲜花，真的是绿意盈窗，姹紫嫣红，草香、花香袭人。从笔者入住的825房间向外望去，但见近在咫尺的地方，金黄而柔软的沙滩上，一栋栋蘑菇形的遮阳伞建筑错落有致地分布着，遮阳伞下的人却不多，这是小地方的优越之处，少了喧嚣和嘈杂，使大自然更多地保持着纯真和静怡的一面，也更令人感到舒适。

遮阳伞再过去，就是一览无遗的红海了。即使不到海边，仅仅坐在屋里，柔和而富有节奏的海水声也能清晰地传到耳畔，像是富有旋律的音乐，声声入耳，惹人心醉。目及之处，波浪上下前后地涌动着，节奏并不快，却恰到好处地渲染出红海万顷碧波的风韵。也许是阳光太强烈了，红海的颜色显得很深，比碧蓝还要深一个层次，笔者不知道那种颜色该怎样称呼。人们常说"海天一色"，可在塞法杰，海天并不一色，天是真正的瓦蓝色，海水却像平铺着而又会晃动的泼墨油画，显得有些梦幻和不太真实，却透出无比诱人的魅力。

游泳是来这里必须进行的活动。只是海水太大了，游得再久也还是短短的一小段距离，人在自然面前永远是渺小和微不足道的。游累了，岸边沙滩上的遮阳伞下摆着一张张的防水躺椅和座椅，正可以小憩片刻。躺在躺椅上，极目苍穹，看不到一丝的云彩，天空晴得万里澄碧，如同在水中刚刚洗过一般。拿一本书，煞有介事地看着，如果是描写大自然等美文一类的书，居然还能看得进去，读得津津有味，这无疑得归功于环境的清幽静谧和空气中负氧离子的浓厚吧。

第三天安排游船。本来计划是第二天，因风大而改变时间。第三天风也不小，因记者们坚持，管理部门只得让船老大开船。是机动船，不大，由于风大浪高，船只全身颠簸，摇摇欲坠数次。阿拉伯人若无其事，船老大看上去是不到 20 岁的小伙子，却仿佛"老司机"一样，早已习惯，见怪不怪，在风浪面前更是镇定自若，稳居船首。笔者见舵手稳坐坦然，众人若无其事，也慢慢放下心来。船行途中，停住，笔者通过船底的玻璃观看海中世界，但见珊瑚、海草、游鱼和山脉等历历在目，宛若人在海中一样。

距离我们的船旁边不远，有划舢板者，双手扶板，贴着水面唰唰而过，速度快而惊心动魄。多数划姿优雅，轻盈如燕，煞是好看；也有不慎落水者，人和舢板双双倒下，估计是初学者，技术尚不过关所致，却也能在一番折腾后扶起舢板继续前行，精神可嘉，值得点赞。划舢板是勇敢者的海上运动。居然还有女子参与其间，无疑需要更大的勇气和信心吧。

从海上看陆地，换了个视角，范围变广了，这才发现，原来与我们"米那维拉"挨着的，还有几家类似的度假村，一个个也都是绿树环绕、芳草萋萋、环境宜人。只是别墅的颜色有白的，也有全是浅红色的和米黄色的，不一而足；别墅的造型与布局也座座有别，绝无重样，个个因势就形，与周遭环境和谐匹配。这些颜色和造型不一的度假村为塞法杰构筑了一道独特而亮丽的风景线，托举起这个无名小城旅游业的一方天地。

福利坝——埃及的"都江堰"

尼罗河三角洲的起点

我国有个著名的都江堰，是战国时期李冰父子修建的。这一穿越历史的水利工程至今还在使用，一直造福于民，撑起巴蜀大地的富庶和繁荣。

埃及也有不少很有名的水利工程，如果硬要找一个堪与中国的都江堰相提并论或者大体相当的，则非"福利坝"莫属。虽然福利坝似乎没有埃及南部的阿斯旺水坝有名，但在建造时间上，要比阿斯旺大坝早将近两个世纪，同时其重要性也一点不比阿斯旺水坝差。而且，福利坝至今也仍在使用，同样造福于埃及人民，把富裕和幸福带给埃及大地。

由埃及首都开罗城驱车北上，半个时辰就来到了福利坝市，福利坝市是隶属于盖勒尤比亚省的一个小城市。沿途有美丽的尼罗河为伴，但见碧波荡漾，绿意盈目。到了福利坝，那里的水愈加清澈，周围的农田也更加翠绿、肥沃。远远地就看到两座大桥横跨在尼罗河上，大桥两边还有几道结实的石头建筑，仿佛高大的墙壁一起耸立在水面。大桥与这些石头建筑一起构成了"福利坝"市的整体水利工程。

两桥相离不远，目测也就数百米的样子。北边，也就是下游方向的一座桥上面人来车往，除了汽车，还有当地农民的拖拉机和马车、驴车。南边的桥面上则没有车辆，只有行人过往，以及无所事事地坐在那里晒太阳的人。老外只有笔者一个，在人群中十分显眼。

笔者站在南边的行人桥上，看着静静流淌的尼罗河，不胜感慨。神奇的是，由于大坝的作用，尼罗河到了这里，开始由一条变成了两条，流速也变慢了，它舒缓地悠悠向北流去，却把富庶、福祉和吉祥洒遍周遭地区。因为，从这里开始，就进入了举世闻名的"尼罗河三角区"，河水一分为二，更有效、更广泛地灌溉农田，直到迤逦北上，最后注入地中海。

受到拿破仑军事思想的启发

福利坝建于 19 世纪中叶，具体年代莫衷一是，有人说 1861 年，也有人说时间更早些。但福利坝是由埃及近代统治者穆罕默德·阿里促成建造的，则有公论。

穆罕默德·阿里是阿尔巴尼亚人，本是土耳其军队中的军官，后来顺应民意和历史潮流，于1805年在埃及建立了阿里王朝（1805—1952）。此人志向高远，拥有雄才大略，还有锐意革新的精神和行动，在推动埃及的社会转型和经济振兴方面做出了很大的贡献。穆罕默德·阿里做的善事，仅仅与尼罗河有关的就有不少。比如重视尼罗河运输，他下令新造6000多艘船只投入尼罗河，还在尼罗河两岸新建了3万多部水车，他还让儿子易卜拉欣在埃及的布拉格地区安装了埃及历史上第一只蒸汽抽水泵。再就是下令建造了眼前这座壮观的福利坝。

穆罕默德·阿里建造福利坝最初还是受了拿破仑的启发。1798年5月，一代枭雄拿破仑率领400艘各种船只，3万多将士，浩浩荡荡地由法国远征埃及。拿破仑曾在著作中这样写道："应该在尼罗河上建分水工程，这样，尼罗河所有的水就能够在这两条支流之间循环流动，水量也会增大。"当时，拿破仑完全是出于军事考虑，即切断尼罗河，在上面筑坝，这样聚集起来的河水就可以备用，必要时用来淹杀敌军。

拿破仑在埃及没待多长时间就回法国了，但他的这一军事思想却被穆罕默德·阿里用到了经济发展和水利建设上。穆罕默德·阿里意识到，如果建坝拦腰将尼罗河截断，即使在尼罗河枯水季节，储存起来的水也可以用来放闸灌溉周围的田地。这样，尽管遭到不少人的反对，但这位性格倔强甚至是专横跋扈的统治者却一意孤行，除了本国的工程师，穆罕默德·阿里还请来欧洲的水利专家，谋划建筑大坝事宜。

当时，由于埃及国内发生瘟疫，以及随后发生的与邻国苏丹之间的战争，建坝工作和进程都受到影响，前前后后拖了很长时间。但这一工程一直牵动着穆罕默德·阿里的心，他甚至在病中也对此耿耿于怀、念念不忘，询问工程进度等情况。直到他生命的晚年，大坝才建起来。当然，也有人说是在他去世后很久，福利坝才竣工。

福利坝公园

笔者曾多次到过福利坝，有一次在回来的路上，一个在外贸公司做会计工作的埃及人搭我的车，说起福利坝，简直对穆罕默德·阿里佩服得五体投地，他也顺道介绍了不少情况。

这位名叫哈桑的埃及人说，现在大坝不但完好无损，而且结实得一点不像近两百年以前的工程。对此，笔者也深有感受，笔者去的时候走的是尼罗河西岸。而在福利坝，笔者故意开车通过那里的大桥来到东岸返回，结果发现桥上路面十分坚固，质量与尼罗河上其他现代化大桥没有什么区别。哈桑还说，从穆罕默德·阿里时代建成至今，大坝没有再修过，大坝仍保持着原汁原味，却从没有出现过任何故障。

　　这位素昧平生的会计还告诉笔者，福利坝是简称，全名叫"福利拱桥水坝"，但最早不叫这个名字，而是叫"尼罗河水坝"。后来埃及人发现它给人们带来了不少福利和好处，这才索性改成了"福利坝"这个名字。而且，现在还有一个很大的福利，即围绕福利坝四周还有一个很大的公园，供人们休闲和散步。

逛开罗的骆驼市场

阿拉伯人很喜欢骆驼

享有"沙漠之舟"和"沙海之王"美誉的骆驼，是沙漠中的主宰。茫茫沙海，沉沉戈壁，悠悠驼铃，橐橐驼蹄，简直是一幅配有音效的绝妙风景画。阿拉伯人，尤其是逐水草而居的贝都因人，十分钟情骆驼，将骆驼视为知己。埃及西奈半岛的贝都因人，还自称是"驼民"。

在阿拉伯人眼里，骆驼是美丽的动物。在阿拉伯语中，骆驼一词与"美丽""美好""美德"等是同一个词根。在阿拉伯人看来，骆驼的美不仅来源于身形高大、颈项曲美的外形，还来源于坚强不屈、吃苦耐劳的性格。在阿拉伯沙漠地区严酷的自然条件下，它们不畏炙热和骄阳，顽强地生存着，并为人们效力，甚至能在沙漠恶劣的环境中 7 天不吃不喝。

对于阿拉伯人来说，骆驼简直"浑身是宝"。它不仅是人们穿行浩瀚沙海、长途运载重物的交通工具，而且骆驼奶甘甜健康；驼肉虽口感不细，但营养价值极高；骆驼的皮毛可以制成服装以抵御严寒，还可以做成鞋子、皮包、腰带、装饰品等各种皮具。奇妙的是，在埃及，还有专门的骆驼市场。

一天跑了两个驼市

开罗的骆驼市场在中东很有名。艾哈迈德·奥拉比大街走到头，先上再下一座高架桥，然后往西，就是开罗郊外了。车窗外景色宜人。很快就到了巴拉吉勒村，村上不少地方都在杀牛宰羊，处处可见殷红的血迹，一些商店和肉铺前，新宰杀的牛、羊高高地挂在醒目的吊杆上，用以招徕顾客。

街道上有一些骆驼，但更多的是成群的牛、羊，不怎么像驼市，倒像是大杂烩。骆驼前面的一条腿，被卖主用绳子紧紧地绑着，显然是怕骆驼跑了。所以，这些骆驼只会单腿一瘸一拐地蹦跳着，样子像袋鼠。

笔者觉得市场太小了，不是正儿八经卖骆驼的地方。一问才知道，这里只是一个小驼市，准确地说是包括骆驼在内的牲畜市场，而距此两小时车程外一个名叫比尔卡什的村子，则有埃及全国最大的骆驼市场。我听后兴奋不已，立即驱车前往，出了一村再进另一村，一路坑坑洼洼全是土道，颠簸得很，但我还是在不到两小时的时间内赶到了比尔卡什。

比尔卡什的骆驼市场建在一个偌大的院子里，院子足有好几个足球场那么大，周围是红砖垒起来的墙。院子里面，一栏一栏关着不同的骆驼，笔者从前看到后，发现不下几十栏，每个栏里的骆驼少则 10 来峰，多则几十、上百峰。除了栏里圈着的骆驼，院子里的车上也载着大大小小的骆驼，地上也或站立或跪卧着各种各样的骆驼。

领笔者逛驼市的，是一个名叫穆巴拉克的中年男子，他与埃及前总统重名，不过姓不一样，他姓伊马德，而且是个苏丹人，在这里负责养骆驼。正逛得热乎，门卫来了，原来我还没有买票，掏 20 埃镑补了票，继续参观、拍照、听解说。

穆巴拉克介绍，这里的骆驼有几千峰。平日里，骆驼的嘶鸣声、驼贩的吆喝声、工作人员舞动的皮鞭声以及前来选购骆驼的顾客的汽车喇叭声等，混杂在热腾腾、臭烘烘、乱糟糟的空气中，构成一个混合零乱、茫然无序的多声部世界。不过，笔者逛的那天，正好是当地一年一度的重大节日——宰牲节，却是个例外，这些声音都暂时销声匿迹了。

赛驼和斗驼

穆巴拉克告诉笔者，开罗郊区、西奈半岛的阿里什和苏伊士运河边上的伊斯梅利亚市等，都举行过"国际骆驼大赛"，现在有的地方每年仍在举行。

参加比赛的通常有来自 10 多个国家的选手。只见骆驼在起跑线上一字排开，发令枪一响，众驼发力，犹如离弦之箭，一齐向终点奔跑而去。骆驼平时四平八稳、慢条斯理的样子，给人以不紧不慢、老成持重的印象，但在你追我赶、一决高低的比赛中，它们却一反常态，拼了老命地疾步健跑，都想第一个抵达目的地。在飞扬的尘土中，在呛人的气味里，驼手们使出浑身解数，尽量让自己的骆驼处于领先地位。结束后，获胜者会披红戴绿，受到英雄凯旋般的欢迎，荣耀每每溢于言表。

斗驼也很精彩。斗驼主要是让骆驼互相顶撞和撕咬，直到其中一个败下阵来，便鸣金收兵。这种比赛很简单，也不需要多大的场地，便于实际操作和推广普及，因此受人喜欢。不过一般情况下，举办者不会让骆驼打得时间过长，裁判看到骆驼明显出现胜负了，便示意驼主将它们架开，以免对骆驼造成伤害，起到反作用。

骆驼性情温和，平时很少相斗，但在发情季节雄骆驼往往会"争风吃醋"。

它们碰在一起，表现出争强好胜的一面，疯狂地咬对方。人们根据雄骆驼生理和心理上的这一特点，特意制造出"事端"，安排它们进行格斗，这样，比赛就会激烈、有看头儿。

在驼市，一个名叫哈迪的工作人员还告诉笔者，在他的家乡，骆驼还是农民的好帮手，人们常用骆驼来驮运化肥和水等。当骆驼感到疲劳时，他们就给骆驼放音乐，通常是节奏感比较强的音乐，结果骆驼仿佛被重新唤醒，很快就再次兴奋起来，顺利恢复了精力。埃及人还经常跟骆驼分享香烟，把正在抽的烟插到骆驼的鼻孔里，骆驼被烟一刺激，立刻精神抖擞，浑身的疲劳不翼而飞，从而更卖力地干起活来。真是奇思妙想，无所不有。

埃及有一个毛驴市场

交易方式很独特

笔者在埃及工作，发现毛驴到处可见，即使是首都开罗汽车奔腾的街道上，也少不了毛驴的身影，甚至有来自乡下的大姑娘骑着毛驴泰然自若地走街过市，如入无人之境。这似乎已经广为人知。然而，埃及还有一个毛驴市场，不少人可能还是第一回听说。

毛驴市场位于开罗北部 30 公里处一个名叫麦纳希的地方，那里是尼罗河的一个支流，碧水绿地，景色不错，而构成令人难忘的独特风景的，无疑是建在尼罗河支流水畔的毛驴市场了。

这个毛驴市场极为独特。一是那里没有想象中的喧哗和吵闹，所有的交易都在悄无声息中有序进行，静谧的环境与埃及的骆驼市场形成鲜明对比。骆驼市场人声鼎沸，吵闹不断，笔者在那里采访时需要扯着嗓子喊，对方才能听清笔者在说什么，而毛驴市场则只需要轻言细语就行了。

二是毛驴市场只在早上开放，而且开得特别早，简直赶得上"鬼市"了，当埃及人 9 点起床时，这里的买卖已接近尾声，快要打烊了。而上午 10 点一到，毛驴市场便准时关门大吉，由于只经营几个小时，而一般的埃及人又起得很晚，所以他们总是错失购买毛驴的好时机，但驴市也从不因此而进行任何迁就和变通，不为取悦大众而改变其工作时间和节奏。

三是价格公允公道，颇为合理，买卖双方的权益均得到保障。驴市的交易由地方村镇委员会负责监督，每完成一笔买卖，村镇委员会收取 10 埃镑的廉价费用作为管理费，并向买卖双方出具合格证和买卖交易成功证。这样可以保障毛驴不被盗窃，如果毛驴出现什么问题也有据可查。

生意十分红火

值得注意的是，在 2008 年国际金融危机肆虐的形势下，埃及的毛驴市场却没有受到任何影响，生意十分红火。

打小就从事毛驴买卖这一特殊行业的谢阿兰告诉笔者："这里没有金融危机的阴影，毛驴价格的变化随着季节的变化稍有波动，另外就是受供求状况的影响和支配。"据他介绍，现在，不到5岁的小毛驴售价800埃镑，超过5年的毛驴则可以卖到2000至3000埃镑。

谢阿兰说，通常，买方根据毛驴的牙齿或个头判断年龄：先掰开毛驴的嘴，观看牙齿是否整齐、干净，再仔细触摸每一颗牙齿，认真检查牙齿的长幼和健康状况，这样便可以知道毛驴的整体情况。谢阿兰说，这是一门学问，需要有相当丰富的经验。

现如今，麦纳希毛驴市场在埃及已经变得家喻户晓，并受到人们的普遍欢迎。来自开罗近郊的菜农侯勒米告诉笔者，他原来的毛驴在交通事故中死了，刚刚又花1200埃镑买了一头称心如意的毛驴，因为毛驴是农民"最亲密的朋友"，可以帮人们做很多事，比如他卖的菜就得靠毛驴运送，毛驴在日常生活中如影随形，不可或缺。

侯勒米说，虽然一些人认为毛驴是愚蠢的象征，但他觉得毛驴是善良而聪明的动物。有一回，他病了，在车上失去了知觉，是毛驴把他驮回了家。此外，毛驴还与埃及考古发掘息息相关，包括著名的图坦卡蒙墓在内的不少考古发现，都是由于考古队员骑的毛驴不慎摔倒，而站起时蹄子不小心踢到墓室的一处入口，从而成就了著名的考古成果。

除了受到本国居民的青睐，麦纳希毛驴市场还吸引着不少外国游客到这里探奇览胜。

毛驴也选美

有趣的是，埃及还有一个"毛驴协会"，成立于1930年，当时取意毛驴的忍耐、坚韧不拔精神，呼吁民众用这种精神与英国殖民统治者进行抗争。"毛驴协会"的成员由全国著名的文学家、艺术家等组成，如埃及历史上享誉全球的盲人文学家塔哈·侯赛因，就是"毛驴协议"重要的成员。现在的会长，是著名艺术家娜迪娅·卢德菲。

据"中东在线"新闻网站报道，在叙利亚和黎巴嫩，也有类似的"毛驴协会"，值得一提的是，在伊拉克，北部地区的库尔德人还获准成立了一个"库尔德毛驴党"，并像美国的民主党那样，把毛驴作为该党的党标。

更有趣的是，阿拉伯国家的毛驴还进行选美比赛。摩洛哥中部地区扎尔洪小城每年都要举行毛驴选拔赛，比赛分"最美毛驴""最快毛驴"和"最滑稽毛驴"三项。获奖的毛驴将得到数袋上乘饲料作为奖品。当地媒体称，毛驴比赛是为了拉动经济的发展，可谓毛驴搭台，经济唱戏。据称，埃及也在酝酿举办本国的毛驴赛事。

逛中东最大的民间工艺市场

中东最大的民间市场

汗哈利利市场是中东地区最大的民间传统手工艺市场，也是埃及首都开罗的标志性市场之一。外国游客到开罗，有两个地方必看无疑，一是金字塔，二是汗哈利利市场。汗哈利利市场类似于北京的大栅栏或者秀水街，也是旅客如织，人头攒动，商品琳琅满目、物美价廉，当然也有不少水货。不同的是，充溢在这里的是浓郁的伊斯兰风格。

汗哈利利市场位于开罗市中心的老城区，坐落在著名的侯赛因·本·阿里清真寺广场旁边，也与千年圣寺、著名的爱资哈尔清真寺距离不远。市场由许多条纵横交错、没有一点规则可循的街巷组成，又大得惊人，使人半天走不到头，街巷还生出大大小小的支路旁道，仿佛让人置身迷宫，笔者到现在都分辨不太清那里的东西南北。

市场内店铺林立，密密麻麻。卖的东西什么都有，除了金器店、银器店、铜器店、衣服店、食品店这些司空见惯的商店外，还有极富阿拉伯特色的香料店、香水店、烟具店、皮革制品店、瓷器店、木器店、地毯店、纸莎草画店、贝都因人长袍店、科普特人传统衣服店以及各类真真假假的古董店等，应有尽有，不一而足。许多店铺门口，身着雪白长袍的男人们围成一圈，一边心不在焉地下棋，一边打量着来来往往的外国旅客，一边深深地抽上一口发出咕噜咕噜声音的水烟。

一个外国人在这奇大无比的市场上徜徉，不知不觉间，当地原汁原味的阿拉伯气息就扑面而来，一时间，恍若置身历史之中。尤其到了晚上，万灯齐亮，在灯光的映射下，众人的身影都显得有些虚幻和迷离，店老板笑容可掬的神态看上去也有些恍惚，与做工精美的大小铜盘、水烟袋及用尼罗河岸水草制成的纸草画相映成趣，宛如使人瞬间穿越数千年，回到了法老的时代。

汗哈利利是埃及"风俗文化的一面橱窗"

汗哈利利的知名度太大了，笔者接触到了其他阿拉伯国家的朋友，他们说起埃及，也总把汗哈利利挂在口头。一个来自海湾的朋友说，汗哈利利其实就是了解埃及乃至中东阿拉伯文化与习俗的一面橱窗，有着很高的文化价值，还富有独特、鲜明的异国情调。

鲜为人知的是，汗哈利利市场的所在地原来是一块墓地，属于埃及的法蒂玛家族。大约18世纪中叶，墓地演化成了市场，一开始，顾客仅限于王公贵族，所售商品也十分昂贵，以经营绸缎、进口服装、香水、香料等为主。后来，顾客对象和货物范围都一点点扩大了，成了以老百姓为主体的大众化市场。

汗哈利利是由"汗"和"哈利利"两个阿拉伯语词汇组成的。"汗"来自波斯语，意思是"市场"；"哈利利"有不同的解释，其中较常见的一种解释是，这是一个大商人的名字，他来自巴勒斯坦的名城"哈利勒"（约旦河西岸的"希伯伦"，阿拉伯语叫"哈利勒"）。巴勒斯坦商人到埃及经商，不忘助人为乐的美德，他接济穷人，还开设旅馆让其他商人落脚，因此出了名，人们尊称他为"哈利利"，阿拉伯语的意思是"来自哈利勒的人"。市场的名字也以这个称呼流行开来。

这里商店出售的商品，分手工生产和机器生产两种。一些商店同时还是手工作坊，制作工艺采取家庭传授的方式，孩子打小就跟着长辈学艺，长大以后学有所成，开始制作工艺品。不过，现在传统艺人越来越少。有一次，笔者看到一位老年艺人在给一对意大利游客购买的纸草画上刻写象形文字题记。那专注的样子和娴熟的手上功夫，令人肃然起敬。

汗哈利利一带，有许多大大小小的水烟馆和咖啡馆，让购物和游览者累了解乏、解渴和歇脚用，它们已成为汗哈利利市场不可分割的组成部分。就在汗哈利利街的入口处，紧挨着一个名叫"侯赛因珍珠"的咖啡馆，就是埃及大文豪纳吉布·马哈福兹以前常常光顾的那家"费沙维咖啡馆"了。

笔者多次来到费沙维咖啡馆，并煞有介事地坐在后人为了纪念马哈福兹而专门辟出的"马哈福兹之角"，要上一袋水烟，再点一杯咖啡，在烟笼雾罩和咖啡的袅袅余香里，回味这位享誉世界的诺贝尔文学奖获得者当年在这里观察生活、体味人生、构思作品的情形。马哈福兹的许多创作灵感，就直接源于这里。

在汗哈利利价格可以随便砍

一个朋友逛完汗哈利利后，拿着3个铜制的金字塔兴奋地告诉笔者，瞧，才150埃镑，不到10美元。我说，你挨宰了，砍价了吗？他说砍了，我说那还是贵了啊。

在汗哈利利，一定要砍价，且要用力砍，因为这里的店主开的价格一般都很有水分。先要来个"拦腰砍"，对方准会说不行，"亏本了，不卖不卖"，一副捶胸顿足的样子。但你这时若是佯装走人，对方就会追上来说，"好商量，好商量"，对方一般会劝你买多些，买多了价格会便宜。通常，在"拦腰砍"的基础上还会再降些。由于开始的要价较高，所以事实上商人亏不到哪儿去，最终的结果也是买卖双方"皆大欢喜"。

由于同类商店太多了，一家紧挨一家，竞争十分激烈，因此店主就各显神通，纷纷使出浑身解数招徕顾客。如见到西方人，就说英语或法语，见到东方人，猜不出具体是哪个国家的人，就说日语或汉语，"你好""欢迎"之声不绝于耳。店主和伙计几乎是清一色的男人，没有一个女子。

店家一个个口吐莲花、巧舌如簧，千方百计地把顾客拉进店里，拉进了以后又想方设法让顾客掏腰包。如果顾客不买，对方就会不高兴，甚至有时还会堵在门口，做出不让顾客出来之状，当然并不是真的不让顾客出门，更多是做做样子，以此表示没有做成生意的失望，甚至对顾客最终舍不得掏腰包的不满罢了。店主最为反感的，是双方已经谈妥了价，而顾客到临交钱时却又反悔不买了。这样，店主会很生气，甚至会对顾客言而无信愤慨不已。

跟着大侦探波罗游埃及

回味电影《尼罗河上的惨案》

孩提时代看英国电影《尼罗河上的惨案》，给笔者留下深刻的印象。旖旎的埃及尼罗河风光、透着历史沧桑的古迹景点、扑朔迷离的情节以及令人恐怖的气氛等，至今难以忘怀。早就想沿着电影里大侦探波罗的足迹游埃及，却一直未能如愿。春节长假，总算圆了这个梦。

为了这次品味电影之旅，笔者做了充分的前期准备。先从网上把电影的原著——阿加莎·克里斯蒂的小说下载下来阅读，而后看到介绍称，电影较原著有不少改动和再创作，尤其是电影的画面是小说无法匹敌的，要想跟着波罗游埃及，必须看电影才行。于是，为了再看一遍电影，笔者连跑了开罗 8 家音像店后，才终于找到英国 EMT 电影公司出品的 DVD 版 *Death On The Nile*，价格不菲，但笔者还是毫不犹豫地掏出 100 多埃镑买了下来。

连放三遍之后，笔者在悠扬而气势恢宏的影片主题曲中来到大名鼎鼎的狮身人面像前，开始沿着大侦探波罗的脚印，进行别出心裁的埃及之旅。

像波罗那样对视狮身人面像

虽然已经多次来过狮身人面像，但当笔者模仿波罗侦探，煞有介事地与狮身人面像对望时，仍感到别有收获，甚至是震撼不已。

这座身长 73 米、脸宽 5 米的巨型石雕，也在威严地看着笔者，它的一只耳朵就长达 2 米，比人还高。不过鼻子被打掉了，到底是 18 世纪末拿破仑军队的炮火轰掉的，还是 13 世纪统治埃及的马穆鲁克王朝的士兵将它做射击靶子打坏的，已经成为千古之谜，无从考证。

古埃及人认为狮子是力量的化身，狮身人面像是智慧和权力的象征，法老常把狮身人面像放在墓外当守护神。影片开头，让波罗在狮身人面像前露面，也寓意着波罗非凡的智慧和勇气，既吻合了古埃及的文化特色，又突出了这位大侦探的性格特征。

狮身人面像，英语叫"斯芬克斯"，阿语叫"恐怖之父"，在这里取景烘托了整个电影的气氛，也为后续情节发展做了伏笔和暗示。笔者像波罗那样对着狮身人面像凝神半天，真的感到这座举世著名的大石像有些令人生畏。于是笔者站起来，向北望去，仅隔 350 米的地方，就是闻名遐迩的胡夫和他儿子、孙子三人的金字塔，再过去，则是茫茫沙漠。影片开头，男女主人公就是在这里骑马奔驰，由此展开生动离奇的故事情节的。

闻名遐迩的金字塔

可惜的是，当初男女主人公攀登到顶端的金字塔，现在早已不再让人攀爬了。笔者想撞撞大运，结果发现金字塔基座一侧仍醒目地写着"禁止攀爬"的字样。在无奈与感慨中，笔者完成了电影之旅的开端章。

阿斯旺尼罗河畔的"老瀑布饭店"

刚到阿斯旺，顾不上长途劳顿，笔者便迫不及待地前去寻找"凯特拉克特饭店"，即"老瀑布饭店"，也就是《尼罗河上的惨案》电影里那艘豪华游船出发的地方。

阿斯旺距开罗大约 900 公里，是埃及南部的门户。在古埃及的象形文字中，阿斯旺的意思是"尽头"，即埃及的疆域到这里就快到尽头了。今天的阿斯旺除了以建于 1970 年的水坝闻名世界外，还有大量的古迹，再就是这里漂亮得不能再漂亮的自然景色和大量古迹了。湛蓝的天空白云朵朵，清澈的尼罗河上游船艘艘、帆影片片，阳光下抗高温耐旱的植物茁壮翠绿，这一切都让人心醉不已。

我们乘上一艘名叫"法鲁克"的帆船，向着"老瀑布"方向划去。船涨满了风帆，微风中奋力向南前行。右边是植物岛，芳草青青，绿意盈目。左边是一个叫"艾尔芳丁"的小岛，古希腊语意为"结束"。过了这个岛，船再行不远，就到了"老瀑布饭店"。

老瀑布饭店就建在尼罗河边，是一座三层的长条形建筑，红色，看上去造型独特，和谐悦目。因《尼罗河上的惨案》在此取景，而且当初阿加莎·克里斯蒂也住过这家饭店，所以它的名声非常大，成了阿斯旺甚至是全埃及的代表性饭店之一。埃及后来还在它的旁边盖了一座同名的饭店，有 10 多层高，白色，但入住者却没有前者多，看来人们还是喜欢古典的东西，对仿建的冒牌物比较抵触。

整座饭店十分精巧，宽敞的回廊，高大的穹顶，都弥漫着这里特有的古典和优雅气息。坐在阿加莎·克里斯蒂喝过咖啡并埋头写作的"塔瑞斯"咖啡厅，望着夕阳余晖里宛若落日熔金的尼罗河，仿佛与这位创作过 70 多部长篇侦探小说的英格兰女作家有了一次精神上的交往与对望。

在"埃及小姐"号豪华游轮上

《尼罗河上的惨案》中，世界各地的豪绅、名媛、贵族等乘坐的豪华游轮叫"卡纳克"号，当初"卡纳克"号就是从这些人下榻的老瀑布饭店前启航，踏上本应迷人浪漫的奢华之游，却最终变成可怕的"死亡之旅"的。

我们乘坐的船也是一艘五星级豪华游轮，不过不叫"卡纳克"号，而是"埃及小姐"号。在阿斯旺和卢克索一带，类似的游轮有 200 多艘，它们其实相当于游走的船上饭店，里面有一流的服务，不但一日三餐提供精美的食品，还有酒吧、健身房、游泳池等设施，晚上的肚皮舞表演也更加正宗。

"埃及小姐"号与"卡纳克"号有一个很大的不同，则是我们没有遭遇到死亡。虽然在我们游览的过程中，埃及"萨拉姆98"号游轮在红海上发生沉船悲剧，但我们的"埃及小姐"号却安然无恙。

由阿斯旺北进卢克索的路上，有无数被列入世界文化遗产的古迹，每路过一个，"埃及小姐"号便停泊岸头，让众人参观，然后继续前行。这与《尼罗河上的惨案》里的桥段如出一辙。电影里，豪华游轮也是走走停停，每到一处旅游景点便停下来，让游客离船上岸，参观、游览古迹景点。在这些众多的文物古迹中，卡纳克神庙最为著名，也是与《尼罗河上的惨案》息息相关的一个。

作为埃及保存下来规模最大的宗教建筑群，卡纳克神庙集中了从公元前2000年到公元1世纪的大量建筑，雄伟、凝重、纯朴是它最大的特色。整个建筑全由花岗岩建成，每块石头重达10多吨，甚至几十吨，它们构成了众多的廊柱、浮雕和殿堂等，像是刻在石头上的古埃及文化灿烂诗篇，有一种震撼人心、让人叹为观止的力量。

《尼罗河上的惨案》中，有一个石块从空中被人推下的经典镜头。笔者为了体验，也上去仔细看了看，真是摄人心魄。这些石头，都是从阿斯旺的采石厂运来的，阿斯旺采石场的石头质量上好，坚固结实。笔者发现，这些石头的颜色多为有小黑点的玛瑙红，石体光滑润泽，有建筑专家称，即使今天，这些石头仍是很奢侈、珍贵的建筑装饰材料。当然，这些石头的名声，也乘着电影的"翅膀"飞到了世界各地。

走进"巴列夫防线"地下指挥部

与埃及东北部城市伊斯梅利亚仅一条苏伊士运河之隔的西奈半岛上，有一处大体保护完好的巴列夫防线地下指挥部，最近经过维修对外开放了，笔者曾两次到那里参观，得以一窥这个充满神秘的地方。

以色列在1956年的第二次中东战争中占领了埃及西奈半岛后，为了巩固战果、消化战绩，达到长期控制西奈半岛的目的，从1969年开始，用了3年的时间，花了近3亿美元的巨款，沿苏伊士运河东岸建成了一条长176公里、宽30至35公里、总面积达5000平方公里的防线，以当时以色列国防军总参谋长巴列夫的名字命名为"巴列夫防线"。

对于这条"巴列夫防线"，当时的拉宾、达扬、沙龙等以色列军政界高层官员都不以为然，巴列夫却力排众议、坚持建造，并号称这将是"世界上最坚固的防线"。也难怪，防线还真不含糊：它由三条平行的防御工事组成，第一条防御工事为苏伊士运河及河东岸，河堤下埋设油管，需要时可喷出汽油，汽油立刻浮于水面，形成一个高达700摄氏度的强火力网。沿河筑有25米厚的沙堤，沙堤后面筑有36个前沿支撑点，支撑点前为200米宽的铁丝网和地雷区。沿河部署的兵力有以色列步兵、炮兵、装甲兵、雷达兵、空军和导弹部队等。

第二、三条防御工事距离运河分别为12和21公里，也就是位于西奈半岛的沙漠腹地，由22个核心碉堡群组成，包括30多个大据点和200多个小据点，由多层地下水泥钢筋组成，真有些固若金汤、坚不可摧的意思。不过，这些工事最后还是在1973年的10月战争中，被埃及第二军的第4步兵旅给摧毁了。

战争后，埃及为扩建苏伊士运河，将残存的巴列夫防线几乎铲除一空。现在开放的这个地下指挥部绝无仅有，它位于巴列夫防线的中段，当时是最大、最为中枢的一座地下指挥部。笔者先从伊斯梅利亚码头乘摆渡船来到西奈半岛，然后驱车到12公里外的沙漠里一个名叫夏杰拉的地方，以军的地下指挥部就在那里。

先是看到空旷的沙漠地上，有缴获的以军坦克、运兵车、迫击炮、机枪、地雷、通信设施和防毒面具等，接着，地势一点点变高。指挥部便建在夏杰拉高地背向运河一侧低矮的地方，严格说来有两处，一个是作战指挥部，另一个是与之配套的后勤保障部，二者相对独立，都有各自的入口。

如果不做文字标记，人们根本无法发现这样的地下设施。上面覆盖着厚厚的沙堆，同高地上的自然沙丘相连，一点也看不出人为的痕迹。指挥部里面是拱形钢架，辅以钢筋、水泥，顶部由铁轨和装在铁网内的石块砌成，厚4米至6米，可经受炸弹和重磅炮弹的直接攻击，据说还有一定的抗核打击能力。里面有一条长约100米、宽约2米的走廊，走廊两边是一个个小屋子，有指挥室、作战室、值班室、通信室等。屋子的面积从6米到16米不等，现在，为了逼真，埃及在每个房间里都制作了真人大小的泥塑像，有的在专心致志地看地图，有的在紧张地进行通信联络，有的在一丝不苟地发布命令……看上去都栩栩如生，以再现当年的真实情景。

这个最大的巴列夫防线地下指挥部，当时有80多名以色列官员，还包括一位女少校，现在也还有她的泥塑。后勤保障部的结构与指挥部大同小异，只是里面的房子功能不太一样，那里有仓库、弹药库、食品库、燃料库、军官食堂等，甚至还有一个野战医院，负责战地紧急救治。据说，里面储备的粮食和弹药可维持一个月以上以军所需。

然而，埃及军队8000多人组成的敢死队，只用了6个小时，就用高压水枪把巴列夫防线冲垮了。接着，埃及第二军第4步兵旅第12营的士兵发现了夏杰拉地下指挥部，经过激战，他们摧毁了保护这里的10多辆美制M-48坦克和装甲车，越过一道道战壕，冲破一条条电网，清除一片片雷区，终于攻战了这个地下指挥部。以色列不可战胜的神话被打破，从此，巴列夫防线土崩瓦解，夏杰拉地下指挥部成为战争的遗迹和历史的尘埃。

走进贝都因人家

"帐篷就是我们的家"

埃及的西奈半岛上居住着很多贝都因人。他们虽然是阿拉伯民族的一支，但在社会风俗和生活习惯等方面都有自己独特的地方，尤其与生活在开罗等大城市的人不同。

笔者有一次开着四轮驱动吉普车采风，不慎闯入西奈半岛一处贝都人的聚居区。汽车沿着干涸的河床艰难地向前颠簸着，不知走了多久，远远看到右前方有一大片褐色、灰色和白色的帐篷。

近前，不等下车，已经有一群头缠头巾、身披坎肩、下穿肥大灯笼裤的男子围了过来。同事说，我们会不会是遭到打劫了。笔者说不会，整体上看，这里的人们还比较质朴，不会做出打家劫舍的坏事。果然，这些人友好地跟我们打招呼，然后也不问我们是哪儿来的，到哪里去，要干什么，便领着我们进了他们的帐篷。

在帐篷里，大家一个个席地坐在地毯上。地毯中央摆放着一个很大的银托盘，托盘里放着大茶壶，茶壶的旁边还有几个空茶杯，看上去脏兮兮的，好像没怎么洗过。主人是一位老者，人人称他"谢赫"。谢赫热情地请我们喝茶，侍者上茶的同时还点燃了乳香，帐篷里顿时充满了刺鼻的气味。

谢赫说，只有尊贵的客人来时，他们才点燃乳香。不过他说："我们是好客的民族，就算是敌人来了，我们也会和他们一起分享茶、大饼和奶酪。"

这有些出乎意料，笔者感到这位银髯飘飘的长者很厚道、实在。这时，我仔细向四周打量，发现帐篷是用骆驼毛或粗羊毛织成的，共由9根柱子支撑着，帐篷的空间由几块篷布和挂毯分割成不同的区域，除了男女分开住的卧室，还有会客厅、议事厅等功能性隔间。

见笔者看得入神，老者说："帐篷就是我们的家啊。"我问他多大了，老者说："只有安拉才知道！"原来这位谢赫连自己是哪一年出生的都忘记了，看来他的年纪确实已经够大的了。笔者最后感谢老人的招待，并表示明年再来拜访，谢赫却说："下次来，你就找不到我们了，不定我们又在什么地方了！"说得其他几个贝都因人都豪爽地笑了起来，爽朗的笑声把他们豪迈奔放的性格衬托得淋漓尽致。

逐水草而居的驼民

谢赫的话说得没错，贝都因人是流动的民族，今天居住在这个地方，或许明年他们就在其他什么别的地方住了。虽然由于时代的变迁和经济发展的影响，埃及西奈半岛的贝都因人很多已经逐渐适应了现代生活，开始过上了定居的生活，住上政府为他们建造的楼房，但他们分属 16 个部落，仍有不少部落的人依然过着迁徙和流动的日子。而且，由于根深蒂固的传统和习惯使然，他们宁愿选择居住在沙漠里，过着虽然随时游走，却自由自在的游牧生活。

贝都因是阿拉伯语的音译，原意是"荒原上的游牧民"，被认为是"逐水草而居的驼民"。哪里有水，他们就用骆驼载着家当迁移到哪里，那里便成了他们的家。在西亚和北非广袤的沙漠和荒原地带，都有贝都因人四处"漂移"的特殊身影。

贝都因女子的服装十分讲究。12 岁以下的小姑娘穿得很艳丽，但从 13 岁开始，她们就都得穿黑色长袍、戴头巾了。不过她们的长袍和头巾上的绣花是有区别的，已婚女子用红色丝线，未婚女子用蓝线绣花。有的部落女子还戴面具和鼻饰，甚至整张脸上除了两只大大的眼睛，其他什么部位都看不见，有的干脆连眼睛也彻底蒙上。

按照贝都因人的习俗，女孩很小就开始为自己制作结婚的礼服了。在贝都因的习俗中，女孩掌握一手刺绣，被认为是贤惠的表现，在婚礼上能够博得宾客们的赞美。传统上，贝都因女子没有恋爱自由，都是依从父母之命和媒妁之言。同一部落内婚配被认为是正宗和首选，甚至包括近亲结婚，都是家常便饭。族外婚姻是第二选择，一般是为了经济或政治利益的考量而联姻，因此这样一来，财产和各种利益就不会旁落他族之手，而是在本族本宗内流动。此外还有换婚，包括同一部落和部落以外两种情况的换婚，但现在，这种做法越来越少见了。看来，在贝都因人内部，他们的传统文化习俗，也在发生着变化。

有一套自己的法律

贝都因人热情好客、吃苦耐劳，也自由散漫，甚至桀骜不驯。他们可以为朋友两肋插刀，富有侠义精神，但他们对国家、政府和法律等概念很淡漠，除了本部落、本族的族长以外，他们不服从任何权势。

有人把贝都因人的社会说成是"没有政府的社会"，维系他们的是血缘，以血缘为根基，若干家庭形成氏族，若干氏族再形成部落。为了共同对外，不同的部落有时还会形成部落联盟，以"抱团取暖"，加强实力。

贝都因人根据部落利益的需要，制定出一套自己的法律，还有自己的民事法庭，负责规范人的道德操守、品性修养和行为准则。如把对部落的忠诚视为至高无上，要求人们忠于部落、勇敢善战，慷慨乐施、助人为乐等。同时，贝都因人的民事法庭还负责调解邻里之间的矛盾纠纷和利益瓜葛等种种生活琐事。

在一些规定上，贝都因人有着奇特的做法。譬如，割舌头事件就是一个很好的例子。据埃及媒体报道，有一次，西奈半岛南部的一个小伙子向一位年轻的牧羊女献殷勤，结果被牧羊女告了，她状告小伙子行为不轨，企图耍流氓。按照他们所在部落颁布的特殊法律，小伙子被判处割掉舌头的惩罚，并赔偿女子 40 头骆驼，或与骆驼等值的数十万埃镑。后来，经小伙子的家长和辩护律师求和，法庭才答应不割舌头了，但得多赔 6 头骆驼。

探访开罗会议召开的地方

与吉萨金字塔隔街相望

在开罗，有一个与中国命运有着千丝万缕联系的地方，那就是"米纳豪斯饭店"。从开罗市中心驱车西行，沿着金字塔大街一直走，快到尽头的地方，右手靠马路边有一幢雅致的乳白色建筑，那便是有名的米纳豪斯饭店，也可译作"米纳宫饭店"。

历史上开罗会议的会址——米纳豪斯饭店

饭店之所以得名，不仅在于它是埃及历史上最悠久的饭店之一，据说早在苏伊士运河开通之前，米纳宫便存在了，不少国家元首政要还选择下榻于此，而且在于这里曾在第二次世界大战期间开过一个决定中国前途命运的重要会议，美国总统罗斯福、英国首相丘吉尔和当时的中国国民政府主席蒋介石等，一度居住在这里并相互磋商。其间，米纳豪斯饭店周围有重兵把守，警戒森严，一挺挺机枪虎视眈眈地对准每一个角落，随时准备待命发射；一门门防空火炮高翘炮筒，日夜监视着天空以防敌机来袭。

当时会议选在米纳豪斯饭店举行，主要是因为这里远离闹市，安全而宁静，环境不错。饭店依地势起伏高低不等，建在一个不甚高的山坡上，是钢筋混凝土建筑结构，主体部分高四层，多拱门，酒店的顶部还有三个圆拱，是一座典型的伊斯兰风格建筑。

尤其值得一提的是，这里离著名的吉萨高地的三座金字塔只有一街之隔，金字塔大街的斜对面，也就是稍稍靠右的前方，即是闻名世界的埃及法老胡夫及其子孙的金字塔了。站在饭店芳草萋萋的翠绿花园，抑或入住饭店豪华安逸的房间，都可以轻而易举地将三座金字塔一览无遗地捕捉到眼帘。

丘吉尔的房间很容易找到

1943 年 11 月 22 日至 26 日，中国、美国、英国三国首脑聚首米纳宫饭店，讨论如何协调对日本作战的共同军事问题以及战后如何处置日本等政治问题，通过了著名的《开罗宣言》，《开罗宣言》规定日本侵占的中国领土，包括满洲（东北）、台湾和澎湖列岛等，都必须无条件地归还中国。宣言等于决定了中国的前途和命运，尤其是对中国的失地做出了明确的规定，使中国对上述领土拥有了历史的、政治的和法理的依据。

笔者来过这里几次，发现每一次都是顾客云集、熙熙攘攘。饭店的三楼，正对着走廊十分显要的部分，就是丘吉尔当时居住过的房间，现在的房间号是"632"，从外面看应该是在三层，但房间号却是"6"字打头，而且坐电梯也得按"6"层的按钮才能到达，笔者一直搞不清楚这家饭店的内外构造到底是怎样的。也许是复式结构吧，即外面看着是一层，到了里面，又分成了两层。

不过，当年大名鼎鼎的丘吉尔曾经居住过的房间，如今也不是专门"供起来"作为历史文物和名人下榻处供人瞻仰了，而是跟其他房间一样，由入住者自由选择居住，只是房价比其他房间高得令人咋舌。大堂经理给了笔者一份2008 年夏天的报价，632 房间为每天 1115 欧元，而且不含早餐。他还特意拿出一支红笔来，把报价单上不含早餐等注意事项圈了起来。除 1115 欧元固定价格外，还要另加 12%的服务费、10%的销售税和 2%的市政税。而其他房间的房价大多都在 200 欧元以下，最低的才 95 欧元。没想到，多年以来丘吉尔依然受到欢迎，而且在冥冥之中帮着埃及人创造着滚滚红利和旅游收入。

丘吉尔房门的左侧用英语写着他的名字，右侧则写的是阿拉伯语，都是横匾。字体古朴而遒劲，并辅以细腻的花纹装饰，仿佛有历史的沧桑感。一进门，是丘吉尔的客厅兼办公室，墙上挂着好几张历史照片，有三巨头合影的，有他们与众人合影的，也有蒋介石夫人宋美龄参与其中的，此外就是丘吉尔的单人照了。望着这些有些发黄的照片，一时间好像时光倒流，让人恍若走进了尘封的历史之中，回到了弥漫着硝烟战火的"二战"之中。房间客厅的长桌上，还摆放着一本介绍米纳豪斯饭店的历史画卷，其中有介绍"二战"时期开罗会议的内容，笔者粗略翻了翻，发现并没怎么提到蒋介石，可见中国在当时的影响并不怎么突出，这显然与国民党的统治有关。

从左边的房门可进入餐厅，然后是卧室、过道和卫生间，卫生间有豪华的浴室设备。站在套间，隔着玻璃就能看到不远处的金字塔，若是通过卧室的落地窗来到大阳台，则可以在微风习习中尽情观赏金字塔的不朽面容。领笔者参观的客房部经理哈蒂布说，丘吉尔房间的阳台是整个饭店最大的，是其他房间的至少五倍，至今仍是这样。"可惜的是，房间里的家具已经不再是当时的原物了，不过，大体的布置仍根据记载尽量得到了保持。"

"谁是蒋介石？"

相比之下，罗斯福和蒋介石就没有丘吉尔的福分了，整个米纳豪斯饭店，甚至都没有他们两人的房间，这有些出人意料。

"我知道罗斯福，'二战'期间很有名，也在这里开过会的。"大堂负责入住登记的哈立德听到我的询问后这样回答，"不过，你说的蒋介石是谁？"他充满疑惑地反问笔者。我说是当时的中国领导人，他"哦"了一声，但仍是一脸懵懂茫然的样子，显然，蒋介石确实没有什么名气，不被埃及人知道。

看来，当时中国还很弱小，关键是国民党政府在国际上没有什么声誉，所以，虽然蒋介石那时的身份是中国国民政府主席，并兼任行政院院长和军事委员会委员长，集各种大权于一身，然而在国际上却影响寥寥。所以，在饭店这些工作人员的心目中，压根就没有想到要探究和搞清楚当时蒋介石住在哪个房间，并像保存丘吉尔的套间一样将其保存起来。

值得一提的是，蒋介石在重庆接到罗斯福要求赴会的电报后，率18名陆海空将军前往。为了早些到达开罗，一行人冒险飞越喜马拉雅山，在穿越空气稀薄的云层和强气流空域时，负责驾驶飞机的机长突然心脏病发作，一度昏厥，差一点就酿成机毁人亡的惨祸。这事令蒋介石事后想起来仍感到心惊肉跳。

没有蒋介石的房间倒也罢了，能够理解；怎么居然连罗斯福的房间也没有呢？有些奇怪，百思不得其解。笔者提出这一问题后，哈立德说，他也不太清楚，不过可能与埃及不喜欢美国有关吧。哦，原来是这样。想想也有些道理，埃及对美国是不怎么感冒，尤其是普通老百姓，说起美国，持负面情绪的居多。不过，这也得因人而异，饭店还有美国前总统卡特的房间，看来卡特在埃及的人缘不错。笔者暗自思忖，如果开发出罗斯福的房间，甚至蒋介石的房间，像丘吉尔的房间一样供有钱的游客下榻，满足他们回望历史、追溯名人足迹的愿望，米纳豪斯饭店一定会财源滚滚，创造出更大的商机。

至于当时的会议具体是在饭店的什么地方开的，工作人员也是语焉不详，没能说清楚。有的说是在会议室，也有的说就在当时一楼的餐厅里。如果是在餐厅开的会，那也就是说，米纳豪斯饭店小小的餐桌就决定了中国的命运，想起来有些匪夷所思。不过，由于年代久远，无论会议室还是餐厅都无法找到当年的历史实物了。

在罗达岛探访尼罗河测量仪

尼罗河堪称埃及的"母亲河",古希腊历史学家、哲学家希罗多德在埃及实地考察后留下千古名言:"埃及是尼罗河的馈赠。"的确如此。千百年来,尼罗河一直哺育、滋养着埃及人民,如果没有这条河,埃及的历史进程、文明程度和社会生态等,都将是另一番完全不同的情形。

从法老时代直至20世纪中期,尼罗河一年一度的泛滥决定着埃及人的生活周期。河水的满溢带来风调雨顺、五谷丰登。然而,假如尼罗河过度泛滥,则会形成汪洋泽国,酿成灾难和祸害。因此,自法老时代开始,测量尼罗河,掌握尼罗河水势、水位和涨落的有关情况,便成为重要而十分专业的事情。在埃及南部阿斯旺的象岛上,以及阿斯旺和卢克索之间空翁布的神庙里,迄今都仍有尼罗河测量仪的遗迹。然而,如今保存最为完好的,则是位于开罗地段尼罗河上一个名叫"罗达岛"上的测量仪。

笔者登上罗达岛,罗达岛于旧开罗附近的河中央。有考证说,古时,该岛曾经是一个港口和造船中心,罗马人还在岛上修建过一座堡垒。罗达岛的最南端,有两个颇值得一游的地方,一个是名扬阿拉伯世界、被誉为"东方明珠"的埃及著名民族歌后乌姆·库勒苏姆博物馆,另一个便是尼罗河水位测量仪旧址。

先说几句有关乌姆·库勒苏姆的题外话。这位倾倒无数阿拉伯听众的歌唱家,在埃及乃至整个阿拉伯世界无人不知、无人不晓。虽然已经去世几十年,但乌姆·库勒苏姆的歌声今天依然飘荡在阿拉伯世界的各个角落。乌姆·库勒苏姆的唱法十分独特,自成一家,她能够不间断地唱一个下午而不感到丝毫的疲倦和声音不适。尤其是,她的唱腔婉转、音域宽广、音色优美、声情并茂,受到阿拉伯各国、各个年龄段观众的广泛喜爱,以至于乌姆·库勒苏姆成了阿拉伯的"文化符号"和阿拉伯音乐的"代言人"。几十年来,她的歌声经久不衰,直到今天,仍能在收音机里、电影屏幕上和光盘里轻而易举地接触到乌姆·库勒苏姆的歌曲。而且不管是与哪一个国家的阿拉伯人聊天,聊到乌姆·库勒苏姆时,对方都会眉飞色舞、兴奋异常,立即拉近了与你的距离,而且多半还会唱上几句乌姆·库勒苏姆的歌呢。

1975年2月3日下午,乌姆·库勒苏姆逝世,整个阿拉伯世界都陷入了巨大的哀痛，埃及为她举行了国葬。早在生前，她就获得埃及纳赛尔总统授予的一级"尼罗河勋章"，去世后，乌姆·库勒苏姆更被誉为"东方之星""人民艺术家"和"尼罗河之莺"等。现在，除了眼前的乌姆·库勒苏姆博物馆，开罗还有以乌姆·库勒苏姆名字命名的街道，以其名字命名的饭店。另外，埃及还有一种受人喜欢的国产碳酸饮料，牌子也叫"乌姆·库勒苏姆"牌子。

扯远了，打住。买票进入乌姆·库勒苏姆博物馆的大院，左侧是博物馆入口，里面展览着有关这位大歌唱家的一应珍贵文物。而正前方，有一个木制圆锥屋顶的小亭子格外醒目地扑入人们的眼帘，那就是尼罗河测量仪的外形设计，亭子的下面，便是尼罗河古测量仪的所在地。推开亭子的小门，看到里面是一个方形的石砌竖井，井中央立着一根长约 11 米的石柱，石柱外有一圈螺旋阶梯，形成一个测量室。石柱上十分清晰地标注着曾经丈量过的刻度，以此来记录尼罗河的涨落和水位变化情况。

巧得很，笔者有一次来这里时，正好邂逅一位供职于埃及文物部的专家易卜拉欣。易卜拉欣兴致勃勃地介绍，罗达岛上的尼罗河测量仪是埃及人的骄傲，它始建于阿拉伯伍麦叶王朝时期的 715 年，后来，又在阿巴斯王朝时期的 815 年得到认真修葺。850 年，这里被洪水冲毁。随后又得到多次修缮。现在小亭子的外形，是参考土耳其的建筑风格设计的。

易卜拉欣说，在历史上，这里的尼罗河测量仪发挥了重要的作用，通过它，人们可以知道尼罗河的水位情况，由此预知来年是丰收还是歉收，统治者还据此定出向民众征税的多寡。以前，尼罗河河水是通过三个不同高度的小隧道流进竖井里的，现在这些隧道都已被堵上了。在古时，竖井中石柱上的刻度，每一格被称为一个"厄尔"（1 厄尔约为 1.1 公尺），如果河水上涨到第 16 个厄尔，属于不高不低的最佳理想状态，说明即将迎来一个丰收之年。于是，人们奔走相告并扎起彩船，手持彩旗，在鼓乐声中欢呼雀跃，大街小巷张灯结彩、人声鼎沸、欢乐一片。如果水位远远高过第 16 个厄尔，则预示着洪水将会泛滥成灾。倘若水位远远低于第 16 个厄尔，就意味着干旱、饥馑之年即将降临。

值得一提的是，历史上对尼罗河河水的测量等活动，还助推了古埃及的天文学、历法学、水利学等科学的发展。正是根据对尼罗河河水的测量情况以及掌握到的水势高低变化，古埃及人才成功制定了他们独特的历法。史书记载，古埃及共分三个季节，即泛滥季、生长季和收获季，每个季节为四个月。当天狼星从埃及东边的地平线上升起时，便是尼罗河河水开始泛滥之际（大约相当于现代公历的每年 8 月中旬）。由于尼罗河每年都定期泛滥，而两次泛滥之间的时间间隔为 365 天，于是，人们就把一年定为 365 天。同时，尼罗河泛滥又代表古埃及新的一年的开始。在一次次对尼罗河河水的测量和了解中，古埃及人的科学的脚步不断向前迈进。

由于埃及 20 世纪 60 年代在尼罗河上游建造了阿斯旺大坝，尼罗河得到了有效控制，对河水水位的测量从此渐渐淡出历史舞台。因此，罗达岛上的尼罗河测量仪今天也就不再使用了，然而，尼罗河测量仪作为埃及文明和古代科学智慧的象征和载体，却永远不会在人们的记忆中褪色。

在苏伊士运河上感受"冰火两重天"

被马克思誉为"东方伟大水道"的苏伊士运河发生了"肠梗阻"。2021年3月下旬，一艘货物巨轮被卡在运河主航道上，结果造成整个运河"搁浅"了一个星期。堵船事件使苏伊士运河名声大噪，为全球瞩目。有关苏伊士运河的前世今生和风情景观等，都成为人们关注的焦点。

最严重的堵船事件

苏伊士运河是一条在沙漠中硬修出来的人工运河，全长不到200公里，有"地球之渠"的美誉，是现代文明最伟大的工程之一。运河河面宽300~350米不等，但航道最窄处只有120米。一般情况下，一艘油轮走完整条运河大约需要12小时。

由于河道十分狭窄，加之途中耗时较多，因此，历史上运河船只发生搁浅的事件并不鲜见。然而，每次船被卡住了，都能很快得到修复，除了战争，运河的畅通几乎未曾因为货船航行本身出问题而受到影响。

按照苏伊士运河管理部门的说法，这次搁浅的原因是当时天气恶劣，沙尘暴肆虐、能见度低等，影响了船长的正常操作和方向判断。同时，船本身载重量过大，吃水较深，也是形成堵塞的一个重要原因。

苏伊士运河是连通欧亚非三大洲的国际海运咽喉航道，南部连着红海，北部连着地中海，从而使大西洋、地中海与印度洋联结起来。它大大缩短了东西方航程，使海上巨轮不必像传统上那样到非洲的好望角绕一圈，而是抄近道就可到达目的地。譬如，从日本东京到荷兰鹿特丹港，不必再绕道非洲，走苏伊士运河使距离缩短26%。再如，从英国的伦敦港或法国的马赛港到印度的孟买港，走苏伊士运河要比绕道好望角分别缩短全航程的43%和56%。

约12%的世界贸易通过苏伊士运河运输。根据苏伊士运河管理局的数据，2020年通过该运河的船舶接近1.9万艘，平均每天51.5艘。该运河收入是埃及国家财政收入和外汇储备的主要来源之一，2020年苏伊士运河管理局收入总计56.1亿美元。然而，如果船只在运河上趴窝了，就会造成每小时大约4亿美元的巨额损失，这样，一些商家便不得不重新选择绕道好望角的航线。这等于使埃及少了继续坐收过路费的好处，因此，埃及这次比谁都急，希望早日修复运河，解决运河"肠梗阻"的问题。

两岸风光判若天壤

苏伊士运河的南部入口，是苏伊士城的陶菲克港。在那里办完一应手续后，货轮才可以沿着运河北上，缓缓驶向苏伊士运河管理局总部所在地伊斯梅利亚城，然后继续北上，直至塞得港旁边的地中海水域。

汽笛鸣响，旅程开启。运河的上空，一些海鸥和叫不上名字的水鸟展翅翱翔，有时它们的翅膀还会调皮地从与巨轮近在咫尺的地方掠过，欢快的啁啾声洒满水面。前方和两侧的水面湛蓝而清澈，倒映着瓦蓝瓦蓝的天空。除了冬季，运河上空很少见到白云，这使得天上和水中的蓝色交相辉映，蓝得更加纯粹，两者叠加的双重效果，使人感到美不胜收、心旷神怡。

苏伊士运河两岸的景色大不相同，简直别如云泥。船行的左侧，即运河的西岸，满目翠绿，农田错落、屋舍俨然，一排排椰枣树透着生机和活力。右侧，即运河的东岸，则是黄土漫漫，寸草不生，寥无人烟，一派荒凉的景象。原来，东边是埃及国土地的亚洲部分，即有名的西奈半岛。那里原本就自然条件恶劣，终年几乎没有降雨，水源匮乏，加之被人工挖凿的运河割开后，更是失去了与西部尼罗河三角洲地带的天然联系，仿佛成了埃及的一片"飞地"，发展得更加迟缓和滞后，无论是基础设施还是生态环境建设，西奈半岛都要显得比较落后。景色和人文迥异的特征，造成了苏伊士运河东西两岸"冰火两重天"的奇观。

更加有意思的是，由于苏伊士运河两岸的地势要高于运河本身，而运河流经处的东部基本上都是沙漠地带，当人们远远地站在运河东部岸边的沙漠里，只会看见苏伊士运河上的巨轮在移动，而无法看见波光激滟的运河及河水本身。给人的感觉仿佛是货船在沙漠中缓缓行驶一样，这形成了苏伊士运河令人称奇的"沙漠行舟"独特景观，乍看，还以为出现了海市蜃楼。

运河承载埃及民族自尊

除了"摇钱树"和"聚宝盆"，苏伊士运河还是埃及人的骄傲，它承载着埃及的民族自尊和希望。沿苏伊士运河西岸，从南往北，先后有三座埃及最重要的城市：苏伊士、伊斯梅利亚和塞得港。它们被称为"运河三城""运河三姐妹"，都是依靠运河之水浇灌出来的花园城市。当地媒体说，三座城市仿佛是被运河这条蓝色绣带串起的三颗璀璨珍珠，闪烁着民族自豪感的光芒。

苏伊士城北一带著名的艾哈迈德·哈姆迪隧道，从运河的河床底下穿过。

隧道的命名是为了纪念在第四次中东战争中牺牲的原埃及工程兵部队司令哈姆迪，苏伊士是他为国捐躯的地方。隧道本身长约两公里，加上两边的入口部分，全长约6公里，是连接亚洲和非洲的第一条河底通道。埃及人把这条隧道视为民族的骄傲，它既是对先烈的缅怀，也寄托着以此带动运河东部西奈半岛发展的美好愿望。

伊斯梅利亚是埃及继开罗、亚历山大之后的第三大城市，城中，尤其是运河一带，有大片郁郁葱葱的椰枣树、芳草萋萋的草地和花卉盛开的花园，环境优美静谧，被誉为"埃及最美的城市""运河的新娘"。伊斯梅利亚是苏伊士运河的管理总部所在地，也是历史上与以色列战争打得最激烈的地方。城里还设有苏伊士运河博物馆，记载着当初修建运河的斑斑血泪史。据介绍，当初有近220万埃及人参加了运河的修建，其中12万人为之献身。难怪，埃及前总统纳赛尔说，苏伊士运河是"由埃及人灵魂、头颅、鲜血和尸骨筑成的"。

第三次中东战争以后，以色列为了长期占领西奈半岛，沿苏伊士运河东岸修建了著名的"巴列夫防线"，号称"最坚固的防线"，却被埃及军队以仅伤亡208人的代价，彻底摧毁了以军两个旅兵力把守的"巴列夫防线"。这成为埃及人的民族骄傲。离伊斯梅利亚10公里处的夏杰拉高地，曾是"巴列夫防线"中段前线指挥所，今天在那里建有战争博物馆，用以纪念这段光荣的历史，成了埃及人的爱国主义教育基地。在这里，人们重温峥嵘岁月，借以强化民族自尊心和国家自豪感。

塞得港城被称为"英雄之城"。1956年埃及宣布运河收归国有后，英国、法国等国家入侵塞得港，当地军民奋起同敌人展开巷战，该港遭到严重破坏。在第三次、第四次中东战争中，塞得港频频遭到以色列的突袭，伤亡惨重。塞得港还是1869年苏伊士运河通航大典的举行和庆祝之地，当时世界多国的报刊都浓墨重彩地报道了此事，称之为"世纪之庆"。

在岸边观看运河上来往货轮

苏伊士运河两岸大部分地段都属于军事管制区，有荷枪实弹的埃军士兵把守，游人不得靠近。但在伊斯梅利亚等城市特定的运河边上，设有专供游人观赏运河及船只的"观光点"。此外，还有一些被特许在城市运河岸边开设经营的饭店，食客可以在那里边用餐边悠然自得地观赏运河上船只来往的壮观景象。

笔者站在"观光点"，苏伊士运河就在眼前，蓝色的水面没有任何波澜，也不觉得水在流动，而不时通过的巨轮会划破水面的平静，把波浪劈向船的两边，然后继续一路前行。巨轮的数量很多，时不时就有一艘缓缓地从笔者眼皮底下通过，不同货船相隔的距离也不太远，有时在视野所及之处会看到七八艘巨轮由远及近不紧不慢地驶来，再由近及远徐徐驶去，场景颇为震撼。船都太大了，走得很慢，仿佛不胜负荷的样子。船上面，密密麻麻地摆满了大大小小的各类集装箱。多数船的船头或船尾，都写着外文，但也会偶尔冒出几艘写着中文的巨轮，那是来自祖国的万吨货轮，这让笔者欣喜、激动不已。

伊斯梅利亚地段的运河边上，还有专门摆渡私家车到东西两岸的服务。交不算太多的钱，就可以把小汽车开上岸边巨大、粗笨的货运轮渡上，一辆辆整齐地在船上停泊好，排好队，然后开船。只消几分钟，便可以从运河西岸来到运河东岸。这种运河东西向的轮渡服务，都安排在运河上面巨型货轮不太集中、频繁的时间进行，否则，很容易发生互撞事件。船主经验丰富，动作娴熟，除了开船的老大，还有甲板上负责维持秩序的安全人员。因此，从来没有发生过意外。在轮渡上，人们可以观看两岸的运河景致，以及远远驶来或驶去的巨型货轮。可惜时间短了些，无法尽情观赏个够，有些美中不足。

苏伊士运河的河面上，还有简易的浮桥和坚固的公路大桥。浮桥不用时，长长地摆放在岸边。而在用时，则横向铺展在水面上，供行人在上面东西来往。据说，浮桥仅限于运河工作人员使用，不对游客开放。而运河的中部地段，有一座由日本人帮助建造的十分现代化的公路大桥，桥身长 9.5 公里、宽 20 米，主桥高 70 米，桥下可容许最多 68 米高的巨轮通过，这个高度，对几乎所有的货运巨轮也都够了。宽阔的桥面上，汽车可以 24 小时往来。许多人都会把车停下，站在桥上俯瞰和远眺苏伊士运河，但见河水无语静流，一艘艘巨轮仿佛喘着粗气吭哧吭哧地南北穿梭，顿生无限感慨。

探访埃及独特的监狱主题餐馆

"死刑""无期徒刑""有期徒刑"……你可能想不到，这些与犯罪有关的术语，居然是赫然写在菜单上的菜名！手铐、脚镣、铁丝网、紧闭的铁窗和开关牢狱的大钥匙……这些监狱里才有的东西，要么摆在人们吃饭的餐厅里，要么被十分逼真地刻画在餐厅四周的墙壁上。没错，埃及有一个名叫"食物犯罪"的监狱主题餐馆，这也是整个中东地区的第一家。

与监狱别无二致

从开罗市中心驱车东行，大约一个小时，便来到一个名叫纳赛尔城的地方。纳赛尔城穆克拉姆·欧贝德大街 7 号 A，便是"食物犯罪"餐馆的所在地。

穆克拉姆·欧贝德大街上车水马龙，行人熙熙攘攘。"食物犯罪"餐馆位于临街一幢高层建筑的底层。在正对着门的方向，笔者发现它的左侧是一家花店，右侧是一家眼镜店。这两家店都写有英语和阿拉伯语的标识，唯独中间的"食物犯罪"餐馆只写有阿拉伯语，阿语不是正体或者楷体，更像是天马行空的自由体，写得很有艺术性，气势非凡，字匾的装饰古怪、考究且富有立体感，关键是在阿拉伯语"罪犯"一词的一个字母上，根据字母的形状巧妙地设计成了一副手铐，另一个字母则设计成了一张犯人的脸。可谓独具匠心、创意十足。

进得门来，骤然间恍若置身囹圄之中。屋外的太阳很大，一片明媚；屋里则昏暗阴沉，刚进来甚至看不清东西，屋里屋外对比强烈。也许是因为太暗了，店主有意提升一下这里的光亮度，遂在屋顶装了几盏日光灯，但每一盏日光灯都故意由手铐罩着，更营造出一种阴森恐怖的氛围。餐馆的一面墙上，全部用真的铁丝网装饰，仿佛监狱的铁丝网高墙一般。铁丝网高墙上挂着货真价实的铁链、铁手铐、铁钥匙、囚衣和囚犯的编号牌等。另一面墙上，则写满了关于监狱生活的讽刺语录以及一些犯人的肖像等。笔者感到，这里简直与真正的牢房没有什么区别。

"我喜欢这里别致的环境"

由于笔者到的时间是上午，离饭点还早，所以"食物犯罪"餐馆里只有稀稀拉拉几个人就餐，也正因为如此，餐馆的整体气氛更显得有些异样和骇人。

两位埃及姑娘正在津津有味地埋头吃东西。笔者拍照，她们也不刻意避讳，显得很自然、大方。其中一位名叫胡黛的女孩对笔者说，她们经常来这里，主要是这里的气氛很好，让人有一种在其他地方感受不到的特别体验，"尤其是，想想那些被关押起来的罪犯，会感到自己很幸福，简直太自由了"。正因如此，在这里，吃完饭买单结账叫作"保释"（The bill is called "bail"）。英语词汇"账单"，与"保释"一词谐音，用"保释"代称"账单""结账"，倒是与"食物犯罪"餐馆的主题十分吻合，构思真是太巧妙了，亏店主想得出来。笔者注意到，吃完饭，在即将出门时抬头看，上面写着"释放"，让人觉得自己坐够了监狱，终于得到了释放，可以自由呼吸外面大千世界的新鲜空气，一时间会幸福指数飙升。

胡黛介绍道，现在是白天，还不到中午，所以没什么人；而到了下午特别是晚上，光顾这里的食客络绎不绝，由于地方不大，所以有时甚至还出现不预订会没有座位的情形。"不光附近的居民，埃及其他地方的人也慕名而来，以亲身体验一番"。笔者注意到，她们吃的主要是埃及当地的饭菜，其中以小吃居多，有点像老北京传统小吃的架势。

"来个无期徒刑吧！"说话间，一个小伙子进来，大大咧咧地向工作人员喊道。经了解才知道，原来"无期徒刑"是三明治的名字，指的是由6个三明治等组成的套餐。同时，由9个三明治组成的套餐叫"死刑"。而少于6个三明治的套餐，则被称为"有期徒刑"。看来，小伙子的饭量属于中等，因此点了个"无期徒刑"。笔者问胡黛点的什么，她说"有期徒刑"，并补充道："我们两个吃一份就够了，要不就得打包。"

"只是幽默创意，与政治无关"

当值的工作人员是一男一女，分别叫塔里克和萨拉，他们很热情地回答了笔者的各种问题，满足了笔者的好奇心。

据萨拉介绍，"食物犯罪"餐馆创建于2016年，主营正宗的埃及街边大众小吃，所以常来这里的客人都是当地的普通老百姓。店主一共有4人，他们合伙经营，虽然他们都没有坐牢的经历，也没有当过商人，但最终大家根据书本的描写和YouTube网站中有关监狱的介绍，把餐馆设计成现在的监狱主题风格。"一开始人们感到名字有些怪，但怪名字反而容易被人记住，既让人感到好怪，又十分吸引人，这样，来我们这里的人就越来越多。"

据介绍，"食物犯罪"这一名字是由店主之一的哈马德取的，"选择这一奇特的名字，目的是显得与众不同和吸引顾客，或者说，是为了博取人们的眼球和猎奇感，而与政治没有任何关系"。不过，"食物犯罪"餐馆虽然得到了多数人的认可甚至好评，但也有一些网友在社交媒体上发帖称："食物犯罪"这个名字会伤害那些正在服刑的囚犯及其家属的感情，毕竟，他们还在监狱中经受着非自由的生活。

对此，哈马德回应："没有人想伤害囚犯和他们的家属，事实上，这一想法创意新颖，高度幽默，为的是吸引顾客驻足，让顾客感到新奇和感兴趣。"塔里克向笔者介绍，在埃及人的文化观念中，不存在吃牢饭不吉利的现象，何况，人们只是做一番体验，并非真的进了监狱，更不是身陷囹圄而不能自拔。他还自豪地对笔者说，在整个中东地区，他们的"食物犯罪"餐馆还是第一家，相信日后会吸引更多的人前来品尝这里的美食，期待将来的生意会越做越红火。

与金字塔齐名的阿布辛贝神庙

埃及首都开罗到该国最南端的城市阿斯旺，直线距离约为900公里，从阿斯旺再南行近290公里，便是阿布辛贝神庙（一译"阿布辛拜勒神庙"）。由于距离太远，不少旅游团都不安排参观这一神庙，然而，阿布辛贝神庙却是一个非常值得一看的地方。在许多学者和游客的眼中，它堪与吉萨大金字塔和狮身人面像齐名，而且有着丰富的故事和传说。笔者曾多次实地探访阿布辛贝神庙，感受神庙气势恢宏的景观和非比寻常的魅力。

从阿斯旺向西南方向行驶近300公里，碧波荡漾的纳赛尔人工湖映入视野，湖畔则是一处荒僻的赭黄色高地。从高地下坡后左拐，冷不丁地，依山并排而坐的四尊巨型法老雕像扑入眼帘。巍峨雄伟、庞大无比的雕像气韵凛然，摄人心魄，笔者不禁发出"啊"的一声感叹，从内心深处产生一种震撼的感觉，那里，便是很早就被联合国教科文组织列入世界文化遗产名录的阿布辛贝神庙。

令人叹为观止的是，整座神庙建在尼罗河西岸一处玫瑰色砂岩悬崖的山体上，拉美西斯二世的四尊超大雕像是从结实的岩石中雕凿出来的，宽37米、高33米、纵深61米，坐西朝东，面对波光涟滟、水势浩渺的纳赛尔湖。雕像大得惊人，光是放在拉美西斯二世膝盖上的小手就比一个人还高，仅仅嘴的宽度就达1米，两个耳朵竟相隔4米之远。

正对着雕像，从左边数起，拉美西斯二世的第二尊雕像膝关节以上直到头部部位都破损了，他的头像和王冠也掉落了下来，摆放在雕像前的空地上，仅这头像和王冠，就都有1人多高，重达几十吨。其他三尊雕像都保存完好，而且身体各部分的比例非常匀称、自然、和谐，栩栩如生、活灵活现。据埃及考古学专家统计，拉美西斯二世的四座雕像高达20米、重1200多吨，他的雕像旁边，还排列有序地散落着其母亲、妻子和子女的小雕像群，无不生动逼真，宛若真人。雕像历经3000多年的风雨侵蚀和烈日灼晒，仍然完好无损，可见其石质之坚硬，也足见古埃及人当时所具有的高超的工艺水平和科技发达程度。笔者在现场，听到许多西方游客都忍不住赞叹连连、称奇不已。

阿布辛贝神庙建于公元前1284年至公元前1264年（一说建于公元前1300年至公元前1233年）。拉美西斯二世统治埃及长达67年，一生为自己修了无数神庙，但阿布辛贝神庙是登峰造极之作，耗时很长，竟用了至少 20 年时间方才最终完成，神庙在考古价值及重要性方面，甚至堪与著名的金字塔和狮身人面像媲美。阿布辛贝神庙位于所谓的努比亚地区（指埃及南部与苏丹北部之间沿尼罗河沿岸的狭长地区），这里黄沙漫漫，戈壁连天，驱车不到半小时就是苏丹地界了。3000 多年前，埃及历史上最伟大的国王拉美西斯二世为什么要在这里修建神庙呢？原来，当时苏丹境人的库施王国虽然已经臣服于埃及，但仍时常在苏丹和埃及边境一带犯乱。为了显示埃及的国力，震慑库施国，以及显示法老的神圣庄严和至高无上的权威，拉美西斯二世决定将自己的形象永远地定格在不可侵犯的南国边陲，以此向苏丹库施王国发出警示，要它"好自为之"，不要再惹是生非。

神庙险些遭遇"灭顶之灾"

眼前壮观的神庙，竟然差一点被纳赛尔湖水淹没而从地球上彻底消失，然而，由于人们的全力保护，这才使神庙免受"灭顶之灾"，得以幸存下来。

话还得从 20 世纪 50 年代末说起。当时，埃及为根除尼罗河常常泛滥的水患，同时也为了满足全国供电的需要，决定在阿斯旺修建一座新大坝。建成后，阿布辛贝神庙将被升高几十米的水位完全淹没和吞噬。为避免这样的悲剧发生，埃及向国际社会发出拯救神庙的呼吁，引起了联合国教科文组织的高度重视，于是，全球掀起了一场拯救人类共同文明遗迹的"阿布辛贝运动"。这场运动得到了 50 多个国家的大力支持，来自德国、法国、意大利、瑞典等国的近 50 个考古团体和众多的水利专家、工程师等云集埃及，为如何救神庙出谋划策、各抒己见。最后，瑞典专家的切割重组并移动搬迁的方案得到了采纳。

考古专家和相关科学家经过周密勘查、测量和计算后，与工程师和工人一起，先用钢板把阿布辛贝神庙围起来，然后抽干纳赛尔湖的湖水，再把构成神庙的岩石切割成 807 块，用起重机小心谨慎地吊起，运送到贮石场按编号存放好。接着，再把这些标有编号的石块运送到比原址高出 65 米、距离河岸 180 米的沙石悬崖上，并用一座内部镶嵌了钢筋水泥混凝土的坚固假山把这些石块牢牢固定住。最后，专家们像做拼图游戏和儿童玩搭积木那样，把这些化整为零的众多石块一块块重新拼接、组合、安装起来，原汁原味地还原了阿布辛贝神庙。于是，神庙复活了，而且与原来的模样如出一辙、别无二致，只是地点稍稍发生了改变。

值得一提的是，切割拆卸神庙颇有讲究，对技术和工艺水准要求很高。切割的神庙石块应尽量大，接缝则尽可能小。每个石块的重量一般为 20 吨至 30 吨。笔者在现场注意到，获得新生的阿布辛贝神庙正面的接缝全部用与石头同样颜色的灰浆补得严严实实的，看上去几乎没有留下任何切割过的痕迹。这也是重新组装神庙时的严格要求。不过，庙内的装饰面却故意使接缝处显得一目了然，这样，好使游客与后人联想起神庙非同寻常的搬迁过程，以及由此得到保护和重生的非凡过程与重大意义。

联合国教科文组织世界遗产部主任罗斯勒评价："神庙保护项目是人类保护历史文物的成功典范。这是一项非常了不起的巨大工程！"罗斯勒还说："阿布辛贝神庙的保护项目堪称联合国教科文组织——文化、科学与教育三者共同发挥作用的最佳案例。"

举世无双的"日照奇观"

令人叹为观止的是，3000 多年来，每年的 2 月 21 日和 10 月 21 日，即拉美西斯二世的生日和登基日，从东边沙漠中冉冉升起的太阳，总会将第一缕阳光准确无误地越过神庙的门洞，穿透 61 米长的甬道，照亮最里间小厅的神龛。柔和的旭日依次照拂在神龛上的阿蒙-拉神、拉美西斯二世和霍拉赫蒂神的脸上，而普塔赫神则由于负责掌管黑暗，光亮总是与它擦身而过。每年照射的整个过程不长不短，都是前后持续 20 分钟。这种匪夷所思的日照奇观，一直被埃及人称为"神光"，甚至被称为"太阳节"。

原来，在设计和建造阿布辛贝神庙时，古埃及人把当时最先进的地理学、天文学、物理学、星相学、数学、建筑学等知识巧妙地吸收和运用了起来，故意让阳光在拉美西斯二世一生最重要的两个节日掠过他的面庞，而阳光同时掠过的阿蒙-拉神和霍拉赫蒂神，则是作为拉美西斯二世的陪衬。司掌黑暗的普塔赫神，名副其实地永远处在黑暗之中，始终与阳光无缘。这无疑是古埃及人聪明智慧的结晶及高超建筑学、天文学水平的生动体现。

拯救阿布辛贝神庙时，科学家们为了保住奇迹般的"神光"，想尽了种种可以想到的办法，可谓"绞尽脑汁"，运用各种各样现代科学技术手段，经过精密的计算，并旋转了神庙的朝向角度，结果终于没有让这举世无双的太阳"日照奇观"消失。太阳的光芒依然能每年两次照耀神庙内室，绕过黑暗之神普塔赫，径直依次照亮三尊雕像的面容。遗憾的是，由于没有算精确，时间上出现了推后一天出现的误差，即"神光"出现的时间分别成了每年的 2 月 22 日和 10 月 22 日。

但无论如何，阿布辛贝神庙总算矗立至今，拉美西斯二世的巨大雕像依然威风凛凛，不可思议的"神光"也一如既往地每年两次如期而至。"拆割迁移后的神庙，朝阳依然能够穿过甬道，继续把晨曦洒到拉美西斯二世以及另外两尊神像的脸上，阿布辛贝的'神光'得以永驻。"埃及《共和国报》这样评论。

在埃及沙漠中寻找鲸鱼

由埃及首都开罗向南，沿着尼罗河西岸前行，大约一个多钟头，就到了有着"埃及粮仓"美誉的法尤姆省。在法尤姆省所属的沙漠深处，有一个叫鲸鱼谷的地方，那里，被联合国教科文组织列为"世界文化和自然保护遗产"。

鲸鱼谷位于沙漠深处

从法尤姆再往西，方圆几十公里的地域内，像明镜一样镶嵌着埃及第二大淡水湖——加伦湖。正午的阳光下，湖水微波轻拂，静静地倒映着两岸翠绿的草木和庄稼。由于周围湖区地势高低错落，这里形成了一些瀑布。从瀑布下面走过，淡淡的水若雾似纱般纷纷扬扬飘洒下来，像丝丝的细雨吹在人身上、石头上、草丛间。没有万马奔腾的磅礴气势，但那种似有若无的轻柔却让人感到很是惬意。

笔者向当地的农民开玩笑道："湖里是不是有鲸鱼啊？鲸鱼会不会在瀑布下面？"对方莞尔一笑，说不会的，鲸鱼既不藏在瀑布下面，也不在湖水下面，而是在鲸鱼谷，鲸鱼谷还得往前走呢。环顾四周，怡人的自然环境使得绿洲内植被丰富，尤其适合椰枣树生长。这些形态婀娜的椰枣树在众多树木当中如同温柔而靓丽的"女子"，其椭圆的果实带着蜡质的光泽，远看像用塑料做的假水果，咬到嘴里却"咔嚓"一声，带着点淡淡的甜味，正如其他沙漠水果一样，没有太多的水分，却富有营养。

离开加伦湖区，很快就到了"拉岩谷"自然保护区，与先前的青翠和湿润比起来，这里入目的全是戈壁和沙碛的褐黄色，也很干旱，越往前走就越显得荒凉。这样的环境实在与鲸鱼联系不到一起。然而，鲸鱼谷就位于沙漠的深处，据陪同我们的人说，由于地质变迁，这里几千万年以前还是一片海域，有成群的鲸鱼出没其中，所以得名"鲸鱼谷"。

鲸鱼谷的阿拉伯语叫"瓦迪·黑坦"，"瓦迪"是河谷，"黑坦"是鲸鱼的复数，说明当时这里鲸鱼的数量之多。果然，在沙漠腹地有一个"拉岩自然保护区游客中心"。我们上前观看，发现上面的文字说它建于 2001 年 6 月，实际上是一个地质博物馆，里面陈列着许多考古发掘，并有挂图和文字说明，将这一地区的地质和环境改变等情况详细地介绍给游客。

18 米长的鲸鱼标本

早在 19 世纪末 20 世纪初，埃及、德国、英国等国家的地质考古学家们就开始探索埃及的鲸鱼谷了，发现了相当珍贵的海洋古生物化石标本，如多刺鱼、鲨鱼、海蛇、海龟、鳄鱼、海牛和鲸鱼等。其中最珍贵的莫过于鲸鱼，而且他们发现，鲸鱼的种类有 5 种之多。

2005 年 4 月，美国密歇根大学的古生物学家菲利浦·金戈里奇在鲸鱼谷有重大考古发现。他率领的考古小组找到了鲸鱼骨骼化石，一块块连起来居然长达 18 米，并且"从脊椎到尾巴的整副骨骸"都可以完全地连成一体。关键还在于，经过科学考证，这种鲸叫"械齿鲸"，是太古代始祖鲸的一种，现在已经绝迹。

据介绍，械齿鲸由陆地哺乳类动物演化而来，它没有呼吸孔，却从其陆地祖先那里继承了一双小脚。这种鲸看起来很像大海蛇，却比海蛇珍贵得多了，它生活的年代至少在 4000 万年以前。考古学家说，械齿鲸具有极为珍贵的科学研究价值。

正因如此，菲利浦·金戈里奇一看到这种鲸的化石就兴奋不已。他决定把骨骸化石搬到密歇根进行保存加工，做深入研究，然后再带回埃及展览。因为这一考古引起了轰动，很快就被联合国教科文组织列入自然保护遗产名录。

本以为会找到鲸鱼呢，其实就是鲸鱼的化石。同时，迄今为止，鲸鱼谷的核心部分，也就是菲利浦·金戈里奇发现械齿鲸标本化石的地方，还没有得到真正的开发。那里地处沙海深处，交通不便，阻止了游人前去一识其"庐山真面目"。鉴于此，目前埃及有关部门正与意大利合作，准备在这一地区建造一座国家自然公园，以方便游客游览和探究。

不过，一路上开车陪同并保护我们安全的埃及旅游警察说，完全没有必要进去，那里不安全，需要四轮驱动的吉普车才勉强可以到达，即使这样，弄不好还会迷路，而且还得有文物部门的准行证等。看来真挺麻烦。警察还说，游客中心附近就有一处鲸鱼化石保护现场，它与械齿鲸差不多。

果然，离"拉岩自然保护区游客中心"侧门不远，有一圈被木桩和绳子围拢起来的沙土，上面摆放着一堆石块，乍看不起眼，细瞧，还真是鲸鱼的形状。只是比真鲸鱼要短多了，它们的个头儿甚至还比不上游客中心里展览着的化石标本呢。

从马特鲁到锡瓦

马特鲁是埃及西北部的一个边远省份，由于距离太远，开罗到那里长达 500 多公里，因此，一般游客很少光顾，失去了一个绝佳的旅游胜地。马特鲁确实是值得游览的地方，那里不但自然风光秀色可餐，而且还是曾经硝烟弥漫的"二战"主战场，更有恬静悠然、恍若世外桃源的沙漠绿洲……

马特鲁的蓝天碧海

由埃及北部地中海港口城市亚历山大驱车西行，约莫 4 小时，便来到了马特鲁，两地之间的距离约为 290 公里。一路上，右手边地中海的旖旎风光相伴而行，而到了马特鲁，美景达到顶峰。蓝天、碧海、沙滩、白云，令人难以置信埃及还有如此美丽、如此清澈和透亮的地方。其实，埃及地中海沿岸和红海沿岸，倒也不乏蓝天、碧海、沙滩、白云之地，但由于地理上的僻远，马特鲁的天显得更加蔚蓝，海水更加澄澈，沙滩更加细腻，白云更加透明，美得使这里的一切乍看上去都似乎有些虚幻而不真实，仿佛是用美图软件修饰出来的。

马特鲁的省会叫马尔萨·马特鲁，马尔萨在阿拉伯语中是港口的意思。它位于一个巨大的圆形海湾内，由一系列形成天然防波堤的岩石保护着，远离公海，是埃及地中海沿岸西部僻静宜人的一个好去处。

由于深度不同，这里海水的颜色从浅蓝、深蓝到绿色等不时切换，给人以变幻莫测、妙不可言的视觉感受。不规则的水下地貌形成了一个神奇的海底世界，里面有山脉、山谷和五颜六色的各种鱼类和藻类，组成一个五彩缤纷的海底世界。

湛蓝的天空，梦幻般飘浮着大朵大朵的白云，蓝天白云下，碧蓝的海水前，是长长的、柔细绵软的白色海滩。这里的海滩可以追溯到马其顿亚历山大时代，当时它被称为"帕雷托纽姆"，也被称为"阿穆尼亚"。经过岁月沧海桑田般的流变，今天马特鲁的海滩依然漂亮如初，长达 7 公里，最有名的是"奇迹海滩"和"爱情海滩"，两者被来过这里的欧美游客形容为"世界上最美丽的海滨景观"。许多人相信，埃及艳后克利奥帕特拉本人曾在马特鲁曼妙的沙滩上散步，并在这里宁静柔和的海水中沐浴过。

马尔萨·马特鲁是一个与开罗形成很大反差的地方。开罗大而杂乱，整个

279

城市的基调是灰色的，显得破破烂烂，缺乏生机和活力，甚至让人感到些许气馁。马尔萨·马特鲁则小而井然有序，干干净净。小城绿意盎然，又有蓝天和海水映衬，一切都显得那样静谧，那样和谐，那样生机勃勃。在这里，你绝不会感到任何气馁。

开罗和马尔萨·马特鲁两者的街景也不一样。开罗是国际大都市，有2000多万的人口，城市的大街小巷人头攒动、车水马龙、噪声不断、污染严重。马尔萨·马特鲁的街道两旁则多饭店、多咖啡馆、多工艺和纪念品店，少行人、少车流、少噪声和污染，整个城市的底色是祥和而欢快的。

气候更是差异较大。盛夏的开罗，气温最高达40多度，人在街上走着，仿佛置身烤炉或桑拿房里，那叫一个酷热难耐。马尔萨·马特鲁，却是有名的避暑胜地，当地旅游册子上说，这里夏天的平均气温仅为28摄氏度，与开罗真是天壤之别，让长期居住在开罗的人徒生"羡慕嫉妒恨"。开罗的冬天，气温最低时会降到零下，即使是通常的零上几度，由于寒风呼号，人也会感到丝丝凉意，有好几天甚至寒冷难耐。然而，马尔萨·马特鲁的冬天可就好过多了，这里冬季最低温度也在13摄氏度以上，对人体是一个适宜友好的温度，因此，这里称得上是四季皆宜的"春城"了。

1985年，考古学家在马尔萨·马特鲁近郊发现了一座古城，包括神庙、陵墓、浴场和贵族住宅等部分，据考证，这座古城建于古罗马时期。它是继亚历山大之后最大的考古发掘城市之一，成为令马尔萨·马特鲁居民引以为豪的历史事件。虽然如此，埃及是一个历史感"爆表"的国家，到处都是沉甸甸的历史，几乎每个城市、每个省都可以抖搂出令人刮目相看的东西来，因此，马尔萨·马特鲁的考古发掘似乎并没有引起多么大的轰动效应。好在，到这里的游客也并不是冲着这一点来的，他们对精致的海滩和蓝莹莹的海水更感兴趣；甚至，对现实中的马尔萨·马特鲁，比对历史过往更热情有加。

马尔萨·马特鲁的物价也要比开罗便宜得多，不但农贸市场的东西价格低得惊人，而且大商场的物品价格也不贵。可能受日照和土壤等综合因素的影响，马尔萨·马特鲁的石榴又大又红又甜，本来开罗的石榴无论卖相和口味都已经相当不错了，而这里的石榴则更高出一筹，并且由于明显的价格优势，更受到游客的青睐。笔者毫不犹豫地买了好几个，切开、入口，怎一个甜字和爽字了得，至今回味起来，仍是满嘴的幸福感。

"世外桃源" 锡瓦

埃及国土的95%都是沙漠，西北部沙漠尤其浩瀚无边，是中国台湾曾红极一时的女作家三毛笔下著名的非洲撒哈拉大沙漠的一部分。在这些沙漠中，有一些难得的绿洲，西北部与利比亚交界处不远的锡瓦绿洲，恰似镶嵌在撒哈拉大沙漠边缘的一颗绿宝石，璀璨而夺目。

锡瓦隶属于马特鲁省，位于低于海平面20米至30米的洼地中，长10公里，宽6公里至8公里。由于山高地远，人迹罕至，那里简直是"世外桃源"。到锡瓦绿洲，需要从马尔萨·马特鲁开车近5个小时，在茫茫沙漠和戈壁中行驶300公里后方可到达。正在被一路满眼的黄褐色磨得够呛，骤然间，出现一片诱人的翠绿，那便是锡瓦绿洲。

锡瓦绿洲可看的东西很多，梦幻岛、亡者山、法老庙、夏利空中之城、亚历山大神谕处、埃及艳后克利奥帕特拉沐浴池以及镇里镇外随风摇曳的椰枣林等，不一而足。"空中之城"在当地的语言中叫"夏利"，这里是锡瓦的制高点，曾经是锡瓦绿洲最早的居民区。现在它已经是小镇中心一座依土丘而建的废弃土城了。当时，整个族群为了安全而聚居在此，而随着人口的增长，密密麻麻的泥屋向上扩建，以简朴的外观、雷同的造型在绿洲中央形成了一座不可思议的空中之城。后来因为强烈的地震，房屋倒塌，居民被迫迁出，被遗弃的居民区就形成极其壮观的空中废墟。

事实上，锡瓦绿洲坐落于盖塔拉洼地和大沙海之间，是埃及最偏远的一个沙漠绿洲，不但风光独特，而且还有着悠久的历史和深厚的文化底蕴。据历史记载，早在公元前2000多年前，锡瓦绿洲就已经存在了。埃及第26王朝统治者就在这里建立了阿蒙圣谕所，当时的锡瓦神谕名扬天下。公元前6世纪，这里又修建了著名的阿蒙神庙，使锡瓦成为一处"神圣之地"。古希腊人将锡瓦视为不可侵犯的"神居之所"，还认为这里是上天神明直接对人类下达旨意的地方，更有人将这里阿蒙神庙里的祭司当成"神仙下凡"，因此，历史上的不同时期，来锡瓦虔诚朝拜的人络绎不绝、熙攘于途。

相传公元前331年，亚历山大征服埃及后，为了赢得埃及人心，确立希腊人统治埃及的正当性与合理性，便萌发了要朝拜锡瓦阿蒙圣谕所和阿蒙神庙的强烈愿望。于是，亚历山大克服沙暴、迷路、高温、缺水等诸多困难和不适，冒险进入锡瓦，表现出极大的诚意，以至阿蒙神谕所的主祭司都认为他是太阳神阿蒙的儿子，因此，君权神授，由亚历山大接掌埃及是天命不可违逆的大事。

亚历山大带着一支小部队，先是沿着地中海北岸西行，经过马特鲁，然后朝着西南方向的锡瓦前行。没有道路，满目都是茫茫沙漠和沉寂荒凉的戈壁。又时值盛夏旱日，火热的太阳悬在头顶上空，一行人马气喘吁吁、汗流浃背，他们带的水也很快就告罄了。危急关头，已经有感应的阿蒙神遣雨云飘来，降下甘霖，亚历山大一行的羊皮囊、瓦罐全储满了水。正要上路，突然刮起了可怕的沙尘暴，瞬间能见度降为伸手只能看到自己的五指，白天仿佛成了黑夜。队伍完全迷失了方向，众人面面相觑，惊恐骇然，不知所措。这时，天空出现了两只低飞的鸟儿。亚历山大见状，喜不自禁，他对随从说，此非寻常之鸟，定是阿蒙神派来接我们的向导，遂命令部队循着鸟的去向前进，果然，他们用这样的方法顺利到达了锡瓦。

与亚历山大对锡瓦的虔诚和尊敬形成强烈对比的，是传说公元前525年，波斯王冈比西斯二世征服埃及后，以"欲攻打阿蒙族，将他们贬为奴隶，并焚毁神谕所"为目的举兵侵犯锡瓦，结果，他的愿望落空，并受到上天的惩罚。一开始，5万波斯大军挥戈前行，浩浩荡荡，势如破竹，突然，天气大变，原先的朗朗乾坤一下子变得昏天暗地，仿佛瞬间坠入无边的黑暗之中。紧接着，沙漠中骤地刮起经久不息的罕见沙尘暴，于是，5万波斯精兵强将消失得无影无踪，像是从未来过，完全从人间蒸发了一样，留下一宗千古未解之谜。

锡瓦是一个质朴纯粹的小镇，有着独特的文化，一定程度上还保留着原始的风貌。生活在这里的居民是柏柏尔人，讲柏柏尔语。他们自制的编织物，是埃及的一绝。在这里，人们的主要交通工具还是驴车。锡瓦的婚俗也十分独特。据说，姑娘9岁就开始定亲，14岁完婚。其间，小伙子要不断向女方家赠送彩礼。新娘头上要编结很多样式怪异的发辫。其一半由娘家梳编，另一半需婆家人完成。姑娘的嫁妆是100件袍裙。所以，锡瓦人家一有女儿出生，母亲就要开始忙着为她缝制陪嫁的袍裙了。

在埃及，"锡瓦"牌矿泉水家喻户晓，纯正可口。锡瓦矿泉水便产自锡瓦，这里的水质之所以上乘，是因为锡瓦历史上是有名的泉城，现在，锡瓦小城里仍有2000多处泉眼。许多泉水从几百米的深处自然流出，加之这里从来没有受到过任何工业污染，所以泉水清冽，甘甜可口，质量极佳。锡瓦清澈泉水还浇灌出埃及最好的橄榄树和椰枣树，它们的数量达近百万棵，密密麻麻地长在一起，蔚为壮观。

值得一提的是，埃及艳后克利奥帕特拉，也常常到锡瓦沐浴，有学者甚至说，正是锡瓦清纯的泉水塑造了这位末代女王的美体美貌。今天在锡瓦，仍有她洗澡留下的遗迹，名字就叫"克利奥帕特拉沐浴池"，与里面的水汩汩地从地下冒上来，透明、清净极了。除了泉水，锡瓦还有富含硫黄的温泉，克利奥帕特拉当初也曾用它沐浴。现在，锡瓦城里仍有很多这样的温泉，不过大多是天然的，还没有被完全开发，笔者在锡瓦城东的一处温泉下水试了试，感觉神清气爽、心旷神怡，据说，这种温泉可以有效地治愈各种皮肤病等，对身体有诸多裨益。

翠绿无比的锡瓦城外，是茫茫沙漠。作为游览锡瓦的配套项目，到这片沙漠中冲沙是颇为刺激和令人兴奋的一项活动。笔者是开着四轮驱动越野吉普车来到锡瓦的，但到了这里才发现自己的水平有限，感觉没法在沙漠中像专业驾驶员那样游刃有余地纵横驰骋，于是索性租了一辆"路虎"牌四轮驱动越野车。锡瓦城外沙漠的沙子柔软、嫩细，很有特色。不过，这里简直是沙漠的世界，或者说是沙漠的海洋，除了一望无际的沙漠以外，还有高高的沙山。司机是一位有些上了年纪的人，但他开着"路虎"车虎虎生威，那个生猛劲儿一点不亚于小伙子。

其实，司机和导游就是吃这碗饭的，他们有的是经验。"路虎"车先是拉着我们在平坦的沙漠中行驶，车速飞快，如入无人之境，前面的沙漠扑面而来，两耳的风声呼啸而过。接着，司机来到沙山前，稍微调整了一个速度，挂上了低一些的挡，然后，加足油门，往上冲去。当"路虎"冲到沙山的半山腰时，我们真的失重了，不但失重了，而且还有一种像是失去心跳的感觉。一时间，尖叫声、欢呼声此起彼伏，满车厢都是。本以为车注定要侧翻了，却有惊无险，安然无恙，原来，沙丘是软的，车子又是四轮驱动，只会顺着斜面滑下去，从而保证了万无一失。当"路虎"冲到山顶时，惊险的冲沙并没有结束，事实上才完成了一半，接下来，"路虎"车还要马不停蹄地往下俯冲，速度比刚才上山时快多了，而且几乎往下去的沙坡都是陡立的，看起来像是直上直下的样子。笔者下意识地扶紧了车厢内一切可以用来手扶的东西，但司机"我行我素"，飞速往下俯冲而去……

这就是所谓的"冲沙"，就是开着四轮驱动的吉普车在起伏不断的沙丘之间狂飙，冲上坡度高达四五十度的沙丘，然后迅猛地快速俯冲下去，体验短暂的失重感觉，简直是惊心动魄。

除此以外，锡瓦还有一项流行的项目，就是这里颇得一试的"沙漠疗法"。锡瓦绿洲所在的中心地带叫锡瓦城，小极了，或者干脆称之为锡瓦小镇更确切些。如果是开车，用不了几分钟就把整个城镇都转完了，来到城边，与浩浩沙漠接壤的地方，则可以找到做沙疗的场所。

笔者来到一个写着"锡瓦沙疗之家"的地方，小门帘，小规模，条件和设施也比较简陋，像是私人开的。一个名叫阿卜杜的工作人员热情地领着笔者进去，他给我倒了一杯阿拉伯红茶，然后介绍道，锡瓦终年气候干燥，又被茫茫沙漠环绕着，所以具备良好的沙疗环境和条件，而且效果很好，然后竭力劝我试一试。

　　笔者说我先看看吧，他说现在时间还早，还没有人来，所以没法看，只有自己亲自试一试了。笔者想了想，恭敬不如从命，既来之则安之吧。于是，阿卜杜高兴地给笔者拿来一套白色浴巾让我换上，我脱下衣服，披上浴巾，开始被他操控着进行沙疗。

　　沙漠上有事先挖好的坑，阿卜杜让笔者跳下去，然后一点点地将沙子往我身上埋。虽然是早上，但被太阳照晒的沙颗表面仍然是滚烫的，但沙子表层里面却很凉爽温润，人体先是接受滚烫的刺激，紧接着迎接凉爽温润的抚慰，大有冰火两重天的舒适感。阿卜杜把节奏控制得恰到好处，热的和凉的沙粒交替摩擦着笔者的皮肤，起到了很好的按摩作用，同时，沙子里富含大量的矿物质，对促进血液循环和皮肤保健都十分有益。

　　阿卜杜说，除了治疗皮肤病和增进皮肤保健外，锡瓦的沙疗还对治疗风湿症、关节炎等疾病颇有奇效，对高血压也有一定的辅助疗效。难怪，笔者从埃及报纸上看到消息，沙疗是集热疗、磁疗、日光疗、放射疗和自然按摩疗法于一体的综合理疗法，这也算是促进埃及旅游、吸引游客的一个新举措。

08

几

纵论天下

擦亮城市记忆的底色

2020 年，埃及文化部出台了一个名为"城市记忆"的开罗古城系列保护计划，意在通过此举，守护首都的文化古迹，记住城市的辉煌过往和悠久历史，尤其是以"城市记忆"为切入口，打捞被岁月尘埃封闭的老街逸事、名人故居和文化余韵，从而达到提升民族自豪感、弘扬正能量和助力经济发展等目的。

在具体做法上，主要有两个"抓手"。一是为古迹街道"树碑立传"，二是为名人故居"编码存档"。前者的正式名字叫"街道故事"。笔者发现，如今，在埃及主要的历史街道上都有使人眼睛一亮的牌子，上面用阿拉伯语和英语醒目地写着"街道故事"，标题下，两种文字清晰地描述着街道的起源、来历和曾经发生在这里的文化事件等，语言清新、简洁明了，路人只消驻足一分钟，便可对这条街道的前世今生和来龙去脉了如指掌。后者也叫"蓝牌子"，行人走在街上，经常会看到某处沧桑古朴的建筑墙体上镶嵌着一块圆形的蓝色牌匾，上面用阿拉伯语、英语两种语言写着"居住于此"的字样，记述着曾经在这里居住和生活过、对埃及历史文化和艺术等产生过重要影响的著名人物，柔和宜人的蓝色牌匾上，除了主人的姓名外，还有其生卒年月、居住于此的具体时间段、生平简介等，言简意赅，令人印象深刻，甚至过目难忘。

开罗历史绵长，文化辉煌，有着"城市之母"和"阿拉伯文化之都"的美誉。早在 1979 年，开罗古城即被联合国教科文组织列入世界文化遗产名录。站在开罗城东萨拉丁城堡的最高处俯瞰开罗，整座城市仿佛是一本徐徐翻开的厚重古书。脚下就是大片大片的古城街区，每个街区、每条小巷，都是一帧帧弥漫着沧桑岁月感的发黄书页。气势恢宏的爱资哈尔清真寺、至今依然保持着中世纪风格的汗哈利利市场、浸透和浓缩了埃及历史风云史的阿布丁宫……这些历史古迹和街区虽然闻名遐迩，但仍有必要为之"树碑立传"，以唤醒习以为常甚至无动于衷的人们的文化记忆，也为外国游客提供一份随处可得的贴心介绍。

名人荟萃、大家云集，是开罗历史文化的一大特色。享誉阿拉伯世界的文学大家、诺贝尔文学奖获得者马哈福兹，民族歌曲红遍整个中东地区、有着"东方之星"美名的著名女歌唱艺术家乌姆·库勒苏姆，笔耕不辍、影响埃及几代人的"尼罗河诗人"陶菲克·哈基姆……这些响当当的名字虽然如雷贯耳，然而，在市声喧嚣日甚、现代节奏不断提速的环境下，芸芸大众熙来攘往，终日忙于日常生计，能为文化名人稍稍驻足，聊以默念和缅怀历史文化名人者有几多？如此看来，为这些民族精英挂起"蓝牌子"，为他们"编码存档"，不失为一个好的做法。"蓝牌子"可以使人在不知不觉间与名人邂逅，提醒他们，曾经，这里居住着国家复兴的先驱、民族振兴的栋梁和文化复苏昌盛的伟人……

历史文化是国家的血脉，是民族的根基，是人民的精神家园。作为城市基本单位的街道，则是城市"历史记忆的符号"和"城市文化发展的链条"。如果符号褪色、链条断裂，那么，国家民族的根脉、人民的精神家园就失去了重要依托和有力支撑。因此，保护好古街道，守护好名人故居，擦亮城市的历史记忆符号，勒紧城市文化发展的链条，就显得十分必要和迫切。在对历史文化峥嵘过往的钩沉回望中，可以振奋民族自信心和自豪感，从而铆足了劲，更好地为建设当下、创造美好未来增砖添瓦。

新月与十字

由埃及首都赴开罗国际机场的路上，驱车在 10 月 6 号桥上行驶，但见沿途两侧，相隔不大远的距离就会出现一座基督教堂。基督教堂上肃穆的十字架，堪与清真寺的新月媲美争辉。尤其是在埃及处处司空见惯的清真寺，骤然间看到巍然矗立的基督教堂以及神圣的十字架，着实让人一下子觉得十分醒目，仿佛看到了繁星闪烁的夜空陡然乍现的皓月。

10 月 6 号桥是开罗最长的桥，由于是高架桥，整座桥体都高出地面许多，走在上面像是在云中穿梭，因此车在桥上行，两边的高楼都与人齐肩甚至更低，不用远视，座座基督教堂就能清晰地扑入眼帘。那一栋栋饱经岁月洗礼的宗教建筑，仿佛就是一本本站着的历史，向人们无声诉说着它们所经历的一切故事。一个十字架过去了，又一个十字架继之而来，像是翻开了沧桑历史画卷新的一页。

教堂看完了，书卷合上了，但笔者心中却仍开启着这本有关宗教的历史书卷。人在开罗生活久了，发现不光机场路的两侧基督教堂云集，而且其他地方也不乏基督教堂和十字架的踪影。我还发现，在埃及，基督教和伊斯兰教相处得十分和谐，约占全国居民 15% 的基督教徒可以自由自在地保持着自己的宗教传统和习俗，无拘无束地履行他们的宗教义务。一个初来乍到开罗的人，会在听到高音喇叭一天五次呼唤穆斯林做礼拜的同时，看到在一座座造型各异的基督教堂里，虔诚的基督教徒正在管风琴的伴奏下，深情而抑扬顿挫地吟唱他们对主的赞美诗。

"9·11"事件后，阿拉伯人的形象被扭曲和损害，总有一些西方人对阿拉伯和伊斯兰文化存在着疑虑和猜忌，认为伊斯兰是与基督教相抵牾的，甚至是水火不容的。笔者想，持这种偏见的人，应该到埃及实地看看，这也许有助于他们对伊斯兰有一个更加全面和客观的认识和了解。

更令人慨叹的是，一些标榜民主和自由的西方政客，认为伊斯兰文化是"低劣文化"，伊斯兰教具有强烈的"排他性"和"进攻性"，应该加以改造。而实际上，人类文明是各民族文化相互吸纳、借鉴和融合的综合体，不同民族的文化本身只有个性和特色的差异，无所谓高下优劣之分。至于说"排他性"和"进攻性"，更是站不住脚。埃及是典型的伊斯兰教国家，但它允许基督教大张旗鼓地存在，表明这个国家的文化是多元的，是敞开胸怀和包容的，在这里，清真寺顶端的"新月"与基督教堂上的"十字"并行不悖，这还不能说明问题吗？

对此，笔者还想补充的是，在开罗，有一个名叫"马尔古斯"的连锁店，那是专门卖猪肉的食品店，开罗许多城区都有它的分店，非穆斯林在这里生活，应该是比较方便的。自然，连锁店是由基督教徒开的，他们被允许开猪肉专卖店本身，就折射出许多内涵和意义，而伊斯兰教的包容性和宽容性，无疑是其中最为突出的一点。此外，埃及基督教徒自己办的报纸《我的祖国》，能够与官方报刊同时出现在各大报摊和书店里，根本谈不上受排挤、被进攻。

其实，伊斯兰教和基督教的教义并不冲突，在阿拉伯国家，作为基督教象征的十字架不但不会遭到鄙视，反而颇受一些穆斯林的青睐。好莱坞资深影星梅尔·吉布森导演的第二部作品《耶稣受难记》在美国公映时，曾一度引起巨大轰动。阿拉伯不少国家其后也引进了这部大片。据阿拉伯媒体报道称，十字架上的"伊萨"（耶稣）深受伊斯兰宗教人士、诗人和作家的爱戴，尤其是耶稣被捕、遇难和复活的过程，得到了许多阿拉伯穆斯林学者的同情。

早在2004年9月，伊斯兰文化的权威代表机构——伊斯兰教科文组织就发表公报，强调伊斯兰国家应加强与西方世界的文明对话、沟通与合作，以携手传播正义与和平的文化理念，使人类文明和谐并存，共同发展。无疑，这话表达了阿拉伯伊斯兰国家的共同心声，也是对埃及"新月"与"十字"交相辉映现象的理论归纳和高度肯定。

传统饮食与西式快餐

这些年，埃及首都开罗的街头，各式各样的洋快餐店渐渐多了起来，什么肯德基、麦当劳、热狗、比萨饼等，在交通要冲或十字街头都不乏它们标志性的踪影，让人感受到埃及这个文明古国在全球化进程中与外部世界的融合越来越密切。

其实，这本也不是什么坏事，西式快餐早已成为全球饮食文化链的重要一环，在世界各地比比皆是，埃及越来越多的人吃西式快餐，也说明他们的生活水平提高了。令埃及学者们警惕和担忧的是，众多形形色色的洋快餐已经给埃及的传统饮食业构成了巨大的压力和冲击。

在阿拉伯国家联盟大街的繁华地段，好几家快餐店毗邻而建。笔者发现，在比萨饼、肯德基等快餐店里食客如潮、人头攒动、好不热闹，而旁边的一家本地餐馆则门可罗雀、人气不旺。出于好奇，笔者进入这家阿拉伯餐饮店，因为吃过几次肯德基和比萨饼快餐，相比较而言，笔者发现这里的阿拉伯饭更加实惠，各类诱人的凉拌菜和可口的霍姆斯酱等全是免费的，基本上只要交主餐肉类的钱即可饱餐一顿，可是，来这里就餐的客人就是不太多。

笔者问一个叫萨米尔的服务生，为什么会出现这种情况呢？小伙子说，大概是人们觉得吃外国的东西可以换换口味，而且更能体现时尚感吧，自家的饭菜从小吃到大，现在每天还在吃，自然就没有什么新鲜感了。萨米尔说的这种心理，可能具有一定的代表性，它促使人们渐渐疏离传统的饮食，而对"舶来食品"心存好奇和偏爱。

开罗爱资哈尔大学食品学教授穆斯塔法·努法尔认为："发展中国家往往处于发达国家食品文化的统治之下，西方国家的食品文化目的就是抹去我们对传统食品的记忆，而他们借着食品全球化，几乎实现了这一目的。"努法尔的话也许有些言过其实。因为在开罗，当地的传统食品并非完全无人问津。事实上，由于低廉的价格，传统饮食仍吸引着大批低收入群体。当然他们不是为了附庸风雅、追求时髦，仅仅是为了果腹罢了。

但洋快餐挤压传统食品的现象的确给人们敲响了警钟。据报道，外国快餐店不光抢滩开罗、亚历山大等埃及大城市，而且正在向埃及中小城镇和乡村渗透。一些学者指出，当地的小吃不断受到挤压，有的味道受洋食品的影响变了样，有的甚至濒于灭绝，一些传统餐厅为了吸引食客，也盲目地向西式快餐店看齐和靠拢，取个不伦不类的外国名字，这使得埃及的传统饮食文化有被边缘化的危险。

比如"库希利"，这是埃及的特色美食，由米饭和空心粉制成，配有大量的醋、圆葱、豌豆、柠檬、橄榄油和辣酱等原料。一位埃及朋友告诉笔者，原来只有在专卖店才能吃上正宗的库希利，现在它却走进了快餐店，而且也开始有外卖服务了。又如一种叫"塔阿米叶"的炸蚕豆饼，大致相当于我国的素丸子，是典型的埃及传统吃食，现在一些旅游饭店开始往里加肉末和鸡块，然后炸着吃，让人不知道它到底是什么玩意儿。对这些现象，埃及学者多有批评之声。

由于洋快餐多了，人们的饮食取向又缺乏引导，许多人在缺乏营养或营养不均衡的状态下生活。研究结果表明，西式快餐属于高脂肪、高盐、高热量的"三高"食品，国外甚至有人管它叫"垃圾食物"。据报道，一份传统麦当劳快餐的食物结构中，脂肪占总能量的36%至52%，蔬菜却少得可怜，纤维素和蛋白质都不尽如人意。据媒体报道，由于洋快餐还缺乏铁元素，许多经常吃这些快餐的埃及人都患上了不同程度的贫血症。对此，埃及学者呼吁人们健康和均衡地饮食。同时他们还认为，由于经济发展上的差异，双方在饮食文化的交锋和碰撞中，发展中国家毕竟是吃亏的和处于弱势的一方，所谓的全球化，其表现特点之一是单向的。他们特别强调，应该向中国、韩国、印度取经，学习这些国家如何保持传统饮食文化的经验。

值得注意的是，一方面洋快餐以迅猛之势进军世界各国，冲击当地传统饮食业；另一方面，欧美国家与此同时却在加倍努力保护本国的特色食品。传统食品和西式快餐之争反映出来的不单单是饮食文化本身，从深层意义上来说，它向包括中国在内的发展中国家提出了必须认真思考和解答的问题：在不断深入发展的全球化进程中，如何吸收外来文化的精华，抵御外来文化的糟粕？如何保有传统文化的特色，而不迷失自我，不被全球化的浪潮所淹没？

埃及的文化名片

2005 年 2 月上旬，美国一个考古队在埃及南部卢克索的帝王谷，紧挨著名的图坦卡蒙法老墓不到 8 米的地方，发掘出一个重要陵墓。据初步推测，这个重见天日的墓葬已在地下尘封了 3000 多年，属古埃及的第 18 王朝。这座单室陵墓包括五个木棺，其中一个木棺内的女主人脸部还绘有彩绘，虽历经数千载的沧桑，却依然生动逼真。中东媒体评论称，埃及又向世界亮出了一张厚实的文化名片。

"文化名片"的说法形象而生动，契合埃及文明国家的特色。作为诞生人类文明第一缕曙光的地方，埃及境内有不少迄今仍足以傲视世人的"文化名片"。第一张名片，无疑就是金字塔，开罗近郊吉萨高地胡夫国王及其子孙的三座金字塔，是世界古文明的结晶和人类祖先聪明智慧的集中写照，三座金字塔的名片效应早已深入人心。第二张名片，当数与金字塔毗邻的狮身人面像了。从古代一直矗立至今的狮身人面像，它的眼睛仿佛可以洞察世间的一切，在它面前，没有人不感到自己的渺小和微不足道，连一代枭雄拿破仑看到它也不得不低下骄傲的头颅，他指着狮身人面像对手下的士兵说："瞧啊，埃及几千年的文明在蔑视着我们！"

接下来的"文化名片"还有不少，诸如帝王谷、王后谷、木乃伊、象形文字、宫殿、神庙等，一张比一张亮丽。其中值得一提的是，1922 年，当少年法老图坦卡蒙的陵墓被英国学者发现后，在西方引起强烈轰动，被学术界视为"20 世纪最伟大的考古发掘事件"。当时，英国考古学家霍华德·卡特是在帝王谷里所有法老的墓室都被盗贼发现并偷掠一空的情况下，锲而不舍地坚持挖掘多年才最终完成这一石破天惊般考古发现的。正当卡特为山重水复疑无路的困境折磨得打算放弃时，图坦卡蒙的葬身地显现了，埃及最新一张气势恢宏的名片问世了。

打那以后，在数十年的时光里，人们在帝王谷再也没有捕捉到新的发现，普遍认为深藏在那里的墓室已被挖掘殆尽。孰料，美国田纳西州孟菲斯大学的考古队，自 1992 年开始一直坚持考古作业，终于不可思议地将又一张璀璨的埃及文化名片挖了出来，并浓墨重彩地展现在世人面前。

埃及的不少文化名片早已走向世界，充当着文化交流和文明融合的使者。

在巴黎、罗马、伦敦和纽约等世界一些名城的市中心广场，都耸立着高大的方尖碑，当人们为这些个头惊人的庞然高物啧啧称奇时，也许会隐约记起，它们都来自埃及，是充满智慧的古埃及人雕凿打制的，那碑身昂然屹立、碑尖直插云霄的形象，不正是一张张具象化了的古埃及文化名片吗？

埃及文化名片有三大特点，一是历史悠久，二是充满神秘，三是气势非凡。这些特点足以让这些特殊的名片熠熠生辉，光彩夺目，足以使它们身价倍增，足以让外国人颔首认可。埃及政府也很会使用这些名片，靠它凸显自己作为文明古国和文化大国的形象，靠它凝聚和光大民族精神和国家兴盛的动力，靠它为国家的经济建设赚取大把外汇。为此，埃及经常到欧洲、美国等国家举办"国宝展"，向世人展示他们的文化名片，效果颇佳，创汇不菲，进项多多。

由于受到埃及文化名片的吸引，世界各地的游客向埃及纷至沓来。即使频频遭受恐怖袭击，甚至是新冠肺炎疫情的冲击，他们也没有却步和畏缩。疫情的肆虐、恐怖事件导致的鲜血和伤亡，都阻挡不住他们探寻人类文化源头、触摸埃及文化名片的愿望和决心。文化名片效应已使旅游成为埃及这个泱泱文明古国国民经济的四大支柱产业之一。有埃及媒体戏称，文化名片仿佛是会下蛋的鸡，给埃及带来源源不断的财富……

法努斯和红灯笼

埃及每年都过斋月，斋月期间，人们除了白天不吃不喝，以庆祝这个喜庆、吉祥和尊贵的"拉马丹"月外，还要挂起一种名叫"法努斯"的特殊灯盏，那便是"斋灯"。每当暮色四合、夜晚降临，开罗的家家户户、大小商店，五颜六色的斋灯争奇斗艳、流光溢彩、一片通明，把整个城市点缀得如同到了童话世界一般。

埃及人挂斋灯的习俗已有上千年的历史。相传，早在公元 10 世纪的法蒂玛王朝，一个漆黑的斋月里，征服开罗的阿拉伯大军正在进城，孩子们好奇地手提明灯，站在路边观瞧。大军前面的路被照亮了，顺利地进入开罗城内。为纪念这一天，打那时起，开罗的人们便代代相传，到了斋月一定要将明亮的"法努斯"高高悬起。

埃及人的斋灯"法努斯"

望着法努斯，很容易让人想起中国的红灯笼。实际上，埃及人看重开斋节就像中国人看重春节一样，虽然法努斯的形状通常是四边形、六角形和菱形的，与中国圆圆的大红灯笼在外观上不尽一致，但两者的寓意颇为相近。"法努斯"，其阿拉伯语含有"光明"之意，埃及人坚信"法努斯"能够照亮前程，带来吉祥和好运。而中国的大红灯笼，同样蕴含着吉祥、团圆、带来红红火火的好运之意。

传统上，斋灯都是埃及人自己制造的。做斋灯是埃及历史悠久的手工艺行业，埃及靠做斋灯谋生的手工艺人多达 50 万，其中不少家庭还是世代相传的。出乎他们意料的是，他们的产品受到了来自中国的竞争。眼下，中国产的斋灯已成功地在开罗抢滩登陆，受到当地人的青睐，恰如红灯笼在中国受到欢迎一样。

中国来的斋灯之所以走红，除了便宜的价格、优美的外观等优势外，根本原因恐怕还在于它切合了阿拉伯的人文社会环境。中国厂家在恪守阿拉伯传统风格的基础上，采用由集成电路控制的电子芯片录制《古兰经》片段、《圣训》选读、伊斯兰故事以及当下流行的当红大歌星的歌曲等，很能吸引当地人。

埃及斋灯设计师法赫米认为，埃及斋灯无法与中国产的相比，埃及多是手工作坊，沿袭 19 世纪简陋工艺流程，有的甚至还是蜡烛的和燃油的，既严重落后，产量也小。更有埃及文化学者撰文："我们的法努斯产业许多年来一直没有更新，还停留在法蒂玛时代，被来自红灯笼故乡中国产的斋灯征服了，我们缺的是不是红灯笼式不断开拓进取的精神呢？"

看来，埃及人已经在反思了。其实，法努斯和红灯笼都承载着深邃的民族文化内涵，各有千秋，应该是并行不悖、相映生辉的。据统计，每年埃及斋灯的消费量达 100 万盏，还有大量斋灯出口海湾等阿拉伯国家，这一传统民族手工业每年可创造大约 1 亿美元的价值，有着巨大的利润空间，堪称一块大蛋糕。埃及经济部门的一位高官说，埃及斋灯要想迎接中国同类商品的竞争，占领市场主动权，就必须制定全新的发展策略，尤其应该向红灯笼看齐，虚心学习中国新的工艺技术。

埃及这种奋起直追的精神令人敬佩。有识之士认为，中国斋灯给埃及带去的是光明和竞争，不但不会摧垮埃及这一民族产业，相反倒会给它注入新的更大的活力，促使它革新工艺，升级质量，像凤凰涅槃那样得到新生。竞争、融合、发展、共赢，这是经济发展的正确轨道。愿法努斯和红灯笼融合辉映后，迸发出更加璀璨的光芒。

金字塔下话文明旅游

　　夏日的埃及燠热难耐，位于吉萨高地的金字塔前更是温度蹿高，游客们在似火骄阳的毒晒下，不一会儿就目眩神昏，汗流浃背了。

　　"他妈的这叫什么天气呀，简直热死人了，这鬼地方，不就是一堆破石头、破坟墓嘛，有什么好看的，早知道打死我也不来了！"说话的是一位约莫 30 岁的男子，大腹便便的身材使他中气十足，声音洪亮，老远都让人听得清清楚楚。笔者正在金字塔边出售纪念品的小摊上挑选礼品，循着声音瞧去，只见和高嗓门男子在一起的，还有另外几个中国人，有男有女，但就这位的嗓门最大，还老重复着同一个意思，对同伴中想劝他、制止他再说话的人置之不理。

　　"他为什么这么大声音？是不是生气了？为什么生气呢？"摊主哈米德不解地看着笔者问。我支支吾吾，但在他的坚持追问下还是说出了实情。"天气热？没错，可埃及每年夏天都这样啊，为什么不事先了解了解，怕热，可以秋天、冬天来啊。"哈米德说，"破石头？破坟墓？确实是这样，可他不觉得正因为破旧，才可以更好地体现人类古老的文明，才更有游览和凭吊的价值吗？"

　　笔者被问得无言以对，面带窘态，只好低头筛选纪念品，默默听着摊主带有不满的唠叨。这时，几个中国人来到了与我相隔两个摊位的另一个工艺纪念品的摊前。他们很兴奋，你一句我一语地吆喝着，相互交流着对纪念品质量和价位的看法。其中的一位女子看中了镶有埃及古代大美女纳芙蒂蒂像的银饰项链，谈了半天价，终于把要价 100 埃镑的工艺品砍到了 40 埃镑。摊主无奈地耸耸肩，表示成交，可当摊主把项链用盒子精心装好准备递到对方手里时，那女子却突然变卦不要了，而且态度十分坚决地一走了之。

　　这下，摊主很生气，冲着渐行渐远的几个人的背影直嚷嚷。连笔者所在摊位的摊主也看不下去了，他说，怎么会这样呢？说话一点也不算数，讲好的事还出尔反尔，太不像话了。我知道，哈米德说得对，在埃及，摊主卖东西时要价会有很大的水分，你完全可以压价，要是有本事，压多低都成，但一旦谈妥价格，双方就得信守无形的承诺，如果到头来不买，会被人鄙视。也许，国内来的同胞还不知道埃及的这一习惯吧，所以才出现这样的尴尬局面。我把这个想法告诉了哈米德，好得到某种开脱。

　　虽然哈米德不再说什么了，可笔者的心里仍然是空落落的，毕竟，这不是什么光彩的事情，就算是在国内，跟人讲定了价钱，临了却拍拍屁股走了，全然不当一回事，多多少少是不是也存在着诚信缺失方面的问题呢？说实在的，这几位游客大热天来埃及，真是挺不容易的。不过，他们好像没有计划好时间，如果弄清楚埃及的夏天热浪扑面，简直没法出门，可能就不会贸然选择在大暑天来埃及旅游；或者，来了之后也有思想准备，不至于怨天尤人，看什么都不顺。他们，起码是那位高嗓门的男子，好像事先也没怎么研究金字塔，所以才发出"破石头破坟墓不值一游"之类的牢骚。如果了解了埃及古文化的真谛，临行前尽可能多地看一些相关书籍和材料，旅游的感受和效果会完全不一样。

以上是笔者在金字塔前目睹的一幕。此外，就旅游文明中的问题，还有一些事例令人难忘。一是有关小费的。小费在埃及方言中叫"巴革喜喜"，这个词，游客在埃及的任何地方都会轻而易举地听到，似乎如影随形。不少埃及旅行社的人都对笔者直言不讳地说，中国人太小气了，不舍得往外掏"巴革喜喜"。在这个问题上，无疑有文化差异。在埃及，给小费属于施舍的范畴，而在伊斯兰教中，施舍是一种美德，《古兰经》大力提倡人们广为施舍。加之埃及穷人多，小费是他们的主要生活来源之一。因此，能给他们"巴革喜喜"，还是给吧，反正也费不了几个钱，但换来和得到的尊敬却是巨大的。

还有一个问题，是有关洁身自好的。一个名叫艾哈迈德的埃及导游告诉笔者，他在接中国旅游团的过程中，不时会有人问他"哪里可以找到按摩"，甚至"哪里有女子按摩"等。对此，艾哈迈德说他很反感，他说："难道这里是泰国吗？要知道，我们是伊斯兰国家，根本就没有这样的场所。"

艾哈迈德说得有道理。事实上，埃及作为一个阿拉伯伊斯兰国家，虽然世俗化和开放程度比其他阿拉伯国家要高，但社会习俗和文化传统依然严格尊奉伊斯兰的教规教义。在首都开罗，连理发店都是男女严格分开的，没有一家是混合的，一副井水不犯河水的阵势。至于西方司空见惯的声色犬马等场所，这里压根儿连影子也见不到。向对方提出这种"女子按摩"要求实属非分，也难免过分了，肯定会触怒穆斯林的感情，被对方小瞧。所以，奉劝准备来埃及的朋友，还是趁早打消这种不切实际的念头，老老实实做一个洁身自好、文明健康的游客吧。

拯救地中海刻不容缓

地中海位于亚、非、欧三大洲之间，是世界最大的陆间海。那里曾是人类文明的发祥地之一，并以旖旎的风光和金色的海滩闻名于世。然而眼下，这片美丽的水域正在经历着越来越严重的污染。

绿色和平组织和西班牙的一个海洋研究机构曾联合公布了一份调查报告，报告数据显示，地中海每立方米的水中垃圾竟多达 33 种，在污染最为严重的水域里，每升海水的碳氢化合物含量已高达 10 克以上，此外，每年有 40 万吨石油等废弃液体被排放进地中海。地中海的容貌正在变形和扭曲，蔚蓝色的水域正在沦为地地道道的"海洋垃圾场"。

海洋生态科学家指出，泛滥、无度的人类活动以及胡乱倾倒垃圾等，是造成地中海海水污染的重要原因之一。地中海作为陆间海，风轻浪缓，拥有许多天然的良港，自古以来海上贸易就十分发达。同时，作为世界三大洲的交通枢纽和往来于大西洋、印度洋和太平洋三大洋之间的捷径，地中海注定要成为全球运输最繁忙的海路。

现在，地中海除了在海中有马耳他和塞浦路斯两个岛国以外，四周沿岸还有法国、西班牙、意大利、摩纳哥、阿尔巴尼亚、土耳其、希腊、阿尔及利亚、突尼斯、摩洛哥、叙利亚、黎巴嫩、巴勒斯坦、埃及、利比亚 15 个国家，生活着 1.5 亿以上的居民，每年还有 2 亿多的游客光顾这里。同时，现在每天大约有 2500 艘各种货船在地中海航行，西欧进口的石油约有 85% 是取道地中海运送的。

巴塞罗那大学生态学教授琼·罗斯认为，人口的密集、商业的兴盛、航运的繁忙，已经使地中海"不堪重负"，而工业废品和生活垃圾的肆意倾倒和排放等行为更使地中海海水脏乱不堪，生态和环境受到致命破坏。他指出，地中海海底每公里残留 1900 多种人类活动产生的垃圾，甚至经过化验发现，从地中海中捕捞出来的鱼类和海产品都遭到了污染，尤其是一些海域的金枪鱼和剑鱼，由于长期受到污染，体内含有对人体有毒的物质。

报告显示，地中海海底的垃圾主要包括塑料瓶、金属盘子、钓具、高尔夫球、牙刷和刀叉等。对此，绿色和平组织负责人马里奥·罗德里格兹指出："毫无疑问，是我们人类把这些垃圾丢进海洋的。"他说，可怕的是，这些垃圾在海底至少要经过 450 年才能分解完，这将对地中海的海洋生态和周边环境造成持久性的破坏。

此外，德国一些科学家还指出，由于地中海位于全球风流的交汇口，这导致它的上空经常聚集着大量污染物，因此，空气污染也是致使地中海生态恶化和污染越来越严重的原因之一。研究发现，地中海的二氧化碳和悬浮颗粒物等几种关键性污染物指数大大超标，是世界其他地区的 3 至 10 倍。这对地中海的环境无疑是雪上加霜。鉴此，有识之士强调，地中海已成为目前世界上最脏的海洋，拯救地中海的工作迫在眉睫，刻不容缓。

让斋灯永远璀璨

斋月是全球穆斯林十分神圣的节日，其规模、声势和热闹劲头等，都与中国的春节有些类似。斋月期间，埃及家家户户的房前屋后都要悬挂斋灯，斋灯是斋月里的标志性和代表性装饰品。

笔者的居所附近，就有一家斋灯专卖店，那里各式各样的斋灯琳琅满目、应有尽有，每天晚上笔者在店前散步，总会看到无数斋灯摇曳闪烁，把四周映照得一片璀璨。不过，笔者发现，奇怪的是，柔和、温馨的灯光同时映照出的，却是店主难掩抑郁的表情。

有一回，笔者向店主祝贺他拥有如此多的斋灯。店主伊哈布听闻苦笑道："这难道是什么好事吗？我开斋灯店已有好些年头了，往年可不是这样，斋灯在斋月到来之前就卖得差不多了，进入斋月更是被抢购一空，真是供不应求啊。可是今年呢，斋月都过了三分之一了，还是卖不动，你看还有这么多的斋灯都积压下来。人们手头紧，就只好望斋灯而兴叹！"

原来是这样。伊哈布接着说："埃及今年经历了动荡局势，经济遭了殃，百姓收入大幅减少，许多人丢了工作，钱袋瘪瘪的，自然就没有多余的资金来买斋灯；或者，人们舍不得买，而把有限的钱用在其他地方吧。""真心希望形势赶紧好起来，这样人们都有了工作，有了钱，就可以来买斋灯了。"

至此，笔者总算明白为何如此曼妙优雅的灯影，映照出的却是伊哈布闷闷不乐的神态。原来，那是在埃及 2011 年"革命"后的斋月，动荡的局势不但使埃及政治陷入困境，也沉重打击了埃及的经济。伊哈布的斋灯店，从某种意义上成了埃及经济停滞不前的一种映照。的确，货物积压，卖不出去，任何店家都会因此而愁眉紧锁。伊哈布接着介绍，斋灯是斋月的标志，没有斋灯的斋月还叫什么斋月？他说，悬挂斋灯已有 1000 多年历史了，斋灯已成为阿拉伯民族传统文化中不可或缺的重要内容。如今，斋灯的制作需要上色、焊接、加工等一道道复杂工序，已成为一门传统的精湛工艺。"正因如此，外国游客也非常喜欢埃及的斋灯，他们每年都会从我这里买很多斋灯带回去作为纪念品，尤其是价格昂贵、装饰考究、制作精美的斋灯颇受青睐，可是现在外国游客少之又少，我失去了一个重要的购买群体，资金已经周转不开，财政陷入困境。"

说到这里，伊哈布的表情由郁郁寡欢变得有些凄凄然。笔者很同情他，却爱莫能助，唯祝贺他的愿望早日成真，即埃及的形势早日恢复稳定，那样，腰包鼓起来的人们自然就有能力和财力到伊哈布的店里买斋灯了；外国游客也会络绎而至，把价格不菲的斋灯选购走。那时，像伊哈布这样的店主就会笑逐颜开，开罗也会在斋灯五彩缤纷的灯影里变得更亮、更美、更璀璨。

莫让文化在社会动荡中呻吟

埃及局势 2011 年骤变以后的几年间，社会动荡难宁，文化深受其害，已成为不争的事实。有阿拉伯学者慨叹，由于猝然而至的"阿拉伯之春"在作祟，埃及文化一度在痛苦中呻吟和挣扎，甚至有面临外来文化侵蚀之虞，因此，拯救埃及文化，还灿烂的埃及文化以原有的生机和活力，已变得刻不容缓。

众所周知，埃及是人类古文明的摇篮。作为世界文化最初的诞生地之一，埃及拥有众多的古迹和文物，长期以来，这些弥足珍贵的文物一直是非法商人和艺术贩子觊觎的对象，他们千方百计想从埃及文物的走私和贩卖中牟取暴利。而"革命"后的几年间，埃及社会的失序，局势的持续动荡，无疑为他们提供了可乘之机。事实上，自 2011 年至 2013 年年初期间，埃及文物走私的消息时常曝光。比如，这期间埃及发生了"最重要的文物走私案"，走私团伙里应外合，将包括埃及石棺、葬礼船以及有 2500 年历史的石灰雕像等非法偷运至美国。

还有，2012 年 2 月，一对英国夫妇在埃及文物丰富的卢克索走私文物，在机场被当场抓住。他们的行李中有陶瓷灯饰、刻有古埃及象形文字的器皿、古希腊罗马时期的青铜币和一部人工装订版《圣经》等共 19 件文物，最早的可追溯到遥远的法老时期。

显然，全球被掳文物市场盯上了埃及，不法之徒正是看中了埃及政治的动荡，文化生态的失衡、紊乱甚至恶化，才敢铤而走险，以身试法。对于埃及文物的频频流失，美国和欧洲的失窃文物市场难辞其咎；不过，另一方面，如果没有埃及局势的骤变和法律及监管机制、手段的阙如，这些国宝就不可能顺畅地流入世界艺术和古董市场。所以，有识之士指出，埃及只有"扎紧篱笆"，把好"上游"关口，才能从源头上切断文物外流和走私的利益长链。

但问题是，过渡时期的埃及问题成堆，亟须解决的事很多，文物保护无法被放在优先考虑的位置。从法律的角度说，埃及在局势突变之前不久，由人民议会刚通过在 1983 年文物法基础上重新修订的文物保护法，加大了对文物和历史遗存的保护力度，进一步打击文物盗窃和走私行为。然而埃及"革命"以后，人民议会被解散了，文物保护法等同于废纸一张，这为不法分子敞开了文物犯罪的大门。

"革命"后的几年，由于埃及处于特殊时期，政府各部门本身的建设很不到位，因此，文物保护、监管以及对文物犯罪的执法和打击等环节，更是存在着这样那样的漏洞和问题。一个明显的例子便是，多年来在保护文物、打击文物走私方面卓有成效的埃及文物警察，在"革命"后很多都被抽调到处理刑事案件上去了，从而造成对文物的保护处于"真空状态"，文物犯罪趁机滋生，也就不足为怪了。

更不得不提的是，埃及动辄举行的示威游行，殃及了大量珍贵历史文献，有的甚至严重受损，难以修复，使埃及文化蒙受着不可挽回的沉重灾难。2011年12月，示威者烧毁了尼罗河宫大街附近的"埃及研究院"大楼，这一机构是由拿破仑于18世纪末成立的，收藏有数十万份罕见的手稿、日志等宝贵历史文献，其中包括手写24卷本的《埃及描述》。这部传世典籍是当年随同拿破仑来埃及的法国科学艺术考察团学者们共同研究成果的结晶，是历史上第一部系统介绍和阐释埃及古文化、古历史和社会的学术巨著。然而，持续12个小时的大火将这部皇皇大作吞噬殆尽，令学者们痛心疾首、扼腕叹息、痛苦不已。据报道，埃及自动荡以来，类似的"文化浩劫"不胜枚举。

此外，埃及的剧变和动荡，在撕裂埃及政治和社会、打碎固有的文化格局、破坏埃及良性循环文化生态的同时，也在扰乱着年轻人的文化观念和他们对文化思潮的审美取向和认知走向，从而对埃及文化的未来发展带来某种不确性和负面冲击。一方面，"革命"后的埃及，青年人性情浮躁，无心读书；另一方面，包括西方在内的文化思潮趁机在埃及抢滩登陆，与当地传统的文化、思想观念形成碰撞和交锋，使埃及青年陷入不知如何取舍的迷茫和困惑当中。有学者指出，西方文化在埃及"革命"后规模越来越大地"登堂入室"，可谓"来势汹汹"，颇有力图占领埃及文化主阵地和绑架年轻人心灵的架势，如果这一图谋得逞，则埃及固有的本土文化将面临变异和杂乱无章的可怕后果，那对埃及文化不啻"致命的打击"。因此，保护本民族文化的DNA，已经成了不少埃及和阿拉伯学者的共识。

革命不能当饭吃

改写北非地区数国政治版图的"阿拉伯之春"已经过去多年。当初的"革命"似乎颇富浪漫色彩，然而一个衍生出的后果是，几年来，受到"革命"洗礼的国家，无不在政治纷争、党派倾轧、经济滑坡和旅游萧条等诸多不适中痛苦呻吟。越来越多的阿拉伯学者意识到，革命并不能当饭吃，革命是要付出沉重而痛苦的代价的。

在当今世界格局中，阿拉伯国家作为一个整体，毋庸置疑是一支相对较弱的力量。求变图强，是阿拉伯人的共同愿望，也是"阿拉伯之春"过程中那些热血"革命者"的重要诉求之一。然而，遗憾的是，革命终结后，阿拉伯国家的处境并未发生变化，整体实力依然如故。相反，经历革命的一些国家，原本安稳的政局开始走下坡路，不少政治势力和党派团体为了追逐自身利益最大化，不惜诉诸各种非法手段，如党同伐异、攻讦使绊、明争暗斗、大打出手等，不一而足，而且无所不用其极。

客观地说，无论突尼斯还是埃及，抑或利比亚，"革命"后，所谓民主和自由的意识明显增强了，可与之相伴而来的，是人们对这些原本可望而不可即概念的乱用和滥用。甚至仅仅为了一些蝇头小利，人们就可以拳脚相向；仅仅为了发泄对工作环境和待遇的不满，单位的工作人员就可以相互串联，搞集体游行和静坐示威，直到把领导赶走。阿拉伯媒体慨叹，当民主和自由过了头，难免就会矫枉过正，走向反面，成为政治稳定和经济发展的制约性因素。

阿拉伯国家经济结构单一，与发达国家相比，其经济实力薄弱，同时，不少国家失业率持续攀升，通货膨胀现象严重。当初人们发起"革命"的动因，就是要扭转经济颓势，推升经济增长，创造就业机会，改善生活。但是，当疾风暴雨式的"革命剧"谢幕之后，映入人们眼帘的却是与期待和盼望的全然迥异的景象。埃及在局势动荡前连续多年保持 GDP 平均 5% 增幅的局面，"革命"后却一落千丈；突尼斯作为北非制造业重要基地的骄人业绩风光不再；曾经是欧佩克举足轻重的成员国的利比亚石油业更是一蹶不振，复苏乏力，至今仍在"革命"后的阵痛中呻吟。

"革命真的不能当饭吃"，2013 年年初，埃及星际旅行社市场部经理塔哈推心置腹地告诉本报记者。塔哈说，眼下正是埃及旅游的黄金时节，但为数寥寥的客源订单使他感到阵阵寒意。埃及事实上正在为当初的鲁莽埋单，正在为曾经的图一时之快而付出代价。其实，岂止埃及，享有"沙漠中的玫瑰"之称的突尼斯，也是多年的旅游大国，可"茉莉花革命"后，人们只能在记忆中重温昔日游客熙攘的辉煌景象。

　　与此形成鲜明对比的是，在人文、历史和软件服务等方面都无法与埃及、突尼斯等传统旅游大国相比的海湾国家，正在成为西方等世界游客的"新宠"，大有后起之秀的范儿，似乎正在崛起成为中东北非地区旅游的新坐标、新景观。无他原因，就是因为这些国家一直以来形势安宁、政治安稳、社会太平，没有遭遇"革命"洪流的冲击。当客流和资金从动荡的北非转向宁静的海湾，这一移动轨迹给人们留下的思考和警示是深刻和耐人寻味的。

重返埃及，感受浓郁的中国元素

2017 年初秋时节，从伦敦到开罗，从欧洲到中东，感受到的不但是地理和气候上的变化，还有政治形势和人文氛围的迥然不同，更有扑面而来的浓浓的中国元素。

即使到了隆冬时节，开罗的阳光依然明媚灿烂，其热度甚至比夏日的伦敦都要强烈。两者的对比如此鲜明，更强烈的对比则体现在：欧洲虽然眼下受到"脱欧"进程的困扰和恐怖袭击余波的影响而比以往显得更加乱糟糟，但整体上，英国的局势是相对稳定的。相比之下，埃及则动荡不宁、乱象丛生，譬如笔者两个月前来开罗，刚下飞机，时差还没倒过来，埃及便在 2017 年 11 月 24 日发生了造成西奈半岛 400 多人死伤的恐怖袭击事件，这仿佛给笔者来了一个"下马威"。事实上，与安宁平静、波澜不惊的伦敦相比，开罗一直充斥着呛人的火药味，埃及政治的乱局成为中东整体动荡形势画卷的一个缩影。

与"革命"时期相比，埃及人现在冷静了不少，人心思定的趋势更强了，与中国加强合作的愿望也更强烈了。毕竟，形势稳定了，国家才能富强。从这个意义上说，铲除恐怖主义，让形势恢复稳定，恢复秩序，不再像这里的太阳那样炎热炙烤，而变得凉爽宜人，是埃及人的共同愿望。

事实上，重返埃及，笔者感触良好；最深刻的，莫过于同以前相比，中国元素更多、更浓、更凸显了。由北京到开罗的阿联酋航班上，无论是北京至迪拜的中转航段，还是迪拜至开罗的航段，飞机上影视娱乐节目中的电影菜单中，都有一个很抢眼的子目录，叫"普通话电影"，笔者注意到，"普通话电影"与"好莱坞电影""欧洲电影""爱情电影""动作片电影"等子目录并列排序，位置平等，而这在以前是从未有过甚至是不可想象的。

此前，笔者曾在开罗常驻过两任多达 9 年，也经常乘坐同一航线的阿联酋航班，当时看到的影视节目主要是欧美电影，中国电影难觅踪迹，遑论像现在这样专门辟出一个与欧美电影并驾齐驱的"普通话电影"选项！于是，在好奇和不解之下，笔者问空姐何以如此。空姐嫣然一笑，轻启朱唇道，你没发现，飞机上有这么多的中国乘客吗？之所以特意辟出"普通话电影"，正是为了满足大量中国乘客在飞机上的娱乐需求。笔者环顾四周，还真是，长着中国面孔的人占比很大，有些人甚至还用普通话相互交谈着，这更加明确无误地诠释着他们中国人的身份。

埃及《消息报》报道称，富起来的中国人的足迹遍布世界各地，即使是形势相对欠稳的中东地区，中国人的身影也越来越多。显然，航空公司从中看到了巨大的商机，遂把中国电影送到乘客眼前，那是一种贴心之举，也是出于吸引中国游客以扩大商业利润的精明考虑。

下了飞机，再次落足在这块上了年岁的法老土地上，却感受到中国元素正在把古老的埃及变得年轻有为，生机勃勃。在这里，越来越多的中国游客把大笔的资金贡献给埃及的经济建设和社会发展，不断打破影响埃及腾飞的"瓶颈"，补齐掣肘其进步的资金"短板"。记者站附近一家旅行社的经理哈菲兹开诚布公地对笔者说，越来越多的中国游客来到埃及，盘活了因"革命"陷入停滞的国家经济，使埃及大受裨益。

阔别埃及多年，笔者发现这里变了，特别是与之前相比，埃及人变得对中国更友好、对中国的期望和希冀更大了。埃及一直都看好中国，而现在，埃及"向东看"意识愈加强烈，对中国的依赖和希望值进一步攀升。无他，一是中国更加强大了，中国的国际地位与日俱增，中国的影响力正大面积地向包括埃及在内的阿拉伯国家和中东大地辐射；二是中国作为老朋友，是真心实意地对埃及、对阿拉伯国家和中东国家好，中国秉承国不分大小，人不分种族肤色，都一视同仁地坦诚相待的理念。这些理念得到埃及等地区国家的广泛、积极认可和回应，愿意拉近与中国朋友加兄弟的感情距离。无疑，中国的软实力也因此得到新的强化和有力提升。

埃及积极评价中国，看好中国的发展。仅举一个例子：2016年10月，人民币加入国际货币基金组织特别提款权货币篮子满一岁时，埃及人兴高采烈，额手相庆。埃及金字塔政治与战略研究中心亚洲项目负责人法拉哈特说，人民币在促成阿拉伯国家内部直接交易的过程中，自身被接受程度和使用范围不断扩展，正在转为国际货币。

法拉哈特还强调，中国作为世界第二大经济体，正在转向高质量发展阶段，世界各国都有强烈兴趣加强与中国的贸易来往，这必然会增加人民币的国际使用，并影响未来世界经济的发展。中国埃及商会主席菲基强调，事实上，人民币正在成为埃及的第二大常用货币。菲基指出，受相关政治压力影响，一些国家不喜欢使用美元或欧元进行交易，而中国秉持不干涉主权国家内部事务的原则，使得人民币在国际上的使用越来越广泛。

　　还有一件事也颇能说明中国元素的增多。笔者上两次常驻埃及时，用中国银联卡在埃及取钱，恍若"天方夜谭"，简直是不可思议的事。然而，这次重返埃及，笔者发现中国银联卡持卡人可以在埃及几乎所有的 ATM 机上自由取款。前后变化之大，令人不胜感慨。

大庙会·年夜饭·中国红

与往年相比，2018 年春节，尼罗河畔古老的法老土地上，涌动着更加浓郁、更具特色的中国年味，从大庙会、年夜饭和中国红三个景象便可以窥见一斑。

中国大庙会已在埃及先后举办了 8 届，早已深入当地民心，原本没什么新奇。然而，2018 年中国大庙会第一次走出了埃及首都开罗，来到了红海之畔，在西奈半岛的沙姆沙伊赫举行，这不啻走进了埃及的最基层社区，向外省的埃及民众展现和传播了丰富多彩的中国传统文化。大庙会本身更是得到沙姆沙伊赫地方政府的高度重视，省长哈立德·福达亲自在媒体发出召唤，动员大家踊跃参加并身体力行，带领众官员实地逛庙会。为期 5 天的庙会期间，铿锵有力的舞龙舞狮、魅力十足的传统手工艺品展、优雅的茶艺展、奇妙的川剧变脸表演……这一切，都让当地埃及人大饱眼福，赞不绝口，使他们有机会头一遭直观地触碰到博大精深的中国文化。

众所周知，沙姆沙伊赫是闻名遐迩的旅游胜地，这里风光旖旎，秀色可餐，素以湛蓝的天空、一碧万顷的海水和五彩斑斓的珊瑚著称。当沙姆沙伊赫的蓝天碧海遇到洋溢着喜庆、大气的中国红，弥漫在这里的是阿中两种文明碰撞、交融后迸发出的璀璨火花和祥和、安宁的氛围，这与意为"和平之城"的沙姆沙伊赫所蕴含的主旨恰恰不谋而合。

说起年夜饭，简直太稀松平常了，中国人过年，没有不吃年夜饭的。但在异国他乡，年夜饭却成了不折不扣的稀罕和奢侈之物。笔者曾在埃及常驻过两任，长达 9 年的时间里，除了朋友间的私下相聚，还没有吃过正式场合的年夜饭。这一回，则是个大大的例外。瞧，临近年关，开罗尼罗河畔康莱德酒店的尼罗河厅里，飘荡着中国人再熟悉不过的年夜饭香，来自中国的专业厨师团队精心烹制了地道的年夜饭。不但长年居住在埃及的华侨华人有幸在狗年品尝到正宗的中国年夜饭；参与活动的埃及人，也一个个大快朵颐，吃得热火朝天，直夸味道好极了。在袅袅饭香中，华侨华人体会到了久违的浓浓中国年味，从而更加激起他们心中眷念祖国之情，当地埃及人也通过对中国饮食文化的亲密接触，萌生了喜爱中国文化之情，继而拉近了他们与中国人的情感距离。

开罗段的尼罗河上，有一座名叫扎马利克的小岛，岛上矗立着一座直入云霄的高塔，那便是堪称埃及首都地标的开罗塔。2018 年的除夕夜，原本到了晚上只有微弱白炽灯照明的开罗塔，骤然间梦幻一般变成了大红色，引来众多行人驻足观赏。原来，为了迎接中国戊戌年春节的到来，开罗塔管理部门别出心裁地为塔身改变了颜色，用寓意大吉大利的中国红，取代了原先习以为常的颜色，产生了良好的视觉效果。埃及人无不自豪地告诉笔者，这是埃及历史上开罗塔破天荒地笼罩在鲜艳夺目的红色里。埃及媒体称，开罗塔披上中国红，是因为埃及喜欢中国，看重中国，埃及人才愿意将他们的首都地标开罗塔改换成代表中国的颜色。

大庙会、年夜饭、中国红，这些鲜明的中国符号和中国印记，正在遥远的尼罗河畔落户和扎根。有当地媒体评论，中国元素在埃及越来越多，中埃两国的友谊之手越握越紧，两国的友谊之花绽放得越来越璀璨，这是双方顶层设计和两国人民共同培育的结晶，在两国领导人的亲切关怀下，中埃双方包括人文交流、文明互鉴在内的各领域关系明显"换挡提速"，风驰电掣般驶入快车道。埃及人兴奋地对笔者说，相信将来，法老土地上的大庙会、年夜饭和中国红，定会办得更加成功和吸引人。

架起文化沟通的桥梁

2004 年 10 月上旬，第 56 届法兰克福图书博览会落下帷幕。法兰克福图书博览会是世界上迄今规模和影响都堪称最大的图书博览会和版权交易会。自 1949 年开始，法兰克福图书博览会每年都举办一次，届时，数以万计的书商、作家和出版商等云集德国中部的法兰克福这座文化名城，共举书业大事。

按规定，主办单位每年都选择以国家为单位的出版集团作为主宾国。2004 年应邀参展的主角是阿拉伯国家。阿拉伯国家将此次活动视为其文化生活中的一件大事。时任阿盟秘书长穆萨作为阿拉伯国家的最高官方代表赴展。200 多位来自不同阿拉伯国家的知名作家、艺术家和书商等现身书展现场，其中包括不少风头正劲的文学大家，如摩洛哥著名小说家、法国龚古尔文学奖得主哈尔·本·杰伦，被视为阿拉伯现代诗歌奠基人的叙利亚籍黎巴嫩大诗人阿多尼斯，黎巴嫩大作家胡伊尼，2000 年荣获德国出版业和平奖的阿尔及利亚女作家阿西娅·杰巴尔，以及巴勒斯坦家喻户晓的诗人达尔维什等。

"9·11"事件后，西方国家对阿拉伯和伊斯兰世界存在诸多误解和疑虑，许多人以为既然这一恐怖事件的肇事者全是阿拉伯人，那么他们赖以生长的阿拉伯国家，便或多或少与恐怖脱不了干系。换言之，在一些西方人眼中，阿拉伯和伊斯兰文化的"内在基因"是有缺陷的，它表现出来的"圣战"和"好斗"等特性，对一些亡命之徒不惜铤而走险从事恐怖活动起到了怂恿和鼓励的作用。实际上，这一认识偏离了对阿拉伯和伊斯兰文化的正确把握和认知轨道，令阿拉伯人感到冤枉而有口难辩。

阿拉伯人对法兰克福书展十分感兴趣，就是想借助这一文化平台，尽可能多地向西方推介自己的文化载体，让世人知道阿拉伯文化的主流与所谓的恐怖主义并不搭界。正如时任法兰克福书展主席福尔克尔·诺伊曼所说，本届书展将阿拉伯语作品作为主题，是因为它们很少被翻译成欧洲语言，这就不可避免地会加深不同文化之间的鸿沟。他说："西方社会与阿拉伯社会在文学、哲学或政治论证领域彼此陌生，很容易导致偏见并产生消极影响。我们为阿拉伯世界和西方社会提供了一个独一无二的平台，希望相互借助这个难得的机会展开对话。"

在开幕式上，德国当时的总理施罗德和时任阿盟秘书长穆萨分别致辞，一致强调文化沟通的重要性，都表示反对西方对阿拉伯国家的文化偏见。施罗德说："如果世界充满理解、开明、宽容与好奇心，那么，阿拉伯世界和西方世界之间将不会那么容易产生隔阂。"穆萨同时还呼吁人们更多、更好、更客观、更理性地认识和理解阿拉伯文化，他的话表达了阿拉伯人的共同心声。

虽然《纽约时报》报道称，阿拉伯世界整体作为法兰克福书展的主宾国，让书展到处都"闪着政治的暗光"，但客观地看，这种带有偏见的评论并不能掩盖阿拉伯文化和文学在法兰克福书展上焕发的熠熠光彩。大量的参展者和读者对阿拉伯书籍表现出浓厚的兴趣和认可态度，这就是一个明证。

书展结束了，但在书展开幕式上播放的埃及作家马哈福兹的录音讲话仍回荡在人们的耳畔："为什么当西方感到安全受到威胁才开始着手重新审视伊斯兰文明和阿拉伯文化？阿拉伯人为什么要在经历西方媒体每日的妖魔化后才开始想到向世界介绍自己？"

揭秘历史文化的密码

埃及国家文明博物馆于 2021 年 4 月初正式开放，珍藏、保存重大考古发掘成果，是这一博物馆的神圣职能之一。埃及还举行了规模盛大的"法老王室游行"，把原本保存在埃及国家博物馆的 22 具王室木乃伊搬移到国家文明博物馆。这些木乃伊发掘于不同时期，是埃及考古弥足珍贵的无价之宝。其搬家本身，引起人们对埃及考古和历史文明的广泛关注和兴趣。

其实，埃及是一个考古大国。悠久的历史，丰厚的文化，决定了埃及是一个不可多得的考古宝地。近现代以来，埃及考古收获颇丰，而且直到今天，考古发掘依然硕果累累。2021 年 1 月下旬，埃及在对萨卡拉地区的考古中发掘出了由 50 多具彩绘棺木组成的一座皇家墓地遗迹，包括大量木乃伊、面具、雕像、石像、玩具以及古埃及《亡灵书》中的章节等珍贵宝藏，其中，尤其令人震撼的是找到了一位"失落的王后"，从而改写了埃及历史。

传统上，埃及的考古重地位于南方卢克索的帝国谷，那里出土了大量木乃伊等珍贵文物。然而，开罗附近的萨卡拉（又译塞加拉），成为考古地的"后起之秀"。2020 年 10 月 3 日，埃及考古队曾在萨卡拉出土 59 具距今约 2500 年的木棺。仅仅过了一个多月，即 11 月 14 日，就又在萨卡拉发掘了 100 具保存完好、约 2500 年前的彩绘木棺，以及雕像、面具等 40 多件文物。这些被誉为"2000 年度埃及最大的考古发现"。

埃及重视考古，并对外高调宣布其重大考古成果，意在唤醒和提振沉淀的历史记忆，对内凸显其文明的灿烂成就，强化民族自尊心和自豪感，弘扬文化大国的地位；对外亮出厚重的国家名片，以吸引游客，振兴旅游业，助力经济发展，并扩大自身在地区乃至世界舞台上的作用和影响力。《金字塔报》撰文指出，考古就是探照自己民族的过去，虔诚地与祖先展开对话；就是挖掘历史，挖掘民族自信，事关国家的文明认知和文化基因血脉续存，因此，意义非凡。

实际上，在埃及，考古学一直都肩负着探究文明遗蕴、揭秘历史密码的重任，同时也承担着增强民族自信心和文化归属感的要务。任何国家和民族，都有其根之所系、脉之所维，这个根脉就是历史过往和文明余响。因此，考古是回望、辨识和廓清一个国家和民族根脉的金钥匙。考古赋予文明以张力，更赋予其鉴证之力。经由考古得以重见天日的文物有温度、会说话、善表达。考古穿透历史隧道的漫漫迷雾，以大量出土文物述说埃及古文明曾经的璀璨辉煌，考古鉴证之力激发了埃及人内心深处强烈的民族荣耀感。

观今宜鉴古，无古不成今。考古"延伸了历史轴线，增强了历史信度，丰富了历史内涵，活化了历史场景"，不但可以通过触摸过去探求谜底、揭示本源，从而还原历史真貌，而且也深刻影响着当下和未来，所以有着很强的现实意义。考古是展示和构建民族历史、国家文明瑰宝的重要载体，透过考古这面"望远镜"和"显微镜"，可以更加明晰地回首来路，对标对表当下，有助于丰富全社会的历史文化滋养，从而激荡起埃及民族复兴和国民砥砺前行的磅礴力量。

埃及"阿拉伯之春"动荡后年轻人面临"文化饥渴"

动荡冲击埃及文化生态，更打乱了年轻人的文化观念

2011 年伊始，发生在埃及被称为"阿拉伯之春"的动荡，不但彻底撕裂了埃及的政治和社会，而且也严重冲击着埃及固有的文化格局，使这个尼罗河畔的国家在包括文化在内的诸多方面都出现不同于以往的全新变化和面貌。

埃及动荡局势冲击文化的例子是实实在在的。动荡前夕，已经准备就绪、立即就要开幕的第四十三届开罗国际书展被束之高阁，半途而废。其后，一年一度的开罗国际电影展也因为局势不稳而被迫取消。然而，动荡对文化冲击最大的，还表现在埃及年轻人对待文化的观念上。

"虽然埃及动荡并非外界直接作用的结果，但埃及青年观念趋向于西方化，这是促使他们走上街头，并最终推翻前政权的重要诱因之一。"埃及著名思想家、老作家绍基·贾拉勒这样鞭辟入里地对笔者说。他强调，西方的所谓自由和民主，甚至西方的生活方式等，是不少埃及年轻人"革命"的动力和想要达到的目标。

"这一点是毋庸讳言的。问题在于，'革命'之后，埃及青年人在如何取舍文化上陷入茫然之中。"对此，贾拉勒解释道，"一方面，对于穆斯林兄弟会和比穆斯林兄弟会还要激进的萨拉菲派上台，埃及'革命青年联盟'的成员们不屑一顾，甚至心生鄙夷；另一方面，他们又在表面上对西方文化本能地产生一定的抵触情绪，生怕被指责为西方文化和西方价值观的追随者。即使这样，在具体阅读层面，他们事实上还是在向西方靠拢。"

笔者在采访中的所见所闻，印证了贾拉勒所言不虚。

埃及年轻人鄙夷萨拉菲派

"萨拉菲"一词在阿拉伯语里是"前辈""先人"的意思，顾名思义，其价值观和信仰宗旨，就是追随祖辈不变的传统遗训，复古怀旧，完全按照《古兰经》的教诲行事，拒绝任何变通和革新。

埃及年轻人对萨拉菲派能在议会选举中脱颖而出表示不解、不满甚至愤慨。"革命青年联盟"穆罕迪森区的负责人陶菲克告诉笔者，萨拉菲只代表过去，因

为它的许多观念和思想还都停留在历史的皱褶里。具体讲，在政治上，萨拉菲派主张以正宗的伊斯兰教义、教规作为基本指南，以此来规范国家的政治架构和社会秩序；在日常生活中，萨拉菲派坚持奉行男女"授受不亲"的原则，反对男女一起相处，拒绝同女性握手，反对女子参政和融入当代社会。

"与此同时，萨拉菲派的一些领导人，还刻意效仿穆斯林先知穆罕默德蓄着又长又厚的大胡须，并正襟危坐，不苟言笑。"陶菲克说，"正是这些表象蒙蔽了民众，使萨拉菲派在埃及的一些社会群体中受到尊重，许多人认为萨拉菲派的信仰者都是正人君子，正直可靠，值得信赖等，其实并不是那么回事。"

笔者了解到，在许多阿拉伯国家都有萨拉菲派，不过他们基本上都不是伊斯兰教的主流派别。在埃及，萨拉菲派的人数目前已经超过 300 万，其中不乏造诣很深的宗教界名流以及大学教授、中学老师等知识分子。据称，萨拉菲派控制着埃及城市和乡村近 5000 座清真寺以及准清真寺的小型祈祷场所，这一数字占埃及全境清真寺或简易宗教场所总数的 5% 上下。

陶菲克说，这次埃及议会选举中，萨拉菲派"异军突起"，赢得的选票仅次于穆斯林兄弟会，成为一匹"政坛黑马"。陶菲克解释道，由于萨拉菲派的主张过于偏激和极端，所以，连穆斯林兄弟会都宣布与它划清界限，不愿意与之为伍。不过在陶菲克看来，穆斯林兄弟会也存在着诸多问题，他说除非进行大幅变革，否则穆斯林兄弟会的意识形态和文化思想也不会成为埃及年轻人追求的目标。

青年小说家阿斯旺尼受到青睐

美国《外交政策》杂志评选出了 2011 年 100 位"全球思想家"，埃及小说家阿拉·阿斯旺尼高居榜首，一时间成为埃及年轻人追捧的偶像和阿拉伯文化、思想界的热门人物。

"所有革命者都想把自己的故事告诉世界，然而，没有一个人能做得像阿斯旺尼那样，形象传神、生动无比地传达出埃及人的希望与梦想。"媒体这样评论道。显然，阿斯旺尼被冠以"全球思想家"，并名列榜首的显赫位置，是西方主导的游戏规则使然。

然而，陶菲克却不无自豪地向笔者介绍道，埃及是阿拉伯世界的文化大国，作家、哲学家、思想家、文化学者多如牛毛，很多享誉其他阿拉伯国家，有些还名扬整个中东地区，但能在全球闻名的并不多，而阿斯旺尼却是这不多中的翘楚。

阿斯旺尼 1957 年生于埃及南部阿斯旺省，所以叫阿斯旺尼，意为阿斯旺人，后来上了中学、大学，才来到开罗。在开罗，阿斯旺尼开了一家牙医诊所，直到现在，他仍然是边坐诊，边写小说。在长期遭到退稿后，他于 2002 年出版了第一部长篇小说《亚阿古比扬公寓》。这是一部鞭挞埃及政策，对现实发泄不满的小说，其大胆的批判性使西方连连叫好，并被翻译成多种语言在欧美出版，这使作者声名鹊起。

长期以来，阿斯旺尼就一直对埃及政治多有批评，并要求穆巴拉克下台。在埃及"革命"中，他更成为活跃分子，经常接受媒体的采访，表达对"革命"青年的支持，成为埃及年轻人的偶像。

2007 年，阿斯旺尼出版了另一部长篇小说《芝加哥》，与《亚阿古比扬公寓》一样好评如潮，埃及很多年轻人都以能买到此书为荣。笔者在开罗的多家书店发现，这两部小说都已是数次加印，而且过不了多久就会售罄，不得不再行增印。

2008 年，阿斯旺尼在接受美国《纽约时报》采访时公开表示，"专制统治者诛杀了埃及的精神，遮蔽了埃及的光芒"，并大胆预言，"我们的人民一旦愤怒，一切都会改变，革命就是这样自发地、无人策划地爆发的"。有评论称，正是因为如此，阿斯旺尼才被美国评为世界著名思想家，可见，政治因素起了关键作用。而埃及年轻人却喜欢阿斯旺尼，可见他们在文化上的真实心声和审美取向。

"将对他们曾经的迷茫感到汗颜"

政局剧变后，埃及日渐形成一种多元文化的市场需求。书店里，年轻人开始更多地购买西方思想论著，新创办的期刊呈现着国际流行的样式，《解放报》等不少新问世的报纸更是在内容上向西方标准看齐。有专家认为，埃及文化产业正面临着"文化饥渴"带来的机遇和挑战。

鉴于此，埃及学者认为，应有针对性地对年轻人加以引导，使他们走上正确的阅读之路和文化建设之路。在绍基看来，既没必要对萨拉菲派一棍子打死，也不应该一头扎进西方的文化怀抱，而应兼容并蓄，对二者都要剔除糟粕，吸取精华，这才是正确做法。

埃及《今日埃及人报》撰文指出，青年是国家的未来和希望，青年读什么样的书，持什么样的文化态度，对国家前途将产生决定性的影响。因此，对埃及年轻人在特殊过渡期的茫然处境不应掉以轻心，而要高度重视、认真对待。

好在埃及年轻人有着一颗爱国之心，整体上，他们对国家、社会、文化发展的主流思考还是积极向上、严肃认真的，对国家未来的信念依托是忠诚和奉献。这从本质上决定了，在"阿拉伯之春"的"混沌期"和"不适期"过后，埃及年轻人会对他们曾经的迷茫感到汗颜，而开始理性地走上推进本国、本民族文化复兴和繁荣的健康正道。

从埃及国家博物馆到大埃及博物馆
——埃及积极打造"世界博物馆强国"

备受媒体关注的大埃及博物馆在经过多次拖延后，可望于 2022 年正式对外开放。届时，大埃及博物馆将成为"世界最大的考古博物馆"，而埃及考古界泰斗哈瓦斯甚至称，这也将是"全球最大的博物馆"。从位于解放广场已有 100 多年历史的埃及国家博物馆，到 2021 年 4 月开放的埃及国家文明博物馆，再到耗资 10 亿美元、费时 20 年建造的大埃及博物馆，埃及演绎了一条倾力打造"博物馆强国"的不懈奋斗历程，个中经验，有一定的参考价值。

在埃及，博物馆数不胜数，但位于市中心解放广场的埃及国家博物馆无疑是其中的翘楚。1858 年，法国著名埃及学家玛里奥特说服当时的埃及统治者兴建这一博物馆。1902 年，博物馆迁至解放广场，并于年底正式对外开放。在这个收藏了世界上最丰富的古埃及文物的百年博物馆里，大约陈列着 15 万件以上的古埃及文化珍品。但由于时间长，更由于埃及每年都要发掘出大量的文物，这幢三层的红色建筑早已不堪负荷，里面到处都是展品，大量文物甚至就那么随便堆放在地上，显得凌乱无序，简直成了仓库。

值得一提的是，虽然历史悠久、馆藏丰富，但由于百年前的时代局限，建造埃及国家博物馆并非埃及本国的文化自觉使然。当埃及国家博物馆的空间越来越狭小，到了摆放文物都显得捉襟见肘的时候，埃及开始另择他地，建造新的博物馆，以分担国家博物馆不堪承受的压力。于是，埃及国家文明博物馆应运而生。国家文明博物馆体现了埃及的文化自觉和打造博物馆强国的意愿。根据规划，埃及文明博物馆的功能，是综合展示埃及各个历史时期的不同文化风貌，堪称一座集文化、教育、创新和研究于一体的综合性场馆，是埃及打造"博物馆强国"计划的重要一环。

2002 年，在联合国教科文组织和埃及政府的共同努力下，埃及国家文明博物馆正式奠基，2017 年该馆临时展厅对外开放，2021 年 4 月 3 日，在联合国教科文组织总干事阿祖莱和联合国世界旅游组织秘书长波洛利卡什维利的见证下，埃及总统塞西宣布埃及国家文明博物馆正式启用，翌日正式对公众开放。笔者在开馆的第一时间实地走访了这座博物馆，发现这完全是一座现代化的世界级博物馆，无论硬件设施，还是软件条件，都与旧的埃及国家博物馆有着天壤之别。从埃及国家博物馆搬迁"落户"于此的22具古埃及法老和王后的木乃伊，终于可以摆脱原来拥挤、嘈杂和简陋的环境，开始居住在条件得到极大改善的新家，也算是沾了埃及政府勠力打造"博物馆强国"的光。

埃及《消息报》资深笔者萨阿德在接受笔者采访时认为，最能体现埃及打造"博物馆强国"这一宏大意愿的，莫过于大埃及博物馆了。他介绍道："大埃及博物馆早在2002年就宣布了建筑方案竞标，至今已有20年，而吉萨大金字塔的建造时间也正好是20年，不知道是时间上的巧合，还是冥冥之中有着某种关联性。"难怪埃及旅游和文物部部长阿纳尼把大埃及博物馆称为"第四金字塔"。最初定于2011年完工，后来发生所谓"阿拉伯之春"，因局势动荡而一推再推。其后，又由于新冠肺炎疫情等原因一直延期。

大埃及博物馆位于著名的吉萨三座大金字塔附近，相距只有不到两公里之遥。"这是故意这样选址，为的是向祖先致敬，因为人在逛博物馆时就可以清晰地凝望近在咫尺的几座大金字塔全貌。"萨阿德对笔者说。埃及《金字塔报》也报道称，早在2006年，时任埃及文化部部长法鲁克就强调，选择的这个地方是个"风水宝地"，他说："我们的目标是大埃及博物馆和这几座大金字塔之间建立起一种和谐的美学纽带。"大埃及博物馆占地约50万平方米，相当于一个大型机场的航站大楼，展览面积约为4.5万平方米，足有4个足球场之大，"巨大的展馆中庭，可绰绰有余地容纳一架波音747大型客机"。大埃及博物馆虽然庞大，但整体显得与周边环境，尤其是与金字塔十分和谐、对称，体现了法鲁克所说的建立某种"美学纽带"的愿望。

埃及媒体报道称，埃及总统塞西高度重视大埃及博物馆的建设，几乎每星期都要与这一博物馆的总负责人穆赫塔尔通话或见面，详细过问建设中的一些细节。大埃及博物馆所处的吉萨省也积极配合，从而保证了工程质量。埃及民众更是翘首以盼，希望大埃及博物馆早日建成并对外开放，这样，埃及的旅游收入和大国影响力都会得到大幅提升。据穆赫塔尔预计，大埃及博物馆开馆第一年的游客数量将在200万至300万人，长期目标是每年吸引800万游客。

其实，埃及一直十分重视博物馆的建设，并大力打造"世界博物馆强国"。对此，埃及中央政府、地方政府及普通百姓都有共识。早在2006年，埃及政府就把该年定为本国的"博物馆年"，得到良好的社会反响。时任文化部部长法鲁克说，这一年是埃及博物馆进行全面改革的一年，计划于年内新建5座国家和地区级博物馆，重新开放3座按国际标准改造的博物馆。后来，埃及实现了这一目标。而根据文化部的规划，埃及拟在数年内，在每一座城市都建立至少一座博物馆，以不断推进打造"博物馆强国"的建设步伐。

　　大埃及博物馆收藏"镇馆之宝"和"明星展品"——图坦卡蒙法老的所有出土文物，同时，这里不仅将展出以前从未展出过的两万多件珍贵展品，而且还会用数万件展品共同组成一幅"更宏大的文明画卷"，按时间顺序从史前排列到希腊罗马时期，形成"历史阶梯"，让观众得以进行"沉浸式"参观，从中全面汲取文化营养，并感受埃及古代文明的辉煌伟大，继而激发起浓厚的民族自尊心和文化自豪感。

埃及人与咖啡

《古兰经》禁酒，阿拉伯人遂把咖啡和红茶作为他们的主要饮品。所以，在阿拉伯地区，尤其是像埃及这样有特色的阿拉伯国家，酒馆难觅，大大小小的咖啡馆却比比皆是。

对于咖啡的起源，人们尚莫衷一是。主要的观点有两种：一种认为非洲是咖啡的故乡，因为咖啡树最早发现于埃塞俄比亚；另一种认为阿拉伯人是咖啡的祖宗，因为是他们调制出了第一杯咖啡，并把咖啡传向世界的其他地方。

从阿拉伯的典籍中，可以分别找到对这两种说法的佐证。17世纪下半叶，黎巴嫩学者法斯特在《不眠的修道院》一书中提到，在埃塞俄比亚的高原上，一个牧羊人正在放牧，他倏地发现羊群异常兴奋，又叫又跳，入夜也不肯安睡。牧羊人以为羊中了邪，吓得赶紧跑到修道院求救。修道院的修士发现，羊是吃了矮树枝上的红色果实才会如此亢奋，便好奇地采下一些果子咀嚼起来，孰料自己也精神大振，彻夜难眠。他把这些红果子分给做夜祷时哈欠连连的僧侣服用，结果他们都不再打瞌睡了。这种能刺激神经的红果子就是咖啡的前身。

另一个叫布杜拉·卡迪的阿拉伯学者，在他的《咖啡的由来》一书中记载道，13世纪时，也门有个族长因为获罪被流放到南部山野中，他一路跋涉，累得奄奄一息，突然见到有一只活蹦乱跳的鸟儿，正在啄食一种叫不出名字的红果子。饥不择食的族长将那些果子摘下，一股脑儿泡在自带的水里喝下去。奇妙的是，这红果汤竟散发出诱人的香气，族长喝完后精神焕发，浑身倦怠一扫而光。

历史学家较普遍的说法是，咖啡发现于非洲，制作于阿拉伯，成熟于欧洲，鼎盛于拉美。笔者以为，在这一过程中，阿拉伯人就像他们在人类文化交往中发挥的承前启后的作用一样，扮演着咖啡中介人和传播者的角色。在阿拉伯语中，咖啡一词叫"Qahwah"，意为"植物饮料"。据记载，伊斯兰宗教圣地麦加很早就有出售干咖啡的商店。西方有学者认为，世界上第一杯咖啡，是在中世纪由阿拉伯人悉心熬制出来的。笔者揣测，这中间宗教可能起到了很大的推动作用。因为没酒喝，四处征战而需要补充体力的伊斯兰教徒们便不得不开动脑筋，寻找酒的替代品。结果，能刺激神经又能够消除倦意的咖啡便应运而生。这是一个千呼万唤始出来的复杂过程，无疑是阿拉伯人聪明和智慧的生动体现。

第一杯醇香的咖啡问世后，又过了悠悠两百载，世界上第一家咖啡屋于1530年在叙利亚的大马士革问世。其后，受益于东西方文化和商业的频繁往来，咖啡仿佛插上了翅膀，以"阿拉伯酒"的名称，经由威尼斯、马赛港等地辗转传入欧洲。据称，咖啡初抵意大利时，许多宗教人士视其为洪水猛兽，称它是"魔鬼饮料"。但东西文化碰撞和结合所产生的力量是巨大的，基督教和伊斯兰教间的抵牾和摩擦，终未构成阻挡咖啡西进的羁绊，它跨越地域、国家和民族的限制，穿透了宗教的清规戒律，以铺天盖地之势在欧洲风靡开来。由于喜欢"魔鬼饮料"的人不断增多，大主教不得不举行一场特殊的洗礼仪式，给咖啡披上了合法饮用的外衣。1654年，威尼斯出现了欧洲第一家咖啡馆，伦敦、巴黎、维也纳等大都市的咖啡馆也随后诞生，啜饮咖啡日渐成为欧洲人的流行时尚。维也纳有句谚语云："欧洲人挡得住土耳其的弓刀，却挡不住土耳其的咖啡。"可以说，咖啡在全球范围的传播是东西方文明融合的产物。

今天，作为提神、醒脑和解乏的尤物，咖啡的魅力依然光芒四射，广受世人的青睐。喜爱风雅的文人墨客更是对咖啡情有独钟，许多人依靠这滚烫的"杯中物"点燃创作的灵感，启迪写作智慧，以至于英国哲学家詹·麦金托什竟生发出"一个人的智力与饮用的咖啡量成正比"的慨叹。据说，咖啡在希腊语中叫"Kaweh"，意思就是"力量与热情"。这恰恰是对咖啡成长历程的生动诠释。它仿佛是液体的幽灵，又如同文化的使者，踩着力量和热情的节拍，从历史深处一路走来，把袅袅的浓香一缕缕地飘散到世界的每一个角落。